爱法

爱是一切教育的灵魂

汤献华◎编著

人民东方出版传媒

东方出版社

引言

稻盛和夫眼中的慈母观音

·时间：2014 年 6 月 29 日

·地点：浙江省人民大会堂

听了吴女士的发言，我十分感动，我甚至不知道用什么语言来表达自己这种感动。我觉得你真的很了不起，你具备真正的勇气，一点儿也不亚于我们这些男子汉（全场鼓掌）。那些误入歧途的少年、那些有暴力倾向的少年，你不但不畏惧他们，而且努力去改变他们。

你讲了这些故事。怎么讲呢？一面是充满爱心、满腔慈悲的佛的心肠，另一方面具备能够对抗任何恶魔的强韧之心。仁慈和坚强两者兼备，所谓慈母观音这种形象，是我听你讲话时的一种感觉。

你当老师时初次赴任的学校，管理特别混乱。女老师恐怕都会因为害怕而不敢进去的那个教室，你却鼓足勇气，走上讲台，说话声音之高，压倒了那些无理取闹的小孩，持续倾诉了几个小时，最后使学生们个个泪流满面，改变了他们的态度。这件事不仅证明了你的勇气，而且说明你具备满满的爱心，具备丰富的人性。我听后非常佩服。

后来，你又去了少管所，看到那些干了许多坏事又很无助的少年，你觉得无论如何都要挽救他们。为此开始办学，但因缺乏资金，创办之初只有 75 名学生。你办学的动机和我们企业经营者不同，不是为了赚钱，不是为了自己过上富裕的生活，而是为了助人，为了救世。就凭着这一个念头，创办学校。现在学校已经发展到 7000 人的规模。

另外，学校校舍租用关闭的工厂，教职员工开始只有 19 人，大多是原来工厂的下岗职工，现在发展到 300 多人。我想经营学校是很困难的事，经济上不宽裕，有压力。在这种环境中一心求善，感化了这些孩子，让他们向好的方向转化。我想你的热情和善心一定传递到了孩子们的心里。听你的故事，我感动又钦佩，甚至禁不住流泪，这让我自己也感到吃惊。

我年轻时也访问过少管所。那些做坏事屡教不改的少年，那些犯下严重罪行的小孩，从 15 岁到 19 岁，在少管所接受教化。我把这些少年召集在一起，给他们讲了一个小时的话。

我说："当初，我也同你们一样，看到一点不公正，就有小孩子的那种正义感，见到不正当的行为，就会发火，甚至动武。我想，当时只要我走错一步，境遇也会像你们一样，也会进少管所。"接着我又对这些孩子们说："但是，你们决不要因为犯了一次过错就自暴自弃，鄙视自己。只要在这里认真听取老师们的教诲，铭记于心，认真改正错误，回归社会后，就一定可以成为像叔叔我这样的人。"听吴女士的故事，我就想起了当时拼命说服他们的情景。吴女士的话真的动人心魄。

另外，年纪稍大以后，我在京都建立了一个福利设施，起名"大和之家"。收养 80 名没有父母的孤儿，或者受父母虐待的孩子。同时还收养刚刚出生的婴儿 20 名，负责将他们培育成人。

根据你刚才所讲，你的所作所为并不是出于热情或特别高尚的理念。"这些孩子真可怜！"仅仅一念发起，就干起了这么大的事业。我虽然年事已高，但今天听了你的话，我觉得回去后要转达给有关的管理者，以期对"大和之家"的经营和教育起到参考的作用。

务必去一次重庆，拜访吴老师的学校，我感觉到自己有这种迫切的心情。

谢谢你！

稻盛和夫

推荐序一

在行知找回初心

好利来以前有一个惯例，每年年初公司要召开总经理年会，2015 年 3 月，我改变了这个惯例，把旅游换成了学习，带着 80 多位中高层干部来到重庆奉节行知学校参加重庆盛和塾 3 位老师的课程。在这里，大家住学生宿舍，吃学生伙食，接受严格军训，每天清晨还和学生们一起晨跑，让身体得到锻炼，灵魂得到升华。

奉节县是重庆市的贫困县，以山区为主，行知学校的学生大部分来自周边山区，都是家境贫寒的农家子弟。他们中的许多人，都有过被遗弃、被歧视和自暴自弃的经历，但在行知学校，他们不仅受到了正规的教育、严格的训练，还得到了爱与尊重，变得自信、自强，而且热情、真诚、彬彬有礼。这是行知学校的创办者吴安鸣校长教育理念的成功实践。

2014 年 12 月 31 日，我专程到重庆拜访吴校长，聆听她关于从事教育事业的经历、创办行知学校的初衷。吴校长在体制内从事教育工作多年，是一名优秀教师，对中国教育的利弊也有深刻的洞察，她心中有大爱，有自己的教育观。后来她辞去公职，创办了行知学校，曾获得过无数表彰，她的办校宗旨是"教学生如何做人"。我经营企业 20 多年，有一条最切身的领悟，就是在做对事之前，一定要先做对人。所谓做对人，从根本上来说，就是有一个正确的价值观，懂道明理，有一颗感恩和利他之心。因此在知道吴校长办的教育重在教学生如何做对人后，我想自己一定要去看看，不仅我去，我的干部们都要去。

在奉节行知学校的教学楼正面，写着学校的校训"千教万教教人求真，千学万学学做真人"。这句校训给我们每位干部都留下了深刻印象，原因是它不仅写在了墙上，而且还体现在行知学校每一位师生的言行中。在 5 天的学习时间里，这些工作多年、久经世事的叔叔阿姨们被孩子们纯朴的心灵、热情的笑容、乐观正面的人生观以及在别处很少见到的修养深深地打动。参加学习的人都表示这是"一次灵魂的洗礼",是最有收获的一次学习。我们的干部有不少人也是来自山区、农村,出身贫寒,在行知学校,他们感触最深的一点是,从孩子们身上,仿佛看到了当初的自己。伙伴们说,在行知学校,他们找回了初心。

我们所从事的是传递爱与甜蜜的事业,顾客是在人生最美好的时刻与我们相遇,所以面对客户的希望和需求,需要伙伴们用自己的心去感受,用自己的心去回应,这仅靠制度、手册是做不到的,因而对伙伴们的心性提出了更高的要求。

企业最重要的任务是培养人、成就人,有好的学习目标,就要分享给更多的好利来家人。此后,由公司提供机会,伙伴们主动申请,每班80人,每期6天,一期接一期的好利来基层干部、优秀员工来到行知学校感受找回初心的美好。截至2016年6月,一共有3000多名好利来伙伴先后来到行知学习。学完以后,安排他们再来北京,与我们一起分享学习的快乐、成长的喜悦。在分享的过程中,绝大部分伙伴都表示内心受到很大触动,回到家里和工作岗位上变化都很大,对顾客的感恩之心更强了。

企业最高的成本是共识。在第一阶段几千名好利来伙伴学习研修及回来后的分享过程中,我们重新梳理、深化了好利来的核心价值观,很快达成了"以爱为根基"、以"家文化"和"工匠精神"为支撑、"以产品和服务感动顾客"的共识。

也正是在和好利来伙伴分享的过程中,我们更进一步地认识到了行知用爱做教育的价值,为了惠及好利来家人的下一代,于是,公司决定设立"好利来奖学金":只要是来好利来工作两年以上员工的子弟到行知办的学校读书，公司将全额资助学费。据第一批去行知读书子弟的父母讲，短短几个月，他们的孩子已发生了很大的变化，闻讯后我也很开心。

我组织好利来员工参加过很多培训和学习，行知学校带来的触动尤其深刻，原因可能就是它让大家找回了初心，唤醒了作为人本来具足的纯善本性，在一个充满浮躁、功利气息的社会氛围中，这一点尤其可贵。

好利来集团总裁　罗红

推荐序二　孩子教育是我的心事

2015 年 8 月，我在深圳盛和塾开塾仪式上结识了吴安鸣老师，初步了解了行知学校，当时自己有一份莫名的开心。开心是因为新阳家人的孩子们有福了，我找到了内心一直向往的美好孩子的教育平台。

　　我所在的企业技研新阳是苹果、松下、索尼、东芝、兄弟、本田等行业巨头的战略合作伙伴。产品有较高的技术含量，是一家典型的劳动、技术双密集型企业，目前集团年产值逾 200 亿元，而我们的万余名员工几乎都来自外地。秉持建厂时确立的"用爱经营""通过企业活动培养可信赖的优秀人才""具有人格魅力的员工是企业最宝贵财富"的经营理念，我们一直很重视员工的成长教育。2010 年，我们用积累了十多年的经验，创办了自己的企业大学——新阳学院，建立了员工成长教育体系。同时新阳学院还在员工子女的教育方面做出了尝试和努力，比如举办夏令营、冬令营，设立三好学生奖学金、大学生奖学金等。然而，新阳学院对员工子女教育的作用毕竟有局限，解决员工子女的教育问题始终是个大问题！

　　早在 1998 年，我们就开办了新阳幼儿园。当初的想法很单纯，因为好几个干部的小孩都在身边，没人照看会让他们分心，送到外面的幼儿园接送又不方便。新阳幼儿园办起来后，我逐步意识到自己做了一件非常正确的事。18 年来，由于厂区不断扩大，新阳幼儿园搬迁了 4 次，一次比一次规模大，入园孩子也从当初的 4 名增加到了现在的近 300 名。很多人才都是奔着新阳幼儿园来的，也有很多员工都因为新阳幼儿园留了下来。到今天，新阳幼儿园成了我们企业践行"用爱经营"的一项标志。

　　新阳幼儿园让我们员工的孩子"没有输在起跑线上"，随之而来的问题是当地的公办小学学位有限，民办小学又学费昂贵，多数员工子女的小学阶段教育成了问题。我无法面对一个个因为子女读书问题而焦头烂额的员工，更不忍心新阳员工的子女成为留守儿童。前些年，每到入学时间，我都要不停地找当地政府领导协调解决孩子的读书问题，可仍是手长衣袖短。后来一个偶然机会，我们萌生了办一所小学的念头，虽然最后没有实现，但在政府的帮助下，一所民办小学彻底解决了新阳员工子女小学阶段的读书问题。

中学阶段是孩子成长最为重要的一个阶段，也是家长们最揪心的孩子的青春期。看着员工的孩子们一天天长大，我又开始为员工子女入读合适的中学操心。当地中学的名额更为紧张，真的到了心有余而力不足的境地。可为了解决员工的后顾之忧，让员工能真正把心安下来，也为了每个孩子都能够健康成长，我从来没有放弃为孩子们寻找合适的教育资源。

也许作为一名企业经营者真心为员工孩子的教育问题操心感动了上苍，冥冥之中，吴老师把行知教育带到了我们面前。

2016年1月，我带着30多名深圳盛和塾的企业家走进了重庆行知学校奉节校区。虽然只有短短一天，但行知学校孩子们的言行给了我们强烈的震撼！那种触动难以言表，仿佛刹那间，我找到了自己想要的，更相信从此将与行知学校结下不解之缘。

回到东莞，我立即向吴老师发出正式邀请，期待她的大爱能惠及新阳员工乃至深圳塾其他企业的员工子女。吴老师春节后第一时间就专程来到新阳，花了两天时间为深圳塾的企业家们分享她办"真教育"的理念，交流家庭、学校、企业中的人心经营大课题。

2016年4月，吴老师不辞辛劳再次来到技研新阳，与近百名家长沟通行知学校的入学条件和相关细节，当即就有30多名员工为子女报了名。我们技研新阳还做了一个决定，只要报读行知学校，学费由公司全额补助。至此，技研新阳正式携手行知教育。或许，我们将探索出一条与传统校企联合不同的——企业员工子女教育新路子。行知学校的出现、吴老师的大爱，终于圆了我为员工子女寻找优质教育资源的梦。

心纯见真。我一直认为，用爱经营企业，才能凝聚人心。立足于员工的成长，才是大爱；而员工要成长，首先得心安。妥善解决员工子女的教育问题，才能从根本上稳定员工的心。我们十年如一日地开展"家文化"建设，才慢慢形成了独具自身特色的"工匠文化"和"人本精益制造文化"。现在又以TCC（班组文化圈）为基础，开始导入更加精细、对每条生产线分别开展收支核算的阿米巴经营模式，培育人人都是经营者的经营意识。而这些都必须有强大的人心做后盾。十多年来，我就近乎愚直地坚守这个信念，并做出了种种努力。现在看到我们强大的管理团队，看到集团的稳健发展，我想这就是回报吧。

今天的中国，留守儿童还太多太多，时代需要更多的"行知学校"，需要更多的"吴安鸣老师"，需要更多"用爱做的教育"，但也需要企业经营者为员工孩子的教育操心。只有全社会合力，孩子教育才有希望，民族才有希望，"中国梦"才不遥远。

是为序。

技研新阳集团总经理　郭文英

前　言

现场有神灵

本书如何定位？提供什么价值？魂是什么？谁看？老师、校长、家长，还是企业家？……这困扰了我许久，甚至搁置了一年多而迟迟不敢动笔。

最初想，既然我们做企业出身，而且在和平时期，企业才是国家之间竞争的主角，把一所学校作为样本解析或许会带给企业人全新的视角。甚至更本质地讲，企业本来就是一所学校。

虽然架构与动笔过程中遇到不少困难，但期望为辛苦的经营者带去些许参考价值驱使我们持续地将心注入。

据我们多年观察，今天不少企业过于重视培训，甚至培训过剩，而对企业教育的认知严重不足。培训的侧重点更多在于教会员工掌握某种方法或技能，问题是，如果员工态度、价值观、思维方式都有问题，培训的效果必然大打折扣。而教育的本质是唤醒，是爱与榜样，是点燃人心、注入灵魂，是自我驱动中眼里闪烁着的生命的光华。

或许正是行知学校因为重视做人的教育，将那些甚至被社会边缘化的孩子唤醒后，竟然爆发出了惊人的能量。所以，那些有超前眼光的企业家必然思考与学校教育的有效对接、提前渗透。从学校教育到企业教育这条看不见的育人价值链贯通承续的重要性绝不亚于企业产品价值链的协同。现今的"供给侧改革"热词，对企业而言，表面看是我们的产品和服务跟不上中产阶级的消费能力，本质却是：企业中的人出了问题。

放眼当下各个行业，浮躁之风盛行，多数人都在找"风口"，期望成为被吹上天的"猪"，而能够沉下心来用心做产品、真心去服务的人太少太少，这才是顾客对我们用脚投票的真因果。

而敬事如神、待客如亲的"工匠精神"的培育一定离不开有效的教育。

　　企业有效教育的切入点在哪里？

　　"现场有神灵！"——这是企业里常说的一句话。

　　问题是：什么是现场？当下大多数企业人理解的现场，就是坐在办公室吹着空调的那些管理干部要多到生产、销售一线去发现、解决具体的问题。这样的认知是肤浅的。

　　"对事不对人！"——这也是不少管理者只看"果"不重"因"，甚或在面对企业里复杂人际关系时发出的无奈之语。

　　而事的背后是人，如果只对"事"，而不去引导这件"坏事"背后人的起心动念、思维方式和价值观，那么领导一走，"坏果"必然会反复或以新面目出现，这正是很多企业老板身累心疲的症结所在。从"果思维"转型升级到"因思维"，是许多企业人要补上的重要一课。

　　稻盛和夫说："不论是经营哲学还是阿米巴经营，它们都是我在制造或销售'现场'与员工一起流血流汗、拼命工作中建立起来的。"所谓的"现场"，稻盛和夫在其企业实践中诠释着：企业的哲学、思想没有得到渗透，对公司的核心价值观阳奉阴违的地方才是真正的一线，才更需要重视。不越级指挥，但必须越级传播思想，从言行看透人心，从每个阿米巴的数据看背后的努力程度和团队的凝聚力，抓住一切机会对部下进行思维方式纠偏、能量灌注是稻盛和夫经营企业的不二法门。

　　"老板到底应不应该发脾气骂人？"这是不少开始关注人性、面对越来越多90后员工的老板的困惑。与企业家讨论形成的共识是"骂不骂不是问题，为什么骂、怎么骂才是问题。绝大多数老板原来发的脾气都是错误的，常把下属当成了出气筒。按照老板也在以身作则践行的公司核心价值观作为基准来骂，霹雳手段与菩萨心肠兼具，起心动念是为员工成长，为客户创造价值，把脾气变成有效教育的才是更好的'骂法'"。

过去，正是因为见树不见林的无所不在的现场有效教育缺失，干部就是教育者的角色错位，才导致今天绝大多数企业的价值观还只是挂在墙上，没有产生任何价值！

因此，今天企业面临的教育任务也就特别重。

行知营造的"人人都是教育者，人人都是被教育者"的现场实践道场应给企业界带去特别的启发和借鉴：

价值观渗透　"千教万教教人求真，千学万学学做真人"是行知人的价值判断和行为基准。行知每个人都是校长，每个人都愿意被领导。学校里不是谁大听谁的，而是谁的观点和办法最有利于孩子的成长就听谁的。

经营人心　吴安鸣认为，组织最活跃的因素是人，但人心都是肉长的，只要去温暖、关心、真心帮助他们成长，最终人心一定会凝聚在一起。任何管理，只要立足于人性、把握住了人心，决策就对了。

即时教育　行知遇到孩子的问题不会过夜。更重要的是，通过面上的事必然引申到如何做人。

场域的力量　行知没有墙上的制度，行知的制度已内化于心，处处彰显制度的生命活力。多年与行知打交道，少有推诿扯皮，7000多人的行知学校犹如一个球体，只要触到任何一个点，找到任何一个人，这件事就一定会有着落。

艰苦奋斗精神　吴安鸣说，人一定是要有精神追求的，而苦和难更能磨炼、沉淀人的精神气质，艰苦奋斗将永远是行知教育的魂。

……

　　为赚到办教育的第一桶金，吴安鸣开过几年火锅店，客户的认可度还很高；她还特别喜欢走进企业与企业人交流，爱研究企业成败案例背后人的因素。当然，行知几所学校的经营也不见得就比企业管理简单。所以吴安鸣常说，现在的企业家必须要有教育家的思维，眼里既要有看得见的生产经营管理，也要有看不见的人心经营。人对了，事情才会对，但育人，没有任何捷径可走。企业教育也一样，必须一个人一个人去沟通，一个人一个人去影响，一个人一个人去感召、去点燃，让他们认同这家企业，认同这个组织。

　　现在，企业最大的成本是达成共识的成本。那种期望工装一换，司歌一唱，大会一开，鸡血一打，口号一呼，哲学手册一发，团伙就变成了团队，就能上战场了，那一定是白日做梦。

　　9年来，我带了无数企业家和高管去行知学习观摩，甚至可以说是接受"教育"。其中不少人都会感叹，我的孩子在这个年龄要这样有思想、有梦想，要能这样坚毅就好了，我们的员工要能这样就好了。

　　我也组织过几十场与行知孩子面对面的交流问答，这常常是访问行知一系列环节中的高潮。大家问得最多的问题是：你们走向社会后还能保持这么好的习惯，不被"污染"吗？

　　这个问题常被我抢过来回答："这取决于你们企业营造的氛围如何。因为人心是脆弱的，多数人还是环境的产物，在什么场就显什么相。如果住在8个人的员工宿舍里，有7个人都不叠被子，坚持叠被子的那个人很可能被孤立而泯然众人矣。"这应该算是学校教育和企业教育对接的第一个接口吧。

　　德胜洋楼的聂圣哲相信"有效教育是企业管理的灵魂"，行知教育的实践给我们的启示是，教育的有效性取决于：

我们的发心是什么？

我们是否活在越来越接近的真相中？

我们身教做得怎样？

员工能否体会到我们的爱？

……

加缪说："每当我似乎感受到世界的深刻意义时，正是它的简单使我震惊。"

稻盛和夫认为率领一家企业取得成功，归根结底，只能依靠人心，比人心更可靠、更确凿的东西并不存在。以有效的教育唤醒员工生命，员工用 10 倍的用心，做出优于市场 3 倍的产品，也许才是接下来留给中国企业决胜于千里之外的最大"风口"。

因为人心浮躁，人就没有根，产品就没有魂。所以，家庭教育、学校教育和企业教育要解决的根本都是关于人心的问题。但这也是最难的。因为真相是，心都是从内部反锁的。在孩子和员工身上，你我也许已多次尝试，惨痛的教训告诉我们：心门从外面是砸不开的，只能由自己从里面打开。

爱才是一切教育的灵魂！行知的爱法让孩子们找到了曾经丢失的钥匙，并温暖到了那双握着钥匙的手。

言行是心灵的投射，家庭、学校、企业……在每时每刻的现场中关注人、关心人才能找到真正的神灵！所以，最后，这本书到底给谁看？我想，既然教育无所不在，而爱是有效教育发生的前提，所以也应该适合你我他吧。因为这不是一本关于学校教育的书，而是一本关于真爱的人性之书。

终归，没有爱，即便拥有天下，又怎样？

汤献华

目录

第一章

这是一片神奇的土地

朝辞白帝彩云间

千里江陵一日还

两岸猿声啼不住

轻舟已过万重山

——李白

夔门前孩子的微笑

——奉节行知学校见闻录

2015 年 12 月 27 日　第一天

"丁零零……"凌晨 5 点，闹钟准时响起。

冬至后的北京，气温已降至零下。从被窝中起床，绝对是一件需要犹豫的事情，但今天却是轻松的。有人说"每天唤醒我们的不是闹钟而是梦想"，是啊，有梦想真好！

10 点多时，飞机降落在万州机场。重庆，我和太太又来了！

行知学校来接机的宋老师早已到了，他是从 150 公里之外开车来的。有人说过，开车 100 公里以上来接机的，都是真爱。

车一路穿行于山间和隧道。大家聊起了行知学校，聊起了孩子们，聊起了奉节这方水土。来接我们的宋老师是一个因学生时代表现出色而留校的年轻人，他的想法很简单，就是希望更多的孩子在行知学校得到改变。

宋老师看起来很年轻，跟他们学校的学生一般大。莫非这就是传说中的"冻颜"？都说相由心生，纯良而厚重，是我此时此刻感受到的宋老师的性格。

两个多小时后，我们抵达坐落在长江边的奉节行知。

只需要站在操场上远眺，目光穿过长江，就可以看到夔门那陡峭的山崖。如果你不知道夔门，请拿出一张 10 元人民币，其背面那壮丽的风光就是夔门了。

对奉节行知学校的第一感受就是整洁。

校园午后的暖阳，让从帝都来的我感到了冬日那份久违的亲切和温暖，也让我忘记了路途的劳顿。阳光下，学生们几人成簇地坐在操场的草地上，聊着，笑着。那一刻我有些恍惚——自己究竟是在中国一个偏远乡村的高中，还是在美国波士顿的大学校园啊？

"老师，我来帮你们拿行李吧！"一个瘦瘦的男生出现在我面前，眼神坚定而清澈，绝不是五星级酒店服务生那种程式化服务的感觉。虽执意表示不用，但他最后还是拎着 20 公斤的行李奔向宿舍。

面对一份热情，不要过分执着，接受它也是一份善心，心怀感恩就好。

学校为我们安排了"宿舍"，跟大学时代的上下铺一样。还准备了插线板、吹风机、暖壶、水瓶、拖鞋、纸巾……当然也包括迎宾水果——用保鲜膜封好的、剥好皮的柚子，还有美味的奉节脐橙。能做得如此周到，唯一的原因是心中时刻想着别人。

感谢行知，让我又一次重回学生时代，重拾那份纯净的心情。

放下行李，我们就迫不及待地参观起来。

这里原为奉节一中，始建于 1903 年，原称夔州府中学堂，1906年，刘伯承曾就读于此。

5 年前，受奉节政府之邀，更是为那些大山深处的留守少年可以接受到本应属于他们的优质高中教育，吴安鸣校长带来了行知教育模式。由于三峡蓄水，原奉节一中大部分校区被淹，目前的奉节行知学校只是旧校区的一部分。虽然面积不大，但教室、宿舍、操场、食堂、工坊，一应俱全。

主管教学的庞老师来了，气质、打扮与大城市的人一样——这也是行知特色：虽地处乡下，但教学理念绝对与大城市看齐，甚至远远超越了城市中绝大多数学校。吴校长长期行走于北上广等大城市，甚至世界发达国家，不断吸取先进教育理念。庞老师微笑着与我们交流，她主要是了解我们此行的需求，看如何更好地帮助我们实现此行的目的。

说起我们这次来，最主要的一点就是学习，和这里的一切"照照镜子"，以此来提升心性，回归"作为人，何谓正确"的原点。

"欲先取之，必先予之。"来之前，我就和太太讨论，能为孩子们做些什么？我们的决定是：由太太给学生们讲稻盛先生的成功方程式，而我则介绍"互联网＋"的思维方式。

跟庞老师一沟通，高中3个年级1500多名学生，一次100人，两个话题，一共得讲30多场。庞老师怕我们辛苦，最终给我们安排了3天共15场：高一的同学听成功方程式，高二、高三的同学听"互联网＋"。尽管在最后一节课结束时，我俩都已累得筋疲力尽，却还是觉得付出得太少，收获得太多。

临近晚上10点钟，我才写完短短的这篇日记，这篇日记花费近3个小时。在严重雾霾的北京，我难以真正静下心来去观察别人的好，而在寒冷冬夜的奉节，我坐在寝室的小桌前，尽管寒冷，却让思绪异常清醒。

证严上人说："分秒不空过。"明天早上8点半，我们人生的第一场对高中生的分享即将开讲，两个题目，两个会场，同时进行。

晚安，行知……

2015 年 12 月 28 日　第二天

清晨 6 点，窗外依然是一片漆黑，我却已经醒了。

长江边的夜晚，屋内屋外一个温度，空气是瑟瑟的冷。对于一个北方的汉子来说，奉节夜晚湿湿的冷是难以忍受的。所幸身上盖着校方特意为我们准备的两床被子，才让我们找到了那熟悉的温暖。

此时，屋外开始有了脚步声，一个、两个，很快多了起来……是同学们吧。没有话语，只有急促的脚步声，好像朝着操场的方向。

起床的那一刹那，脑海中闪过了儿时冬天住平房的回忆——要借着身体的余热，小跑着去门口处开灯，将冰冷的衣服迅速穿在热热的身体上的那种强烈刺激，熟悉又陌生。

猫在卫生间洗漱，条件艰苦，所幸水龙头没被冻住，更庆幸的是水龙头里流出来的居然是热水。儿时北京的冬日早晨，大家需要用自家烧开的水浇开屋外被冰冻住的公用水龙头后才能取水。刺骨的冰水扎着牙床，那不断打着寒战的刺激，现在的孩子根本就无法体会。

6 点 40 分，800 多名学生在操场按班级分别集合完毕（高三的同学们在另一个条件更艰苦的校区，离这里有 10 公里左右的距离）。我们站在操场旁看孩子们有序整队、汇报，井然有序。一个方阵跑出去了，两个、三个……跑道上一个方阵挨着一个方阵的学生整齐地喊着"一二一"跑动起来，首尾相接，占满了整个操场跑道。老师也跟学生们一起出操。远处，一排老师站在那里，静静地，注视着学生们，整齐得好像训练过一般。孩子们高度的自我管理水平、老师们的率先垂范，让人吃惊。

早操结束口令响起的一刹那，几个学生飞一般地跑向食堂。我当时想，孩子们真是在长身体啊！对吃饭有如此高的热情，可是我想错了。当来到食堂打饭窗口时，我看到窗口里全是学生在为其他同学服务，这不就是刚才那几个被我错怪的，以为来"抢早饭"的孩子吗？每个肉包子8角、每根油条1元、奉节行知独有的发糕1元5角、一碗米粥1元，我们两个人一顿早饭吃了5元9角。

吃饭时跟旁边的几个高二女生简单聊了几句，她们有乡村孩子的那种质朴，但没有印象中乡村孩子的胆怯羞涩，我问她答，言语不多，分寸拿捏妥帖。在奉节这样的地界，学生们乐于助人以及如此落落大方的表现，让我惊讶。

8点，周一升国旗。一生中，从小学到高中，12年间我参加过多少次升旗仪式已记不得了，包括自己亲手在学校升旗、在天安门广场看升旗，没有哪一次比今天更令我感动。

我站在老师的两列纵队中，队伍旁还有一个大概只有3岁的老师家的小朋友，他自己站在队伍中，面向国旗，不言不语，安静得不像个幼童。6名身着迷彩服的护旗手迈着整齐的步伐，护卫着国旗从台下以标准正步走到旗杆旁，熟练且规范的动作，整齐划一，颇有天安门国旗班的风范。当国歌响起时，五星红旗随着旗手高扬的手臂飞扬在空中，冉冉升起。那时候，我和所有人一起唱着国歌，眼泪差点儿流出来。

升旗仪式结束，高一某班的学生集体发表"国旗下的演讲"。两个身穿校服的男生拿着话筒，讲述他们9月份入学到现在的感受和变化，手中没有稿子，一讲就是5分钟。看得出是有准备的，但丝毫没有背诵的感觉，句句发自内心，感情真挚而充沛。

而同班的其他同学分坐在前方的台阶上，组成了一个"W"字样。国旗两侧还摆了桌椅，一些同学坐在椅子上摆出造型。

"让我们来听听其他同学的感受。"我的视线随着这声音转移到了坐在椅子上的同学们身上。由一个学生扮演老师，同学们一个一个地分享，从言语中，不难判断他们的话都是发自内心的感谢，因为自己在几个月的时间里真的发生了变化，变得越来越好了。

分享结束后，坐在台阶上的同学们共同背诵了一首长诗，几百字的现代诗。

最后是一段精彩的原创三句半，每一句词都是来自学生们对学校、老师和自己的热爱。

整个过程，台下800多名同学没有一个人说话，所有人都在那里静静地倾听，我们也是。

每周都要举行的升国旗仪式，在行知学校被师生们竟是如此重视，这是我从没经历过的。希望所谓的重点中小学校长们来行知学校好好学习学习吧！

8点30分，我走进早已坐了100多名学生的教室。

我曾经获得过企业优秀内训师，也曾在几百人的行业大会上做过独立演讲，可当站在讲台上面对100多名高二学生时，我竟失语了几秒钟。虽然只有短短几秒，但却感觉长得很。让我失语的不是紧张，而是那100多双渴望的眼睛和学生的热忱带来的一丝茫然。

这些孩子不知道接下来的课程会听到什么，只知道有个北京来的老师给他们上课。我相信，同样的内容放在北京的高中，别说学生们会不屑一顾，就连老师也不会同意——高考不考的东西，听来做什么呢？而在这里，距离重庆4个多小时车程的行知学校，老师却跟我说："你讲多久都可以，学生们需要了解更多新的资讯。"不同的教学理念，造就不同的学生啊！

为了这堂课，我制作了精美的PPT，备课也很精心。课程在10

点 19 分被迫结束，因为 10 点 30 分，约好的下一拨学生就要来了。由于场地所限，我只能多次对不同的学生讲同样的内容，每天 3 堂，每堂 90 分钟。

我当老师了！我很开心！

我知道，自己讲的那些"互联网+"、移动互联网、车联网、工业 4.0、自动驾驶、大数据的知识，对于高二的学生们来说，也许还太早，所以，我努力地从这些信息中引申出思维方式、人生态度，抑或是让同学们感受到来自技术进步的力量，以及对未来的紧迫感。

我讲到了维基经济学里的"开放、对等、分享和全球化"在做人和处事层面的应用，讲到了"互联网+"的根基是传统行业，引申出做人也应脚踏实地去努力，讲到了无人驾驶和工业 4.0 对传统劳动力的冲击，因此大家应该具有更多的紧迫感和持续努力的意识等。我只希望自己能为孩子们、为行知学校做些什么，让他们更好，哪怕只是一点点。

第二堂课结束时，我已站了将近 4 个小时，虽然身体是累的，但心里很快乐。

拿着饭盒来到食堂，门口早已排起了两列长长的队，没人维持秩序，所有人只是静静地排在那里，那种自觉让我再次震惊。

打菜是一个窗口，有四五种菜，每份荤菜 4 元，2 份素菜 5 元，一荤一素 6 元。米饭是另一个窗口，不限量免费供应。素的炖萝卜很好吃，麻婆豆腐不是很辣，也很好吃。我和太太坐在屋外的就餐位上，中午的暖阳透过塑料屋顶洒下来，不但不耀眼，还很温暖。这是一天中最温暖的时段，想起夜的冷，我不禁舒展了一下胳膊。

由于排队洗碗的人多，而我难得到这里享受一下慢节奏生活，便坐下来看着学生们洗碗。整整十几分钟，几十个水龙头前，是安静有序的队伍，而且几乎没人剩饭剩菜。

下午课程结束时，有位同学主动帮我关投影仪，还有一位同学则将教室的窗帘都拉上、系好。我好奇地问："你们是专门负责这间教室收拾善尾的同学吗？"因为在行知，学生们是要负责很多社会工作的。出乎我的意料，他们回答说不是的，只是顺手而已。

我很好奇，问他们为什么会有如此的主动性，话语间他们主动提到了六项精进的"积善行、思利他"。我夸奖他们，其中一个孩子却说："其他同学也会像我一样做的，只是今天我碰巧坐在窗边，就顺手把窗帘拉上了。"我看着他，眼神清澈而真诚，面对我的直视，他们没有丝毫闪避。难道他真的就是行知千多名学生中最普通的一员吗？真的认为做好事就是理所当然的吗？真的在得到夸奖时不仅懂得感谢，更会发自内心地谦虚吗？

一个高二的学生在入学一年零几个月的时间里，真的就可以达到这样的高度吗？当吃过晚饭后，我得到的答案是：这是真的。

晚饭时，我好奇地问整齐排在食堂门口外等候打饭的同学："你们为什么不进去排在里面那几支队伍的后面呢？那后面还有很大的空当啊！""我们要给别人留出过路的地方，排在这里也是一样的。"他们淡淡地回答。"不会有人插队吗？"我继续问。"不会的。"很简单的回答，一副理所应当的样子。

饭后经过学校超市，我看到这里的门口也排起了队，这情景像极了我在香港尖沙咀 LV 和 GUCCI 店门口看到的情景。不同的是，这里没有喧哗，没有警戒线，更没有维持秩序的保安。

行知学校真是一个活生生的教育场，每个学生都在用自己的行动来告诉我们：作为人，何谓正确。

明天，我们一定还会看到更多美好的、让人震惊的人和事吧！

2015 年 12 月 29 日　第三天

"你们想考大学吗？"

这是我在行知的第 6 节课结束前 5 分钟时，向 100 多名来听课的高三学生提出的问题。

"想！" 100 多个声音，一种回答。

一所距离重庆解放碑 399.4 公里的奉节职业高中，可以让中考入学时只有 200 多分的学生，在经过 2 年多的教育后，重燃希望，誓要考上大学，而且，很多学生的第一志愿还是本科。

在行知学校学习，多久才算够？

两天前去 150 公里外的万州机场接我们的宋老师，在行知毕业后留校做老师，今年已是第 5 个年头。8 年可以让一个高一时因厌学而辍学，从贵州独自背包闯荡重庆的小伙子说出那句 "为学校做点事不算什么，这是应该的，因为学校为我做了那么多……"虽然他说的 "为学校做点事"，仅仅是个人掏钱请我们吃午饭，可有这样发自内心地感恩学校的员工，我很羡慕这所学校的经营者。

昨天在国旗下讲话的高一学生们，已经成为不再上课睡觉、不再翻墙进网吧或找女友、不再跟父母吵架的人。要知道，入学前的他们，许多是从小学一直 "睡到" 初中结束、被叫作 "差生" 的孩子啊！刚入学的时候，他们上课能坚持一节课不睡觉，老师都会竖起大拇指，而现在，他们每节课都聚精会神。4 个月的时间，改掉了他们过往整整 9 年养成的恶习。

只要走在校园里，我会一直说："同学们好！"因为不论他们是从你面前还是身后走过，都会主动对你说："老师好！"甚至还有同学会停下脚步，右手放在胸前，90度鞠躬跟你说："老师好！"那一刻，我会不好意思地也停下脚步，鞠躬还礼。最让我感动的是，早晨有个同学在操场跑步，从我面前跑过时，居然停下奔跑的脚步，本已在艰难喘大气的他却仍努力地喊出"老师好"！他们每个人是用了多长的时间，养成了这样的恭敬和谦逊呢？

当我们下了课在教学楼里参观教室时，两名高二的女生一直陪伴着我们走完了20多间教室。期间，她们不仅不停地为我们讲解每个班级独特的名称、特点、室内的陈设，还要回答我们各种奇怪的问题：

——课桌椅为什么摆出了各种不同的造型？

"因为老师允许我们自己决定课桌的组合方式，我们觉得这样更能体现我们班级的风格。"好一个"风格"，我竟不明就里了。

——为什么你们班叫"小蜜蜂"？

"因为我们班同学很勤劳，学校垃圾处理的工作由我们班来承担，我们要用从垃圾中回收的物品卖的钱攒起来买一台投影仪。"

这两个女孩子的导游行为完全是自愿的。她们大概觉得我们两人难得来这里，又碰巧对教室感兴趣，还碰巧在教室里遇到了，所以乐意牺牲课余时间来帮助我们，来展示自己学校的美。两个乡下小姑娘用1年零4个月的积淀，自信地展示着她们的美丽心灵。

行知的老师都很年轻。走在校园里，很难分辨出谁是学生，谁是老师，很多刚入学的孩子也表达了与我一样的感受。虽然年轻，但他们并不青涩幼稚：他们是温暖的，说话时轻声细语；他们是善良的，投影仪的遥控器没电了，他们会立即把自己鼠标里的电池取出给我用；他们是美丽的，哪怕身上没有名牌的衬托。

今天的课上，我这样对即将面临高考的高三学生们说：请报考行知体系内的大专吧！那里值得你们选择：

第一，多年前，吴校长为了让行知高中的孩子们可以建立起更完整、牢固的价值观，为了他们3年之后可以再用3年时间巩固在行知养成的这些来之不易的好习惯，创办了行知的大专部。在行知学习6年的时间，就能塑造好我们自己了吗？但我想总好过3年吧。

第二，上大学为的是找到好工作，如何能找到好工作？学历不是重点。我工作14年，面试的人不计其数，所以我深知：企业最看重应聘者的人品，也就是稻盛和夫成功方程式中的思维方式。其次是热情，要有努力、努力、再努力的劲头。排在最后的才是能力，能力可以在工作中培养，但思维方式和热情则不容易培养。另一方面，大学学习的知识又有多少能用在工作中呢？行知学校是培养良好思维方式的修炼场，我不远千里来到奉节，为的就是磨炼我的心性啊！

希望我今天用真心说的这番话，可以多影响几个孩子认识到心性的重要性，在学校就抓住一切"事上磨炼"的机会，到不得不离开的时候，就会遇见那个最好的自己吧。

第3天就这样过去了，真的希望时间可以慢些走，好让我可以多留在这里。在行知学校学习，多久才算够呢？多久，都不算够吧。如果你也想遇到更好的自己，那么，就来行知学校吧！这里的所有人都会欢迎你。

2015 年 12 月 30 日　第四天

今早8点钟，增加一节课。

今早，我比同学们先到教室，因为这是我此行的最后一节课。

7 点 45 分，我站在教室窗前，看着操场上做着不同事情的同学们。行知学校是一个很特别的学校，学生们有超乎想象的自主权——当其他同学还在操场上晨读的时候，有 3 个班的高三同学就要开始上我的课了。

正想着，脚步声越来越近了，窸窸窣窣，有些急促。教室门外，我站在那里，迎接此行最后一节课的学生。

3 分钟后，90% 的同学已安静地坐在座位上，另外的 10% 的同学去搬椅子了，因为人数超过了教室的容量。又过了 2 分钟，所有人都坐定，屋子里挤满了人，还有十几个同学坐在过道里，全都安静地看着我。这一切是刚刚过去的几分钟里发生的事情，是学生们自我行动完成的，没人指挥，却有如此迅速整齐的行动力，这要是自己企业里的员工该多好啊！

我立正鞠躬后，最后一课开始了。

这节课是昨晚 12 点多才和校方沟通后临时增加的。3 天内第 7 次讲起这节课，我依旧小心翼翼，因为同学们那期盼的眼神，更因为我希望可以多做一些贡献，为他们，也为行知学校。

11 点 5 分，我鞠下了 90 度的一躬，为的是感谢孩子们的认真，也感谢他们的信任，更感谢为此次课程给予帮助的韩校长、庞老师等。这节课花费了 3 个多小时，比前两天的课程多了一倍的时间。当最后一位同学走出教室时，自己一颗悬着的心终于放了下来，尽管身体疲惫，但我内心却非常喜悦。

因为提前吃午餐，我"参观"了行知学校的厨房，然后愉快地吃完了饭盒中的所有饭菜，一颗米粒都没剩下。这世上有多少个餐厅敢把后厨开放给客人看呢？在行知学校，你可以像在家里吃饭一般，放心地去食堂吃东西，行知学校的孩子们真幸福。

　　为什么要搞特殊，提前吃午餐？是为了抢出时间给接下来的活动——看李白诗中《早发白帝城》的那座白帝城了，不过今天的"彩云"确实多了点。感谢老师们，为我们提供了周详的行程安排，实在受宠若惊。

　　烽火台上直接瞄准瞿塘峡入口的大炮旁，我远眺夔门陡峭的崖壁，云雾朦胧。三峡，我终于见到你了！尽管相比多年前的汹涌澎湃，如今的你已变得如许温柔。

　　那时突然想起卡尔·波普尔在《开放社会及其敌人》中提出过的一个严肃问题："历史有意义吗？"波普尔仿佛是自问自答："我主张历史没有意义……尽管历史没有意义，但我们能够给予它意义。"

　　历史终归会翻过那一页，属于我们的时代已经到来。

　　我们又会留下些什么呢？

　　即将迎来 2016 年的第一缕阳光，躺在行知学校的学生宿舍里，我辗转反侧。

2015 年 12 月 31 日　第五天

　　今天是 2015 年的最后一天，我们在行知学校度过。

　　在路上，我遇到了吴安鸣校长打着电话，风风火火。她是今日凌晨 2 点多到的奉节，早上 7 点半就已在忙碌，丝毫看不出她是 60 岁的人。"我以后就死在学校好了……"吴老师对学校的爱、对老师们的爱、对学生们的爱、对教育的爱、对国家的爱——人一善良，爱就多了。我从吴老师身上看到了中国教育的希望，更看到了那一代人对人生的追求以及不索求。

今天是奉节行知学校建校 5 周年庆典。

2011 年，吴老师来到奉节，接手了这座始建于 1903 年的历史悠久的学校，让它焕发出全新的魅力，正如今年庆典的主题——新的心跳。

观看每年一度的跨年晚会正是我们最初要到行知学校来的目的，我毫不避讳自己的肤浅，因为它太好了，是那种去年看过之后，今年还要再坐飞机来看的精彩，完完全全由学生们自己办的晚会，充满了惊喜和无限的感动。

晚会前的校园游，我学会了两种餐巾花的叠法，品尝了同学们自己做的各国美食。最让我感动的是营销专业的同学，居然用行为艺术展示了他们是如何完成调研项目的。在我凝视他们的那几十秒钟内，他们真的可以做到目不转睛，这份投入让我震惊、欣喜和感动。

行知学校有艰苦朴素的传统。每个班级的装饰都是学生自己动手用各种小物品制作的——塑料瓶子和盖子、各种纸片、废的小木条、铁丝，一切可以找到的、利用的材料，他们都利用。为了让自己的学习环境更美丽，同时也让自己的心灵更美丽起来。美的东西不一定豪华昂贵，只要你有一颗美的心灵，做出的东西就是美的。当然，也同样需要一颗美的心灵才能欣赏它。我来行知学校，就是来寻找那份原本属于我们的美。

晚会在一片欢呼声中开始了。

脖子上围着"奉节行知建校 5 周年"定制版的大红色毛围巾，就算坐在露天操场上也一点都不觉得冷。行知学校办学条件艰苦，唯一可以承载全校活动的场所就是操场。前几天的夜，冷到不能入睡，而今天的奉节行知热闹起来，也就不觉得冷了。校园里都是穿着校服短裙和及膝长袜的女学生们，她们都不冷，我有什么资格觉得冷呢。

开场舞蹈，时尚且极具青春气息，那是来自十七八岁花季的魅力，在寒风中尽情绽放。领舞的是胖得可爱的奉节行知校长韩晓，带着一大群美丽的女学生们，一瞬间就点燃了整个校园的激情。我努力地让自己相信，自己现在确实身处奉节老县城——视觉上的认知和意识层面的认知之间反差太大，那一刻，我竟恍惚了。学生们太可爱，太有才，太幸福。

4 天前我刚到奉节的那个晚上，他们就排练到夜里 12 点，之后一天比一天晚，前天是排练到凌晨 1 点多了吧！昨晚我快睡着的时候，操场上的音响还在咣咣咣响着……有了这份用心，还有什么事情是做不成的呢？

我最喜欢的节目是学生原创的相声，精彩极了。看得出他们不是科班出身，但从创作、编排再到现场的表演，绝对完美。作为热爱老北京传统曲艺文化的我，看得出其中妙处。我也喜欢那群赤膊上阵的男生们跳的《走山梁》："你走你的山梁我走我的沟壑，但前进的方向是同一个……"

我还喜欢另一组男同学跳的现代舞，时尚、用心、青春。不要小瞧乡下的孩子们，只要给他们一个舞台，他们就可以绽放得绚烂，让你彻底忘了他们来自什么地方。我也喜欢女生们跳的现代舞"Yesterday"。从音乐选择、舞蹈编排到服装设计、现场演绎，绝对的专业水准。我对太太说，这哪是技工学校，明明是行知舞蹈艺术学校嘛。

不论是上面提到的节目，还是其他的如哑剧、走秀和乐队演唱，奉节行知的节目都有一个共性：全员参加。每一场舞蹈都是

10 ~ 20 人的阵势，一个班的学生，一个都不落下。

这也就是行知学校的特点吧！不放弃任何一个人，我们是一个团队。每个人都是需要去爱的，也是应该被爱的，虽出身不同，但人人生而平等。行知学校就是要让那些偏远山区的孩子们，也可以平等地享受到优质的教育。

晚上 11 点多，晚会结束，我带着欢乐以及感动，开始写下上面的话。就在我敲打键盘的时候，2016 年悄悄地到来了。

2016 年 1 月 1 日　第六天

新年的第一天，晴。

不到 8 点，我们已经坐在食堂里参加行知教育集团旗下 3 所学校的教学交流会，与会的校长、老师近 200 人。

在新年的第一天，学生们都放假的时候，行知的老师们却在进行教学研讨，探索中国教育改革的行知之路。

令我感动的是，昨晚新年晚会的收尾工作一直忙活到凌晨才结束，今天早晨 7 点多，会场就已由老师们布置完毕。行知学校一切靠自己动手的艰苦奋斗精神，对北上广的某些企业来说，太值得学习了。

由 3 所学校评选出的在教育改革方面做出成绩的老师分别上台发言，之后由作为行知教育舵手的吴安鸣校长对每个发言者进行点评。跟盛和塾的塾长例会一样，吴老师不仅对老师们的工作进行细节层面的点评，更从教育目的、老师自身素养以及对学生内心的关注和沟通的方式方法等各层面进行总结和提升，字字珠玑。

那一刻，我仿佛看到了盛和塾塾长例会上点评发言者的稻盛先生。这种发言点评的模式，除了能分享彼此的经验外，更是一个梳理思想意识和价值观的绝佳时机和方式。虽然当面批评会让发言者有些难堪，但正是这种当面的提醒甚至斥责，还有行动或者方法上的建议、帮助，才真的能让发言者有所触动，而触动才是行动的开始。当然，全员的哲学共有和凝聚力是必要的前提条件，行知学校是有这个基础的。我们的企业有这样的哲学基础吗？我不禁自问。

下午是不同学科的分会场研讨会，我们作为非教育专业人士，就没参加，而是去旁听了吴老师与各校校长们的高层沟通会。近 4 小时的沟通会，吴校长主要讲了 3 点：

1）要有斗争心。大爱似无情，当说就说，要敢于指出别人的不足，当然，批评别人的出发点是为对方好。为什么有人批评你，你还会乐意接受呢？是因为害怕权力吗？我觉得不是。就像今天上午的发言和点评，老师们是因为感受到了吴老师发自内心对他们的关爱、期盼以及信任，才能如此坦然。这种批评人的能力并不是所有人都具备的，实在值得学习。

2）成功方程式中提及的思维方式、热情和能力，三者都要强。行知学校的老师都是心地善良的人，这些年一直努力工作，取得了今天的成绩。吴老师提出，在业务精进的同时，更要增加对人心和人性的洞察，更多地关注员工需求，激发他们的创造力。

3）多读书。就算是批评人，也需要深厚的学识。除职业技能外，管理、心理、沟通方面以及经营哲学方面的沉淀，也是更重要、更难的，而多读书就是一个很好的修炼路径。

吴老师是能量很大的人，因为她有大爱，同时还将这份大爱化作了行知学校的大义，让更多的学生成为对社会有价值、有贡献的人。吴老师说行知学校的下一个 5 年目标，就是要与同样有大义名分的企业更深入地融合，实现如同德国的"双元制职业教育"一样的教育模式。

所谓双元制职业教育，就是整个学习过程是由企业和职业学校共同完成，企业中的实践和在职业学校中的人文素养、理论教学密切结合。这种全新的教育模式，不仅解决了企业对在思维方式、热情和能力3个方面都优秀的人才的需要，同时还让学生们可以成长为符合企业发展的有用之才，为他们拓宽实现自我价值和家庭幸福的道路。

不仅如此，企业的员工终将结婚、生子。行知学校在为企业输送人才的同时，还为企业员工子女提供优质的教育服务，这算是企业为员工物质和精神两方面幸福努力的一个重要方式。面对这样的企业，员工忠诚度能不高吗？能不发自内心地努力工作吗？不光员工本人，连其家人都和企业融合在一起了。这样的企业才是为了员工的好企业啊！

如此美妙的校企双元制职业人才输送模式，你不想加入其中吗？吴老师说，她只有一个要求：就是加入的企业要好，要有大义名分，要对员工、对社会有价值。

2016年的1月1日，学校的夜晚很安静。

新的一年，行知学校，已经起航……

2016年1月2日　第七天

今天，是离开行知学校的日子。

由于假期，食堂的师傅都休息了，行知学校的老师便一早送来从外面买的早点，热腾腾的。

飞机是下午的，上午本可以躺在操场上最后一次享受一下奉节煦暖的阳光，大口呼吸带着甜味的空气，那感觉真是棒极了。可一想起学生们那质朴而灿烂的笑容、那炯炯有神的大眼睛，我决定尽可能多地跟他们待在一起。

同学们来了，老师们也来了一些。我们围成一个圈，坐在曾经上课的教室里，开放、对等地分享着各自的想法，努力践行着前几天刚刚学习的互联网精神。

我问大家：你心目中的行知学校是怎样的呢？

· 行知是解药，把我们身上的毒都去掉了。

· 行知曾是我心中的监狱，现在却成了我的家。

· 行知是一座坚固的碉堡，把所有不好的东西与我们隔绝开来。

· 行知是一个新的起点，她打开了我的心扉，让我学会了用心，学会了拒绝冷漠。

· 行知是灯，照亮了来到这里的所有人。

· 行知是挽救、是重塑，她包容了我的一切，给我提供了改变自己的时空。

· "孝"是行知的宗旨，行知用"孝"让我找回原本就有的良知。

· 行知让我们学会不要留恋过去，也不奢求未来，只需要做好当下即可。

· 行知就像影子，摆不脱，离不开。

· 行知在我心中就像一面镜子，它照出梦想，照出自己。

· 行知是一位天使，纯洁而美好。

· 行知是天堂，是一片净土。

· 行知是转折点，是我学习的分水岭，是我人生的转折点。

- 行知是我幸福的起点。
- 行知是我的第二个家。
- 行知是迷路孩子的灯塔。
- 行知是重新拾起梦想的力量。
- 行知是一汪清泉。
- 行知是世外桃源。
- 行知是爱，是感动。
- 行知是母亲，让我重生。

20多个孩子的回答从容而自信。

我接着问：你在行知学到最重要的是什么呢？"团队意识、坚持、努力、行有不得反求诸己、必须要有梦想、做个好人……"其中，感恩和孝道几乎被每个孩子提及。

紧接着我来了个突然袭击："既然大家都说学到了感恩，那我们来做个测试，给自己父母或者爷爷奶奶洗过脚的请举手。"齐刷刷地举起了一大片。我数了一下，20多个孩子，有20个孩子举起了手。

从返程飞机的舷窗望出去，我看到蔓延的山脉和蜿蜒的长江，还有隐约中那高耸入云的夔门。大山含情，行知有爱。回想着在奉节行知的见闻，心中是满满的幸福。这幸福来自对师生们的感动，来自孩子们发自内心的微笑，来自对自我成长的喜悦，更来自对中国未来的希望。

中国，有行知学校这样的教育，有越来越多致良知的企业，未来，必将腾飞。希望行知学校越办越好，为中国企业培养更多的有用之才，为中国社会创造更多的价值。吴老师，加油！行知人，加油！中国，加油！

第二章　行知变形记

许我三千笔墨，绘你绝世倾城

用我三生烟火，换你一世迷离

她轻轻为我扎起头发

文／小娇　入校时间：2015-09-01

　　我是一个外表平凡的女孩，经历却有那么一点另类。我身高1.52米，微胖，还带着一份令人心痛的意外"礼物"——从妈妈肚子里出来的时候，我的脸上就有一块永远无法消除的胎记。

　　漫长的15年，我忘了有多少个日子没有抬头走路，有多少天没有扎起自己的头发，但我绝对记得，自己几乎从来没有真正笑过。我害怕别人异样的目光，还有那些可以让我整夜失眠的残忍的嘲笑。

　　记得12岁刚上初中时，我和之前一样，依旧独来独往，班上的同学也都自动与我隔离。我的存在似乎就是一个笑话，让他们的嘲笑变得那么地理所当然。班上的一个男生，曾指着我，一字一句地大声说："你就是个丑八怪！半边脸！"这短短的10个字，让我发了疯似的冲向那个男生——可是，即使打了他，说到底，我又能改变什么呢？那天，我无比地无助和难过，一个人躲在厕所哭了整整两节课，自己像被遗忘、丢弃了一样，没一个人来关心我。

　　初二，我再次面对绝望。当我以为自己已经强大到不再在意别人的态度时，我忘了，那只是"我以为"。那天，冬日的风特别刺骨，我和平时一样，披头散发低着头走进教学楼。刚走上楼梯，一群男生就把我团团围住，"哗啦"一声把一盆冷水浇向还没有回过神的我。

这盆冷水浸入骨髓。那一刻，我突然清晰地意识到自己已身处生命的谷底，再也无法爬起——当时，我只有一个念头：让这一切屈辱马上结束！我跑上天台，看着六楼到一楼的距离：那仿佛是一条通往美好天堂的道路。

就当我要纵身一跃时，被赶来的老师阻止了。回到家里，爷爷说了一句让自己听了都心疼的话："你的背怎么弯了那么多？"我当时就想大哭一场，让爷爷知道我的委屈，可还是拼命忍住了：爷爷已经 80 岁了，怎么能让他帮我承受这样的痛苦呢？

我初三时，在外工作、正准备当新娘的姐姐患上了早期白血病，年迈的奶奶也病了，却查不出病因，怎么治都不见好，年幼的弟弟还在读小学，这一切让这个本已沉重的家更是举步维艰。一连串的灾难，不断让我怀疑自己存在的意义。

15 年地狱般的生活过去了，我来到了行知学校。来行知，就两个原因：一是学费便宜，二是离家近。刚开始时，我以为她和其他学校没什么两样，可来之后才开心地发现，我错了。

最初，我还是和以前一样，不扎头发、不抬头走路，准备好接受新的嘲笑，准备就这样浑浑噩噩过完 3 年，我完全没有料到遇见一个人——我遇见了邹密老师。

开学没多久，邹老师就找到了我。她让我坐下，然后轻轻为我扎起头发；扎好了，她就拿起镜子让我好好看看镜子里的那个女孩。我不敢看，一次次地使劲儿别过脸去。可邹老师还是坚持着。终于，我鼓起有生以来最大的勇气，慢慢把双眼的目光移向镜子。我看到的是一张多么熟悉又陌生的脸啊。"好好看看你自己！多可爱呀！皮肤那么白，还有一双大眼睛。只是现在，这双眼睛很无神，没一点儿自信。为什么要让这个天使的印记遮住本来的美丽呢？"在老师的柔声细语中，我盯着自己这张脸，发现原来它也并没有想象中那么可怕。忽然间，我明白了：让我觉得可怕的，完全是来自内心深处的那份自卑啊！

那一刻，我勇敢迈出了人生第一步，开始敞开心扉。之后的每一天，我都会仔细扎起头发，带着微笑，抬头挺胸与人交流。我也真的发现，并没有人笑我，相反，是许多人在给我帮助和鼓励，真诚地和我做朋友，不会因为黑色胎记将我区别对待。

两个月的时间里，我有了前所未有的自信，拥有了自信，就有勇气大胆体验在以前的学校从未敢于参与的校园活动。在行知的这段岁月，是我15年来最开心的时光。既然我与别人并没有什么不同，要想改变自己，就先从自信开始。

有句话是这样说的："不是强者没有眼泪，只是他一直在忍着眼泪奔跑。"所以我想对自己说："加油，你是最棒的！上天让你带着独特的标记来体验人间百态，即使前方荆棘丛生，你也应该微笑面对。要相信，美丽的黑蝴蝶也终有展翅飞翔的那一天，而行知，就是一个最好的起点。"

点评

赵淑红／河南省太和国际旅行社 总经理

被自卑和不幸煎熬了15年的女孩，来行知仅仅两个月，就恢复了本该属于她的天使般的笑容。老师做了什么？难道只是"轻轻地为我扎起头发"？《了凡四训》说："善心真切，一行可抵万善。"

我想说，爱心真切，轻轻一扎可抵千言万语，体现无分别的爱与接纳。

多次聆听吴校长分享，她说："我们培养得很好的学生，上班后，因为企业对基层干部和员工教育不重视，企业氛围不好，用不了多久，孩子又被带坏了。"这句话让我深感责任重大。

企业无处不教育。我自问：对于自己的团队，我做好"教育者"角色了吗？具有"教育家的思维"吗？值得伙伴们信赖吗？

我是因，世界是果！我变了，企业才会变。

"小霸王"变形记

小甲口述 文／田文生 入校时间：2013-03-01

一个曾用榔头把同学砸进医院、骑着摩托车用木棒击倒班主任、用螺丝刀捅进他人肚皮的"超级小霸王"，有朝一日也能变成有梦想、正能量的男孩？这可不是电影，而是发生在行知的真实故事。这位名叫小甲的孩子，至今仍在行知念书，还成了军训教官，并不断努力着，要实现大学梦。

他说："如果没有好的引导，我现在应该已经在监狱里了。"

难以置信的成长史

今年 17 岁的小甲，曾有过让他自己回忆起来都难以置信的成长史。他出生在重庆某小镇，父母在昆明做建筑工程，家境殷实。他说："我要什么，父母就会给我什么，我是留守儿童，赚了钱的爸妈觉得亏欠了我，在钱的问题上从不委屈我。"小学时，他曾转学 7 次，学校不停地在变，不变的是他的极端厌学："一学期下来，我的书几乎都是新的。"

父亲基于自己对社会规则的理解，告诉他，如果被别人打了，就一定要"打回来"，不能"吃亏"，否则以后别人就会欺负你。这样的家庭教育让他性格中暴戾的一面开始浮现。

初二时，块头大、力气足、不怕事的小甲很快成为学校帮派的

"头头"，他说："有什么事，都是我先上。"他一度以出手重而闻名，曾因多次挑起群殴进过派出所，可出了派出所，他和"死对头"的恩怨却并未消除。因为"梁子"越积越深，终于来了次大爆发：双方各约30多人再次打群架，誓要一决胜负，"十多个人被血淋淋地打倒在地"，这次打架的结果看起来是小甲大获全胜，可最后，就算有他人居中调解，却因为下手实在太狠，让对方的父母极不服气，准备邀约"社会上的人"讨个说法。

"对方大人参与进来了，爸妈也受到了很大影响，这些让我第一次觉得有些怕了。"然而，好斗的他并没有就此罢手，而是决定先下手为强。他闯进对方家里，砸了电视，并用麻布口袋将对方罩住，丢入猪圈暴打。最后，他又进了派出所。

孤独的校园霸王

一次次的恶性斗殴让小甲成为最不受待见的学生。"大家都当我是烂人，包括所有老师。"那时，几乎所有当地人都对他敬而远之，"连街边卖包子的都不愿意卖东西给我。"小甲发现有老师在离他不远处吐痰，认为是针对自己的，"心里顿时就冒火，马上叫上兄弟们，骑着摩托车，在靠近时用木棒重击班主任老师。"

自此，小甲有一种奇怪的境遇：一方面，"几乎所有人都不敢正眼看我"，这让他隐隐有些得意；另一方面，他突然发现自己并没有太多朋友，有时感觉很孤独，还多了些害怕。"有时也会想，这可不是我要的生活啊。"那又要怎样的生活呢？年少的他对此也并不清楚。

总之，他的青春犹如一列一路狂奔的出轨列车，最后能阻止他的，看来只有那注定将带来重大伤害的毁灭性结果了。初中毕业，小甲去了一所职校。一进校，他便展示出自己的"厉害"：他把同学的头按进装满水的洗碗槽里，直到对方连连告饶才放了他。很快，他被开除了。

肩上有了担子，他成了好班长

经人介绍，小甲到了行知。当然，他又一次和人打架了。然而在接受教育时，他意外发现，时年 26 岁的班主任黎强并没有一味指责打骂自己，而是坐下来，"像兄弟一样"和他聊天。

黎老师让他讲自己的故事，还帮他一起分析前因后果。后来小甲发现，正因为这抽丝剥茧式的梳理，他终于看到自己的问题在于脾气大，还仅凭想象无限放大别人的问题，"要是有人的眼神稍微有点异样，我就有打他的冲动。"

在他好好总结出了自己爱打人的动机后，黎老师语重心长对他说了 5 个字："你要大气点。""这说到我心坎上了。"小甲回忆道，"老师说，我现在最突出的缺点就是心高气傲，急切想要得到别人的尊敬。可真正要让别人尊敬自己，就得先管好自己。用拳头打，别人表面上是怕你，内心却一定讨厌你、恨你。不要说是关键时刻，就算是平时，大家对你的冷淡其实就是对你最大的惩罚。"

几乎就在那一瞬间，小甲颠覆了此前对老师的印象："他说的是有些道理，所以我开始愿意和他聊了。"那段时间，小甲用极大的克制力压住了自己的坏脾气，还凭着说一不二的决断力，赢得了老师和同学的认可，当上了班长。他并不知道，老师这样做的目的之一，是要让他在这一岗位上意识到自己是有责任的。

黎强说："对于那些有很多错误行为、但本质上没有太多主观恶意、更多只是强烈希望获得他人认同的青少年而言，重视他、给他压担子，有时可能会产生更好的效果。"

好强的小甲不愿比任何人干得差。当上班长后，他甚至开始监督同学们叠的被子是否方正，而在来学校前，他几乎从没叠过被子。

通过一件事，明白一个做人的道理

另一件事则成为小甲改变行事轨迹的拐点。有天，小甲得意地告诉老师："我宁愿做月收入 1000 元的老板，也不做月收入 2000元的员工。"老师决定好好治治他——这样的狂妄没有任何根基，更缺乏培养这种能力的决心和行动。

为了能让小甲实现更彻底的转变，黎强征得了小甲父母的理解和支持，彻底断了他的"财路"。同时，因为小甲不断地自我膨胀，为了磨磨他的锐气，黎老师终止了小甲的班长职务。

这让小甲又一次"不爽"了。他决定"弄出点儿响动来"。有一天，他饿了，想到校外去找点吃的。可按照校规，出校门必须说明事由，而胡编乱造的借口肯定也逃不过老师们的眼睛。怎么办？他干脆在教室里一声大喊："好饿！你们敢不敢和我一起冲出去？"很多人表示同意。很快，17 个人强行冲出校门。

刚出校门，黎强就骑着摩托车追了上来。看见老师，17 个人都不敢继续往前走了，包括小甲。停下车的黎强笑眯眯地问："你们想干啥？"现场一片寂静。这是一场无声的较量，几分钟过后，终于有人动摇了，最终 17 个学生默默回到了学校。

"当时，我心想这次肯定要挨打，读初中时我经常挨打。"小甲回忆说。可等他们到了教室，黎老师却和颜悦色地说："你们冲出校门时看上去是很猛，很威风，可你们连肚子饿这种微不足道的小冲动都忍受不了，以后能成什么大事？你们先冷静下来，自己想想，现在还继续去冲校门吗？如果有谁说要冲，其他人也表态要跟着他冲，这次我绝不会再拦着你们。"黎强说完，教室里一片寂静。

很快，很多人表示自己错了。然后，让人错愕的事情出现了：很多冲击校门的同学居然跪了下来。"老师，我知道自己错了。"小甲也跪下了。17年来，从记事起，他第一次流泪了。

"老师没有放弃我，没有像别人那样把我当怪物看，没有打骂我，也没有给我讲那些让人听起来就烦的大道理。"小甲说。他发现，面前的老师给了自己一种特殊的感觉，一种"很亲"的感觉。那天晚自习结束时，同学们在教室门口看到了一大堆好吃的零食——那是黎老师为他们准备的。可那晚，并没有人吃，因为他们发现，自己其实并不饿。

爱看书的小教官，懂得节俭的"万元户"

小甲这个曾经狂躁的少年，内心开始平静了。他思考起自己往后到底要干什么、要成为一个怎样的人。他记得黎老师的话：无论是谁、无论他多有能力，没有知识，即使是做生意，也一定做不好，做不大。

这时，小甲收到了黎老师送给他的书——《让问题到你为止》。以前，小甲对看书极为反感，可这本书却让他着迷。这本书告诉他，作为一名中层管理者，应该如何行动起来，为员工开拓发挥自身潜能的渠道，引导他们创造更高业绩；在为公司带来卓越成果的同时，让员工感到自信、快乐、充满干劲，让自己成为最杰出、最受尊敬的中层。

小甲发现，自己以前对书本本能地抗拒，可如今他几乎是一口气看完了一本书，然后主动寻找更多的书。

接下来，就是更多的蜕变。为了当上军训教官，小甲暗下决心，为自己制订出一套训练计划，并严格遵守，最终，靠着过硬的身体素质和坚韧的性格，他成功当上了教官，还进入了校学生会。

暑假时，小甲借用父母资助的 8 万元在昆明开了家服装店，两个月后，他不仅偿还了父母的 8 万元，自己还赚了 1 万多元。用这笔钱，小甲第一次为自己交了学费，却第一次没有乘飞机返校，而是乘坐了火车。因为他知道，挣钱不容易。

现在想起来，每当小甲犯了大错，黎老师常会坐在他面前，发出长长的叹息，这叹息一度让小甲认为是一种挑衅，而今，他终于意识到，那是一个真正关心他的人发自肺腑的关切。

点评

郭文英／技研新阳集团　总经理

小甲同学，祝贺你华丽转身和可喜的成长，你是幸运的孩子，更是幸福的孩子。

我们人人都渴望得到爱和幸福，爱和幸福是人生的最高境界。你不仅得到了父母的物质的爱，还得到像黎强这样的老师精神上的大爱。

小伙子，要知福惜福，感恩就是要做最好的自己，以回报父母、老师对你满满的爱。爱出者爱返，福积者福来。我坚信，只要你有强烈而持续地、彻底地做"好教官""好班长"这样的责任，并愿意将爱传递下去，你的人生必将幸福满满，福报满满。

母亲·行知

文 / 小罗 入校时间：2014-03-01

时光一去不返，回头看看那时的自己，任性与莽撞是我的典型标签。

小学六年级，父母离异，我突然间成了单亲家庭的孩子。爸妈离婚的那一夜，爸爸没回家，妈妈也不知去了哪里，我独自一人在被窝里哭了整整一夜。第二天，虽然还是平静地去上学，但我很清楚，就是从那个混杂着泪与恨的夜开始，我的性情变了，人生的轨迹开始偏移。

一天，我和同学发生了矛盾，放学后，那同学叫人把我揍了一顿。从此，我就产生了这样的想法："人善被人欺，马善被人骑！以后谁再敢惹我，我一定让他知道什么叫社会！"然后，我就有意通过各种渠道，结识了很多社会上的"朋友"，和他们在一起，开始抽烟、喝酒、谈恋爱、泡网吧——转眼，小学就这样混毕业了。

到了初中，我身边迅速聚集了一帮兄弟，我的名字很快在学校变得无人不知无人不晓，生活过得甚是"精彩"。某天，只因在人群中被某人"瞪着"看了一眼，我俩便来了场拼架的约定：周五放学，后山见！两边的人从周三开始召集，到周五时差不多约了半所学校的人。现在想起来，十分幸运的是当时有同学把约架的事报告给了老师，所以，还没来得及打这场架，老师便把我俩"请"到了办公室。

很快，妈妈也被叫来。一看到我，她就问："你干吗要去打人？"我习惯性回了句："就是特别看不惯那家伙。"谁知妈妈一听这话，眼泪夺眶而出——我震惊了，因为长这么大，还从没见她哭过！心里一下子很慌张。看着妈妈哭红的双眼，我才有些意识到自己的行为有多危险、多愚蠢，一刹那间，自以为很酷的我居然也哭了。

因为事情的严重性，我休学了。休学后在家待了好几周，我很快就开始有了深深的孤独感。一天晚上吃饭的时候，叔叔对妈妈说他要去湖北打工，我马上抬头看着妈妈："妈，让我也去吧！在家里这样待下去，我觉得不好。"妈妈顿了顿，说："想去就去吧！过去了要听话，多帮叔叔做事，不要到处跑……"她还是那么尊重我。

打工后，我才第一次感受到生活的不易、赚钱的辛苦。以前从妈妈手里接过钱的时候，我丝毫没有感觉，想买什么从不犹豫。现在得由自己挣钱了，才发现曾经有多不珍惜以前那些不用自己去操心无忧无虑的日子。

一次聊天，朋友告诉我说行知在招新生，一听到这话，我就开始想：到底该不该回老家继续读书呢？读书要用钱，可不读书，我以后又能做什么？还有，我能不能坚持读完，能不能管好自己不再让妈妈失望？一个人反复想了很久，我还是把想回来读书的想法告诉了妈妈，妈妈听了，仍然是轻轻地说了一句："好，那你回来吧。"妈妈来车站接我的时候，我注意到了她的白发和皱纹，我意识到妈妈老了。

我们一起到行知校园参观。一个不大的校门，几个不显眼的字，校园建筑比不上很多中学，却有不一样的干净整洁，这让我多少有了一点点自己也说不清的对 3 年行知生活的期待。

阳光洒在行知学子们的身上，我第一次看到那么帅气的校服，当时就忍不住想象起来：要是自己穿上，是不是也很精神？这些学长学姐亲切友善，脸上一直挂着灿烂的笑容，对我们非常礼貌耐心。一位学长带着我和母亲熟悉校园，细心介绍学校的每一个地方。一圈下来，当时行知给我的感觉是：看起来很简单，可又不是看起来的那么简单。

回到家，妈妈并没多问，只是简单地说了句："如果你想读书，妈肯定支持你。"听到这样一句平常的话，我告诉自己：这一次，我一定要争气！

开学了，我到学校报到。分好班后，一位学长带着我办理好所有手续，领取生活用品，甚至帮我铺床叠被子。至今，这些画面还清晰地印在我的脑海里。也就是从那时起，学长学姐们对我有了深深的影响，我开始不自觉地模仿起他们的一言一行，觉得那才是我应该做的。

刚到班里，我是最闹腾的那个学生，特别喜欢体育课，短跑、乒乓球、足球一样都不能少。就因为对体育的热爱，再加上班主任的鼓励，竞选班干部时，我第一次有了主动争取的热情，而且还真的成了我们班第一任文体委员。

两周后，传说中非常残酷的军训开始了！我的梦想是成为一名军人，所以军训中我十分努力，很快就和同学们拉开了距离，成长飞快。在军训的过程中，我慢慢找到了自己的强项，也因为这些被发掘出的优点，渐渐地，在行知，我好像又变回了正常人，变回了一个学生该有的模样。通过一个月军训，我不断与学长教官交流，慢慢感到了自己身上有责任，也有了被人需要的感觉。这些都让我的生活越来越充实，我也开始学会不断地去尝试以前从来没有参加过的校园活动，而且，每当遇到困难时，我还学会了告诉自己："这不正是进步的机会吗？"

然而，成长总是峰回路转：改变的路上，我还是犯错了。因为冲动的性格，我做事常常不顾后果，有一次，讲义气的我为帮同学出头，一怒之下先动手打了人。在行知校园里，打架斗殴现象基本不会发生，然而我却敢"冒天下之大不韪"，犯了一个在这里不能被轻易原谅的大错。

那天，班主任跟我谈了很久。他说："你要知道一个道理，拳头是不能解决任何问题的，拳头也并不能让人真正服你。一个真正能有作为的人，一定是能忍人所不能忍，做人所不能做。只有痛下决心，和过去那个错误的自己告别，你才能不被社会淘汰。要是继续坚持原来的那个你，你这一辈子都会走得很艰难。"

接下来的几天里，班主任每天都叫我去办公室谈心。让我完全没想到的是，他从不跟我讲大道理，只是跟我聊天，了解我的故事、我的想法，对我的每一个困惑提出特别有用的建议。有了这样一个开始，我对班主任有了真心的喜欢和接纳，他说的话我都会去认真思考，并努力纠正自己的言行。正因为用心，我慢慢懂得了包容，懂得了人与人之间要互敬互爱，懂得了对与错，是与非。

到行知后的第一个寒假，我也和曾经的"兄弟"们聚会，听他们得意地讲在现在学校里的"风云故事"，我只觉得幼稚和无聊。他们和以前一样，打架上网，抽烟赌博，日复一日；几乎每个人都是左手一支烟，右手一个"她"。我听着看着，一两次玩耍后，与他们就没了话题，联系自然少了。我不再喜欢出去乱逛，更多的是在家里看书，帮母亲做家务，陪她聊天。偶尔抬头望向她，总能看到她盯着我发呆，那一刻，我忍不住笑了，她也笑了。这样的时光，让我体会到从未有过的幸福。

努力和梦想陪伴着我，母亲、老师和同学关心着我，我真的犹如重生，再一次喜欢上这个曾经万分讨厌的世界。可就是这样，多年形成的江湖义气又让我冲动了。有天午休，听到外面走廊上有人在传我们班的同学被其他班的人欺负了！自己人被欺负了，是我绝对不能容忍的事！我马上跳下床跑出去，气呼呼地找到那个打我同学的人，狠狠揍了他一顿。

……

当我看到顾不得午休、为了我的事赶过来的班主任眼里失望的眼神时，心里除了后悔，还是后悔，觉得真的很对不起他，很快，妈妈也从家里匆忙地赶过来了。就算她看起来依然十分平静，可我明白，妈妈对我也许只有失望。

班主任跟几位父母讲完事情的经过，家长们都哭了。我站在那里十分煎熬，无数次在心里骂自己。当老师说完解决方案，妈妈马上主动说愿意多承担一些责任。我听着她的话，惭愧得又开始哭起来，我使劲抬起头，看着她的眼睛说："对不起，妈妈，我又让您失望了。我真的很不孝，您再给我最后一次机会吧！真的是最后一次！我一定好好改正，争取再也不犯这样的错了。妈妈对不起！"那一刻，我在心里暗下决心："一定要好好学习，不再打人，不然就不配做人！"这是我来行知后对我内心冲击最大的一件事，这件事也让我彻底改变，从此真的再没打过架。

我的妈妈赋予了我生命，当我体会人间的各种遭遇时，她总是默默站在我的身后，支持我、鼓励我，让我知道，不论我遇见什么，她都永远在那里等我。行知的老师则是给我第二次生命的人，每当我不知不觉走到黑暗的悬崖边时，他们总将我拉回到温暖的阳光下，教我做个正直善良的人，分清对与错，勇敢地直面未知。

妈妈的爱融合行知的教育，才有了现在重生的我。

点评

许娟／东莞立新塑胶有限公司　总经理

我一口气读完此文，觉得意犹未尽，又重读了几遍，曾在行知的所见所闻仿佛历历在目，幸福和感动再次涌上心头。孩子的故事给了我很大启示：

永不放弃

孩子再三犯错，母亲和行知的老师始终不抛弃、不放弃，用耐心让他从事本身去体会什么才是正确的为人之道。由此联想到自己错误的管理方式——我真的太简单粗暴，总是很急，容不得员工试错，担心损害公司利益。

责任

对比文中的孩子，我们的团队中，也有我认为不认真、不智慧的家人，那么这究竟是谁的责任？答案一定是：我的责任！比如说，我在大家身上投入的时间有多少？我的起心动念是为了家人们的成长，还是停留在单纯的企业利益层面？

责任，不是管理，是对家人的担当。我们企业人的终极责任，不就是营造一个人人都能得到成长、伙伴们拥有物质和精神双幸福的道场吗？

小个子的蔚蓝天空

文／小良　入校时间：2014-03-01

　　我长得很矮小，似乎从记事起，人家对我的指指点点就不曾间断。每感受一次歧视、一次不屑一顾的眼神，我就会心痛一次。

　　记得从小学四年级开始，在校园里，身材已经很不一样的我无论走到哪儿，周围总是会有异样的目光和无情的嘲笑，这使我异常自卑：上课不敢举手回答问题，看到老师就想躲，似乎只有这样，才能在我小小的世界里筑上防护墙。

　　一次经过走廊，一个可怕的声音在我背后响起："大家快来看！那个人长得真矮，像个幼儿园的小朋友一样，怎么会跟我们在同一所学校哦！"瞬间，一群人围拢过来，一道道目光像尖刀一样刺在我心上。从那以后，每次看到人我都非常害怕，我时常一个人躲在黑暗的角落里哭泣，埋怨父母为什么要生下我，为什么自己不能拥有正常人的身高。

　　只有在家里，我才能像正常人一样生活。所以有时，我甚至会想："不去学校了吧！一去又要忍受那里的一切不愉快，何必呢？"我愈加沉默寡言，像个怪物。既然全世界都抛弃了我，那就让我一个人在自己的世界里打转吧。

　　渐渐地，我选择了逃避，有了放弃学业的念头。

　　直到有一天，母亲的话让我改变了想法。

她说："你不上学又能干嘛？难道和我一样，做些又苦又笨又挣不到钱的活儿？你这样的身体出去找活儿，又什么技术都不会，真不知道找不找得到啊！"

是啊！我不上学，能干嘛呢？重走父母的老路吗？要真是那样，我甘心吗？不，我不甘心。

怀着志忑不安的心情，我再次回到学校。这次的校园生活终于不再一片死寂：有个同学居然愿意和我一起玩！他不在乎我的身高，更没歧视我的相貌，我们每天在一起打游戏、弹滚珠，就这样一直玩到五年级。可突然有一天，我发现自己的坏习惯越来越多，成绩直线下滑。我迷茫、挣扎，不知该怎么办，一直持续到2010年，我从新疆回到了重庆。

回重庆后，亲戚们历经千辛万苦，把我送进另一所学校，可我知道，我又要重新面对那些让我讨厌的目光和言语了。果然，新同学们和以前的同学没有一点区别。顿时，我又萌生了退学的念头，却又不敢告诉父母，只好一个人躲在屋子里哭，或是常常一个人仰望星空。到最后，我还是鼓足了勇气告诉父母我在学校被歧视和欺负的事。

母亲心疼地对我说："你比那些缺胳膊少腿的孩子好多了！至少你还可以跑，可以动手啊！他们看不起你，你就看不起你自己吗？儿啊，只有好好读书，以后才会有出息啊。"

之后，虽然我试着把自己封闭起来不再理会嘲笑，一个劲儿努力学习，忘掉不愉快，可总坚持不了多久；到了初二，我迷上了玄幻小说和网络游戏，上课想睡就睡，想玩手机就玩。这让我没了目标和方向，每天浑浑噩噩，大学梦早就忘了。初中毕业随便选择了行知，本以为那里也少不了歧视的眼光，准备继续玩玩手机、打打游戏、看看小说，混个毕业证就行了。

那个寒冷的冬天，我拖着行李，带着迷茫，踏进了行知校园。没想到这冰一样的冬天，却给了我火一样的温暖。

踏进校园，一群穿着校服、佩戴"志愿者"红色袖章的人向我走来，他们面带微笑，一边帮我提行李一边为我带路，他们给我铺床，帮我整理衣柜，还细心提醒我注意添衣保暖，不要感冒。真让我有种受宠若惊的感觉！从小到大，除了父母，没有人这样对我，我也从没期望过别人这样，要是放在以前，受到这样的礼遇，我一定会想对方是不是需要我做些什么，可他们的目光里全是真诚，我一点儿也看不出他们对我的热情是因为期待回报或是因为我矮小而拥有特殊照顾。

我猜想着，也许自己在这里不会太糟。

军训期间，我学会了如何与同学、老师相处，体验到了团队精神，学会了"坚持"和"百善孝为先"。再往后的行知生活中，我更加体验到了快乐学习的美妙。

在行知学习的轻松时光里，就在我几乎快要忘记自己与别人有什么不同的时候，一个陌生人的话再次让我直面——"我是不一样的"——真相。

那是个周五的下午。放学后我坐车回家，当我买票时，突然有个叔叔问我多大了，我说16岁，他便说："你怎么这么矮，是得了侏儒症吗？"我不知该怎么回答，心里只有难过。当时在车上，我很想哭，我在心里问自己："我为什么长不高？为什么人人看我都像怪物一般？"就在这时，心底又响起了另一个声音："生活是自己的，何必在乎别人的看法呢？尊重是自己给的，有人恶言相向，只要自己内心强大，别人就伤害不了我。真正伤害我的利器，其实只是我自己的难过。"

因为在行知，老师早就不断告诫我们说："内心强大才是真正的强大。"老师们常常提醒我们，要学会"变态"——改变自己的态度、心态和状态，不要逃避，要正视现实，把遭遇的事当作磨炼，以坦诚的心面对一切。不要自暴自弃，如果放弃自己、放纵自己，在未来也一定会被社会淘汰。

我不想被淘汰，我要实现自己的价值，所以我现在必须要努力学习，不管结果怎样，抓紧现在在行知的每一刻，说不定会有转机。

在行知的这段时光里，让我印象最深刻的一段话是这样的："人的一生不能没有追求，没有梦想，如果你的一生不懂得追求，不懂得为梦想努力，那么你就不可能成功。天下没有免费的午餐，只有努力奋斗，才能取得成功。没有付出，就没有回报。"

现在再听到嘲笑我的语言，我只会一笑置之。

现在条件这么好，我怎能辜负父母的期盼？父母给了我生命，行知则给了我灵魂，让我不再浑浑噩噩，让我知道了自己需要什么。

小小个子的我，也能拥有一整片蔚蓝的天空！

点评

刘芳/青岛芳子美容有限公司　创始人

小良同学的故事，相信会激励无数孩子们自尊、自信，发奋图强！

金子的价值不论分量而论成色。小良同学，对于父母所给予我们生命中的一切，我们除了感恩还是感恩。在行知学校里，有友爱，有亲情，有梦想，使你幼小的心灵被唤醒并得到升华，这是多么宝贵的发现和进步！

　　勇敢地前行吧！去开发属于年轻人的精彩。有梦想的人是可以创造人间奇迹的！

蜕变

文 / 小星　入校时间：2013-09-01

读小学时，可以用"乖乖男"来形容我。由于家教很严，我小时候性格内向，什么事情都完全遵照父母的意愿。

小学三年级的一次期末考试，我语文只考了93分，数学95分，而父母之前给我定的目标是双百，还说差一分就会打一鞭子——他们的信条是"黄荆棍下出好人"。因为怕挨打，我不敢回家，四处游荡，累了便躲在一棵树下休息，不知不觉就睡着了。也不知睡了多久，一道耀眼的光把我照醒，一看是父母和亲戚们。他们发现我没回家就四处寻找，找到我时已是深夜。

原以为我会一直做爸妈的"乖孩子"，可小学五年级时，一切都变了。那是一个深秋。一天放学后，一个叫婷婷的女生叫住了我，让我给她传授考高分的经验。于是我们一起漫步操场，聊着聊着她便牵起了我的手，就这样聊了很久很久。或许是对她有好感吧！从那之后我们每次上学放学都在一起。直到有一天，我们一如既往地说笑着回家，突然，我的后背被人狠狠地踹了一脚，接着一群人将我围了起来。其中的一个高个子对我说："小子，你敢动我女朋友！不想活了是吗？"然后我就莫名其妙地被他们按在地上揍了一顿。打完还放狠话说："我见你一次，就一定打你一次。"然后就强行将婷婷拉走了。

那天，我一瘸一拐地走回了家。回到家，爸妈不在，只有堂哥。他发现我受了伤，问清实情后，他对我说："我可以帮你去打回来，可这并没有什么意义，作为一个男子汉，真正能改变的只有你自己，只有当你的性格变了，以后遇见这些事情就知道该怎么做了。"经历了这件事，听了这番话，我决心改变。可第二天去学校，我发现婷婷没来上课，而且后来再也没来。从此，我彻彻底底地变了——我开始抽烟、打架，学会了做一个自认为的"男子汉"。

后来，我辗转读了两所初中，两所高中。当我从第一所初中毕业后，妈妈将我送进了一所贵族学校上学。当初次踏入那所学校大门时，我发现这里的学生都开着跑车上学，甚至还有佣人送餐。我也很想过这样的生活，可人生地不熟的我，只能用"农村人"最简单的方式——"打"出一片天地。

很快，我就成了闻名全校的"七匹狼"中的老四，过上了自己"想要"的生活。本以为一切都会这般如意，可没想到有一天，我和两个兄弟出去吃饭，正准备付钱时，来了七八个人，他们看了看我们说："兄弟，最近哥们儿手头有点紧，借点钱花花啊！你放心，回头哥们儿发达了一定不会亏待你们的。"作为一个有脾气的人，也不能在兄弟面前丢脸，我当然不会遂他们的意，直接拒绝了。谁知他们二话不说抄起板砖对准我脑门直接砸得到处都是。我急了，冲进餐厅拿起菜刀对着他们乱砍一通，最后他们几乎每个人都挨了我几刀，这几刀仿佛用尽了我全身的力量，我不由自主地往后倒去。当我倒在血泊中以后，警察来了。

后来我被带到了公安局，由于未成年，罪行可免，但毕竟犯了故意伤人罪，在少管所拘留了15天。这15天里，父母来看了我两次，每次都能清晰地看见他们脸上的泪痕。妈妈每次见到我都会说："儿啊，只要你改，妈妈就算拼了命也要把你救出来。"自那之后，我决心改，真正地改，遇见再大的事也得好好改。

出来后，妈妈问我以后的打算，我斩钉截铁地回答说："妈，我要读书。"可附近片区的人都知道我的案底，没有学校愿意收我，最后是父母求当老师的幺爸，幺爸才勉强让我在他们班上复读第二个初中。

开学第一天，幺爸就对我说："我不指望你认真学习，更不指望你考高分，你只要不带坏其他同学就行。"这话就像一记耳光狠狠抽在我脸上。那一刻，我暗下决心一定不再让别人唾弃。日后的学习，我"寒窗苦读，足不出户"，中考考了597分。这个分数原本是可以上重点高中的，可幺爸不同意，在他和我父母商量后，我被送到了行知学校。因为他们都认为行知学校才更适合我，我在这里会得到更好的成长。

刚到这所学校的时候，我并没感觉有什么特别的好：普通的环境，普通的人。可待久一点后，我还是发现这里有很多细节在打动和改变着我。

参加完激情四射的军训，回归平淡且重复的学习生活。我还是有些无奈地发现，一切也并不是那么顺利，对学校的新鲜感在一点点消失，以前的坏习惯又重现原型，心里渐渐想起了以前的那种生活，我又开始颓废了：上课无精打采，整日浑浑噩噩，脾气也再一次变得火爆起来，经常和同学闹矛盾。

有一次"形象设计"考试，我们全部都去食堂备考。也许走得太过匆忙，教室、寝室都弄得很乱。考完后回到教室，却意外发现我们的班主任王老师一个人在教室里打扫卫生。有些同学正准备上前帮忙，也被她制止了，她说："以后你们不愿意做的事，我都帮你们做；你们不愿意打扫卫生，我就帮你们打扫；你们不愿意整理内务，我就帮你们整理。"所有人站在门外，眼睁睁看着王老师收拾完整个教室。

教室打扫完后她又到了寝室，帮我们重新叠被子。由于我的床位在上铺，当她帮我叠的时候，或许是劳累过度，重心不稳一不小心便从上面摔了下来。我立马冲上去抱住她大声说："王老师，从今以后这些事情都交给我管，我一定会做好。"

岁月匆匆，转瞬间，我在行知已经度过了两年多时光，现在正处于人生的转折点——高三。记得有人问我，如果不读书，将所有的学费拿去旅行全世界，岂不是更好？我却想引用一句网上备受认同的话来回答他：如果不饱览群书，即使踏遍千山万水，也不过是个邮差吧。

点评

陈克明 / 克明面业股份有限公司　董事长

小星同学是幸运的，祝贺你！

自从走进行知，我发现与其说这是一所学校，倒不如说它是一座铸造美好心灵的大熔炉。克明面业的干部在此学习后，深受教育，感动不已。他们无不从这里的一草一木中看到了一种文明、和谐的精神；无不从行知人的一举一动中感知着积极、向上的动力。而这一切，源于以校长吴安鸣为代表的全校教职工的无疆大爱。

到底企业要办成什么样才算成功？仁者见仁，智者见智。办企业要赚钱是肯定的，但企业赚了钱就能说成功了吗？我很认可企业也是一所大学的说法，企业只有既赚钱又育人，那才是真正的成功。而行知学校的以爱暖人、以德化人、以情感人、以心度人的教育，是值得企业家学习和借鉴的。

感谢有您

文／小丽　入校时间：2012-09-01

　　2010 年，12 岁的我成了初一新生。新学校、新环境，一切似乎充满着朝气和希望，我暗下决心要努力学习，做个好学生。

　　学校就像个小社会，各色各样的同学都有：有轻松就拿第一的"学霸"，也有整天睡不醒的"学渣"，更有整日打闹的"学闹"。刚开始，我也想做个"学霸"，却经不住"学渣"的吸引、"学闹"的诱惑，很快就和学校的"风云人物"混在一起。跟着他们，我学会了抽烟、喝酒、顶撞老师、欺凌同学，在班上呼风唤雨，出入还能前呼后拥。当我自鸣得意觉得自己作为一个女生不需要因为苦苦学习而沦为"四眼田鸡"时，我不知道，自己就这样一步步沦为名副其实的坏学生。

　　我初中的第一任班主任 40 多岁，她根本就管不了我们，还曾万般无奈地对我们说："教你们一年，我要少活 8 年。"随后，班主任就像走马灯似的换了一任又一任：有温柔的女老师，也有严厉的男老师；有刚出校门的年轻老师，也有特别有经验的老老师。可是，面对我们这些"问题学生"，他们全都束手无策，到最后只有放弃，任由我们"自生自灭"。

　　有一次，我和一个关系"很铁"的同伴去敲诈一个女生，可她没带钱，我们非常生气，就狠揍了她一顿。这事被老师知道后，班主任对我和同伙单独进行了"审问"。尽管我坚信我们之间的"友谊"是坚不可摧的，但让我完全没想到是，这铁一般的"革命友谊"竟不堪一击——她把所有责任都推到了我一个人身上。

最终，学校给予我退学处分。

退学后，我在家待了半年。继父几乎不管我，妈妈因为我从小失去父亲就十分溺爱我，所以那半年，我既不学习也不做事，几乎是没日没夜地疯玩。我结交了许多新朋友，经常去酒吧，还跟他们在公路上疯狂飙车，觉得只有这样才能把时间填满、把空虚驱赶。

一天晚上，我又想出去玩，妈妈不同意，把我锁进卧室里。我毫不示弱，干脆爬上窗户，将一只脚跨到窗外，然后大声威胁："你们不让我出去，我就跳下去！"话音刚落，只听"咚"的一声，继父破门而入，紧随其后的妈妈看到我这个样子一下子就瘫在地上，呼吸特别急促，昏了过去。看到妈妈苍白的脸，我呆住了：那时我好害怕，怕她因为我这个恶作剧永远醒不来。她本来就有高血压，真不知道会不会就这样丢下我。

还好，过了没多久，妈妈醒了过来。那天晚上，我悄悄躲在被窝里哭了好久，脑海里回忆着这半年里干过的所有事。我对自己很失望，觉得自己无耻、丑陋，让自己也让他人讨厌。

一周后，为让妈妈安心，我告诉她我要读书。妈妈又惊又喜，问我想去哪儿读，我无意中说了句："能让我变好的地方。"那时，对于变好这个问题，我对自己也没太大信心，但还是存有一丝希望吧。第二天，妈妈对我说："那就去行知吧！"

当时我有位表哥在行知读书，很快就像变了个人似的，特别乖，所以妈妈觉得行知应该是最能让我变好的地方。为了让她放心，我没多想就答应了，可是，瞬间做出的这个无意的决定，却给了我崭新的可能。

报到、军训，这些经历对每一个行知新生而言都是共同拥有的幸福记忆，它们就像耀眼的金色光芒，一下子打破了过去时光里我们因为讨厌自己、放弃自己而累积的阴暗和沉重。

军训即将结束时，我们迎来了一场家长会，由班主任毛老师主持。教室里不断播放着《父亲》和《母亲》这两首歌。毛老师温和地给我们讲起她和她父母之间的故事，这些故事让我想起了自己的爸爸妈妈——虽然爸爸早已去世，虽然继父因为不好管我而任由我胡闹，可他为了这个家，也是一直在和妈妈一起辛苦工作，给我钱用，供我上学。

当毛老师问有没有同学想表达自己对父母的爱时，一个又一个同学走上讲台，大家哭得稀里哗啦，紧紧抱住自己的爸妈，对爸妈说对不起，讲自己曾经如何不听话，然后，每个人都很自然地向爸妈下跪——那一刻，我们都悔悟了。

那场家长会后，每个同学都给父母写了信，我也写了一封很长很长的信。那封信里，有很多无法当面对妈妈说的话，我一边写一边哭，相信自己一定会变得很乖，妈妈也一定会为有我这样一个女儿而自豪。

妈妈从来没有对我说起过看完信后的感受，但是，我看她一直把那封信放在床头柜里，用一个精美的袋子装着，像宝物一般珍藏着。那是我生平第一次给妈妈写信，写下了自己所有的想法，既写下了我对她的忏悔，也写下了我对她由衷的感谢。这封信是一种提醒，要我不能忘记那些坚定的承诺，这封信也是一种见证，见证了我来行知后的第一次改变。

在行知，我逐渐变得多才多艺起来。

我胆子虽大，以前却从不敢上台讲话，不敢去参加各种活动，因为对自己没信心，怕做错了被人笑话，从此抬不起头。但在行知，就算你上台说话结结巴巴也没人会嘲笑你，只有掌声鼓励你；成绩不好、考试倒数，也没人会因此排挤你、瞧不起你。只要你知道尊重自己、尊重别人，所有人就都是一样的友善。

在这样的环境下，我自信了起来，很快就投入到各种各样的活动中：唱歌、跳舞、主持、演讲、社团等。行知的舞台很多，让我忙碌又快乐，身边时时刻刻还有正能量在影响着我。从做事到做人，我学到了特别多的东西。

这里的课程也十分有趣，特别像科学风暴、生活技能、礼仪和形体这些课，都是我以前没接触过的，学了马上就能用，还能在爸妈面前显摆，一举几得，越学越高兴。

和老师们待久了，我们多少知道了他们的一些故事。他们的工资不算高，要做的事却很多，被他们改变的人也不少。耳闻的、亲眼看到的、体会的一件件事情，都在感动着我们。因为他们，我逐渐有了一个梦想：将来读完大学，将行知教育的这种爱带到比奉节还要偏远的山区，因为那些还没有走出过大山的留守儿童更需要教育，我想为他们传递行知老师的那种温暖。

行知，谢谢您，因为您接受当初不完美的我，因为您给予的爱与培养，才让我看到生命原来可以如此美好，为梦想而奋力拼搏原来如此幸福……

点评

罗红 / 好利来集团　总裁

小丽的经历是行知孩子的一个缩影，在奉节行知学校，我现场听到过她的分享，非常感慨。

一个孩子不管她过去经历了什么，只要给到她足够、正确的爱，帮她找回初心，找回纯良的本性，她仍然能做回最好的自己。

行知学校的教育理念是教会孩子们"做真人"。人的心灵或多或少会蒙上灰尘，只要拂去灰尘，回归本真，就是最好的自己。

在人的一生中，一切技能、技巧只要用心专注，花点时间，都是很容易学的，只有保持本真才是最难的事。给孩子一个正确的价值观，孩子会终生受用，我想这才是育人的根本吧！

第三章

行知的爱法

一、行知老师的身教

我现在提一个问题，由幼儿园到初高中、大学，请问哪个老师影响你一生，给你的印象最深刻，你最敬佩的有几个？我想大家跟我一样，多少老师都忘了，为什么？"经师易得，人师难求"。

——南怀瑾

张光荣：一位老行知人的光荣

张光荣今年已经 68 岁了，是一位名副其实的老行知人。说张老师是"老行知人"，不仅仅是指他年龄大，更因为他是当初创业团队里重要的一员。

张老师抒写的行知岁月仿如一壶老酒，绵远而悠长。在行知 9 年，他最开始负责全校师生的伙食，后来又当老师，还负责学校的招生工作。如今，张老师已退休 8 年，依旧住在先锋街上。

他可以时常漫步于先锋街的行知学校旧址——尽管这片曾经的热土已随着行知的搬迁以及岁月的流逝而变得荒凉，可那些动人的故事却依旧在静静流淌，焕发出历久弥新的光芒，温暖着他安详平和、含饴弄孙的暮年生活。

关于张老师的故事，先从行知伙食团讲起吧。张老师记得，有一次，他心疼吴校长为学校的操劳，在打饭时有意在吴校长碗里多放了几块鸭肉，满以为做得不留痕迹，却还是难逃法眼，被吴校长发现。吴校长笑眯眯地问："张老师，所有人都是这么多吗？""不是。"张老师回忆说，当时他还露出了一点小小的得意，没想到他却会错了意。"我长得和别人有什么不一样吗？有哪点不一样呢？"吴校长突然严肃了起来。"那我的怎么就多了呢？大家都是一样的，我怎么能够特殊呢？"

这件小事，被张老师形容为"受了一次深刻的教育"。从建校之初，吴校长就再三强调行知教师队伍的思想素质和精神状态，那时每周六下午全校老师要上素质提升课。至今，张老师对吴校长在教师素质课上的一段话依然记忆犹新："一个人无论在哪里，如果首先想到的是待遇如何、工作条件怎样，遇到任何事情，处处都是先为自己打小算盘，不顾全大局，不考虑如何做好本职工作，没有利他之心，这样的人，一定是个失败者，永远不会幸福。"

张光荣非常认同这样的观点。他的经历、性格都使他明白了其中所蕴含的深意。用这段话，他曾挽救了一个濒临破碎的家庭。也凭着这样的理念去行动，他营造了一个大家族的幸福。

有一天，张老师看到班上有位男生心事重重，就再三追问其原因，于是该男生将父母已谈妥所有条件即将离婚的消息告诉了张老师。男孩子的父亲远在深圳打工，张老师拨去了电话，用40多分钟时间，跟孩子父亲说了许多肺腑之言。那时往深圳打长途，1分钟5角钱，对于刚刚处于创业期的行知老师来说，绝对是笔不小的费用，可这又有什么重要的呢？此时此刻，在张老师的心里，最重要的事只有一件：为这个家庭做些什么。

真诚，没有什么能够阻挡，也没有谁能够拒绝。孩子的父母最终因为这番推心置腹的电话交谈而没有离婚。至今的每一个春节，这个幸运的男生都会来张老师家探望。知恩报恩，就是爱的传递、爱的循环。

十多年前的一天，张老师接到学校一位女生的求助电话，说自己的脚被老鼠咬了，很痛，暂时联系不上班主任，想请张老师帮忙送去医院看看。张老师毫不犹豫，放下电话就接上女生去了离校最近的一家医院就诊。医生确诊是被蛇咬的，做了简单的救治后，张老师把女生送回了学校。

夜里 12 点，张老师好像总有什么挠着心，睡不着。原来他担心小医院能力有限，怕治疗得不彻底，于是又去学生寝室了解情况。果然，女生的腿肿得更加厉害了。学校地处偏僻街道，夜里又不好打车。张老师随即叫醒熟睡的儿子，用摩托车将女生送到了西南医院。医生说要是再晚两个小时，这条腿就保不住了。

因为张老师妥善细致的处理，受伤的孩子幸运脱险。可这件事并没有结束。女生的家长特地来学校感谢张老师，一来二去，两个家庭越来越熟悉，后来，她竟成了张老师家的儿媳妇。如今的一家三代人，其乐融融。一心帮助别人，最后才惊喜地发现：原来，爱还是回到了自己身上。

如果要呼应前面吴校长关于"成功、失败"和"幸福"的话题，张老师幸福吗？也许有人会说，张老师没有很高的社会地位，也没有大量的财富，他不算成功吧。是的，成功的定义，于每个人都是不同的。事实上，成为自己想成为的那个人，就是一种成功；能够给他人创造感动并被他人所感动就是幸福。按这个标准来衡量，张老师很成功、很幸福。

当然，初期的行知要立足于社会，只有爱是远远不够的。在"应试教育"的环境下，高质量的教学水平不可或缺。张老师一直非常赞叹能与"应试教育"并行不悖的行知"素质教育"。

他在"行知回忆录"中这样描述行知的素质教育："为使学生牢固掌握知识，今后有更好的出路，同时增强他们的学习兴趣，吴校长以'怎样才算一个合格的教师'为主题做了报告。此次报告对教师队伍的触动非常大。

"校长说，教书育人指的是教学要有教育性，这是自古以来的教学原则。但我们往往注重的是教材的教育性，这只能称之为'用教材育人'。用教材育人势必只见教材而不见学生，容易扼杀他们的学习兴趣、想象力和创造力。在课堂上，老师对于那些不符合标准答案，却经过独立思考，有创造性、有个性的不同回答，不是忽视就是给予否定。这样就造成孩子们的整个学习过程变成了背诵标准答案。而学生无须思考的学习必然是一种被动学习，很多时候甚至是一种被迫学习。学习本应是快乐和丰富多彩的，现在却成了负担。

"如何才能使学生对学习有强烈的内在兴趣？这需要我们老师在教学过程中既不丢掉教材主题，又能充分发挥学生的想象力，提高孩子们的学习兴趣。

"这次报告会后，行知全体教师的创新意识、质量意识、服务意识都有了深层次的提升。很多科目的老师把书本上的知识通过吸收和思考转化成'兴趣教学''动感教学'和'快乐教学'。

"没多久，课堂上主动发言的学生不断增多，孩子们越来越喜欢学习，师生之间的感情也得到了很大提升。

"学校和老师付出的巨大心血，后来都通过孩子们的优异成绩得到了回报。肩负着无上的使命感，通过一代又一代的新老传承和永无止境地探索，今天的行知，素质教育的内容和体系已更加完善。来到行知的孩子们，终于发现：学习，虽不轻松，但依然可以快乐。"

张光荣很幸福：他将自己工作的最后9年给了行知，而行知，也帮助他完成了最有价值的人生目标——通过当老师，来尽力改变一些人、一些家庭的命运。

张老师心思细腻。他给我们拿出了厚厚的一摞通讯录，上面全是所教历届学生的联系方式，初步估算一下，应该有上千人。而在一个个名字旁，都有不同的标注："冻疮""家庭困难""父母关系不好"……每隔一段时间，张老师都一定会挨个儿拨通电话，打给被他教过的孩子们，像慈父一样，细细叮嘱他们：要保护好双手，防止生冻疮啊；家里有困难就说一声，老师帮你；要爸妈关系变好，你要这样做……

问及老人为什么这样对待学生，他说，自己父母生前精通四国语言，在哈工大当老师。在"文革"批斗中死去前拉着他的手，叮嘱他还要继续做老师。是行知帮助他实现了父母的遗愿，说这话时，老人不禁潸然泪下。

他还提到了两个学生家长的故事。有一年行知招生，他去到农村的田间地头，被一位学生家长——一位老奶奶邀请到家中。一进家门，老奶奶就蹲在床边费力摸索，摸了好一会儿，终于拖出来一个坛子：她从坛子里拿出仅有的5个鸡蛋，转头让老伴儿到地里去摘几个青椒，要炒一份青椒鸡蛋请张老师吃。

张老师开始觉得没什么：这样的一顿饭对很多人家来说也算是很家常，便没有推辞。然而，老奶奶随后的一番歉意却使这顿看似平常的款待成为了张老师心头上的重担。

老奶奶说："对不起啊！张老师，您要是昨天来就好了。昨天家里还有30个鸡蛋，您待会儿走时还可以带走。真是不好意思，今早全拿去换成钱了，得用这些给孩子买衣服穿，您就将就吃。孩子不听话，让您费心了，我们今后一定会报答您的！"

那顿饭，张老师吃得如鲠在喉，每一口都是使劲儿咽下去的。他说，老奶奶给他上了一堂课——听到这些话的那一刻，他明白了自己肩上的担子有多重。说到这里，张老师情不自禁地使劲拍着自己的肩膀。

在此后的教师生涯中他常常反思：作为如此被信任的教师，你有没有做到时时刻刻对学生尽心尽力？你能不能真的教育好那些被家长托付给你的孩子们？老奶奶没有想到，她的无心之举，让自己成为了一位老师的老师。

同样成为张老师的老师的，还有一位父亲，这位父亲从事的职业在重庆有一个特别的称呼："棒棒"。行知学校的很多学生家长，都来自社会底层，他们在重庆艰难谋生，供养一家几口人的生活。但为了孩子，他们觉得值了。

有一次，正在校门口值班的张老师远远看到一位家长把挑货的扁担放在距离校门十几米远的小陡坡上后才朝学校走来。张老师觉得很奇怪，等他走近后忍不住问他："你的扁担放在那里就不怕丢啊？"那位父亲憨憨地回答："老师，你看我这一身，穿双烂胶鞋，又是灰扑扑的衣裳，如果再拿着根扁担下去找孩子，要是被他的同学看见了，就知道我是干什么的了，我不能丢孩子的脸啊。我挣钱不多，所以只好每周都来一次，把钱给孩子。"

张老师把这件小事讲给了当时他带的两个班的孩子听，所有孩子都哭了！这就是父母的心啊。张老师说，家长们如此艰辛，把孩子交到我们这里，我们能不能上完课就走人，就算完成任务？我们的心，我们的所作所为，能不能对得起这些父母的血汗钱？

如果要问张老师为何拥有如此深沉的教育情怀，答案应该就是来自这些普普通通，几乎被世界遗忘的孩子们的父母吧！他们的确不起眼，甚至他们从生到死都悄声无息，然而，他们的爱子之心却依然可以这样动人心魄。

记不得已经多少年没有看过春节联欢晚会了，每年除夕夜，张老师的家人都会专门给他腾出一个房间，因为这一晚，张老师的电话会被学生们打爆。

爱出者爱返，福往者福来。噼里啪啦的鞭炮声里，我们依稀可以看见一位慈祥的老人面带满足的微笑，在世界的一个小小角落，守望着他的梦。告别时，老人把我们送至楼下，千叮咛万嘱咐，仿佛把我们当成了他的学生，直至我们的车辆远去，我扭过头来，发现老人还挥着手，坚定地站在仿佛凝固的时光里。

那一刻，我泪眼婆娑。

点评

张爱群 / 吉利控股集团有限公司　资深副总裁

2014 年 6 月 29 日，我有幸听到吴校长的报告，无比震撼，无比感动，久久不能忘怀！我第一次知道中国教育战线有一位如此伟大的女性——吴安鸣！

几天后，我就带着团队到访行知学校，在与老师和孩子们的分享过程中，我亲身体会到了行知教育的魅力。再读完张老师的故事，我对吴校长的教育情怀如何传递到老师们身上有了更深理解。发生在张老师身上的一个个利他助人的育人故事，很大程度上是吴校长以身作则的结果。正是许多像张老师一样深刻理解了教育的爱并持续践行"千教万教教人求真，千学万学学做真人"的行知校训才成就了今天的行知。

企业也是一所学校，要明确企业教育的使命和真谛，企业的管理者就是老师，要像吴校长一样用自己的真善美唤醒员工的真善美，才能真正为品牌注入灵魂。

直到今天，我依然还把吴校长的报告放在电脑桌面上，每每读起，仍禁不住热泪盈眶，特别渴望与人分享！

程怡：少年之程怡，少年之行知

与程怡对话前后，我总不时想起梁启超先生的《少年中国说》。彼时的中国内忧外患，命运岌岌可危，民族存亡悬于一线之间。曾自号"哀时客"的梁启超，却于暮年之际写下了气吞山河的《少年中国说》："故今日之责任，不在他人，而全在我少年。少年智则国智，少年富则国富，少年强则国强……"

为何梁启超能如此自信于中国之少年？文章开篇，他就写道：少年人常思将来，故生希望心。唯希望也，故进取。唯进取也，故日新。唯思将来也，事事皆其所未经者，故常敢破格……

他对少年的这一切形容、一切期待，让我联想起出生于1988年的行知小女子——程怡。

吴安鸣私下曾说过，程怡是做校长的"料"。行知若再建一所学校，这所学校的校长也许又是一位年轻人。

这个程怡究竟是怎样一个人，值得被如此托付？

"老师被我气得大哭，因为我就是个'街霸'。"

程怡是个天不怕、地不怕的人。

小学的时候，她不喜欢跟女孩子玩儿，因为讨厌女孩子动不动就哭的样子。她的朋友们都是些好兄弟。

但她决不允许任何一个男生欺负女生。班上有个女孩子叫吴莎莎，小时候因为脑部受伤，反应有些迟钝，爸爸进了监狱，妈妈是个环卫工。男生们看准了似乎没人能保护她，就开始经常捉弄她：把她的辫子弄得乱七八糟，把她妈妈用毛线织的钢笔套剪坏乱扔……吴莎莎只能哭，除此之外别无他法。吴莎莎与生俱来的一切都让她似乎是一棵无依无靠的野草，可以被人随意踩踏，甚至拔除。

很快，这些事情被程怡知道了。放了学，她带着一肚子不可遏制的怒火冲到带头的男生跟前，用她天生的大嗓门气冲冲地警告做错事的人："你给我听好了！你要是再敢领头去整吴莎莎，即使动她一点点，我就跟你没完！"

这些男生平时都是和她一块儿玩得很要好的，都很喜欢她，知道她的性格。虽都是小孩子，但也明白哪些事该做，哪些事不该做。后来小学的那几年，没人再欺负吴莎莎。

到了初中，程怡学会了谈恋爱、通宵上网、邀朋友们去唱歌。她还会打架，性子本来就刚烈，再加上天不怕、地不怕的那股狠劲儿，让交过手的人都对她很忌惮。越来越多的人开始有点儿怕她，后来她竟然成了当地的"街霸"，成了几句话不对就可以"掀摊子"的"名人"。

她用自己的标准和方式判断着周围的世界：所有的人和事她都必须分清是非对错，做得不对的，她都要去质疑甚至惩罚。

即便对老师，也是这样。一次因为下雨，体育课改为室内自习。于是程怡就把之前一直有的疑问认真地问体育老师："老师，三步上篮是怎么打的？"老师瞥了她一眼，以平时惯常的不耐烦，轻飘飘地回答了一句："这个要现场讲，现在怎么讲得清楚？以后再说。"

轻蔑又不负责的态度一瞬间激怒了本就对这位老师有看法的程怡，她立马把桌子一拍，"呼"的一声站了起来，无所顾忌地当着全班同学的面，用重庆妹特有的大嗓门吼起来："唉，老师，您这个态度不对哈！我问您的是语文的问题吗？是数学、英语的问题吗？您是体育老师，我问您体育的问题，你不该回答么？态度还这么恶劣。您没领工资吗？您该这样对学生吗？"

她的强硬态度和突然之间的强烈反应让人措手不及。也许是因为有点蒙了，也许是因为自知理亏，体育老师愣了2秒钟后说："好好好，对不起哈，对不起哈。我错了。"

还有一次，被"伤害"的老师气得捶胸顿足。高中时，程怡的语文成绩一直很好，特别是作文，但这与语文老师似乎无关。她喜欢写作，她因为喜欢三毛，一心向往着自由无羁的流浪生活。在她的眼里，语文老师很势利，只喜欢成绩好的学生，上课永远只抽优等生回答问题。成绩不好的学生、不听话的学生仿如陌路人，永远没机会发言。

虽然自己经常有表现的机会，但程怡对老师此举仍极为反感，就变着法"整"她。她抓住老师每次讲文言文都讲不清楚的弱点，使劲对着干。一遇到这种情况，她总是一副很厉害的样子，慢条斯理又极其霸气地在课堂上直接打断老师："唉，老师，您这里没讲对，'之'在这里不是这个意思。""唉，老师，您错了。这儿的'王'字不是名词是动词，要读四声。"

诸如此类，如此这般，几个回合就把语文老师给打败了。老师也气得很，故意不让她回答问题，哪怕这个问题全班只有程怡一个人举着手，老师就是不给她机会。

终于有一天，程怡又一次被惹"毛"了：她宣战了！"唉，老师，您没看到我在举手么？凭什么不让我回答问题？您就装吧！"

更过分的是，有次周记，她专门为此事"问候"了老师："……

您看不惯我么？长江没盖子，高楼没门窗。您咋不去死呢？咋就不让我回答问题呢……"然后，这本周记被她眼都不眨一下地交了上去。后来她听说，语文老师因为周记本上的"咒骂"而被气得在办公室里捶胸顿足，大哭一场。

自己当了老师，她总会把这段往事讲给孩子们听，不是炫耀，不是骄傲，而是反省和引以为戒：长大了，她最终还是明白了"尊重"一词的含义，懂得了自己年少的懵懂无知。当年引以为豪的"正义感"也被岁月和经历重新赋予了更为高贵的理解。

她又是如何遇见行知的呢？

"现在，我终于知道如何做一个正确的人。"

高考结束，以"问题少女"程怡的成绩没法上大学。开始她也不那么当回事，还对妈妈说将来要一边打工，一边当个旅行作家。

一个十几岁的女孩子孤身闯世界？怎么可能！至少在2005年时的中国，几乎很少家长敢这样想，这样做。

妈妈想办法把倔强的程怡骗到了先锋街上的行知学校。第一次去，她看到的是"很干净"的校园，但也"太朴素了一点"。38度的重庆夏日，吴校长还是在办公室门口等待母女俩的到来。也许是吴校长的气场和她很和，没有太多的纠结和犹豫，叛逆刚烈的程怡听了妈妈的话，留在了行知。

程怡的班主任正是韩晓。在吴校长与韩老师的双重引领下，很快18岁的程怡在行知"醒"了。她是这样形容那时的"觉醒"的："以前读高中的时候，就隐约感觉那些人很'浮'，老师和同学都是这样。没人教你一个人该怎么活，怎么去选择。我不知道该做些什么，就跟着那些人去玩，去寻开心、找刺激，以为这就是生活。

"到了行知，老师们不仅手把手教我们怎样学习、生活，怎样下校园里的石梯才不会打扰到周围的居民，还以身作则，让我们知道什么叫'奉献精神'。晚上我们都睡下了，不论寒暑，他们还到寝室为我们盖被子。学校没有围墙，有段时间老有小偷光顾，为了抓小偷，他们接连几个通宵埋伏在树林里的竹篓里，终于抓到了坏人，从此，再也没人敢到行知来做坏事了。

　　"素质课上，我们认真听吴校长和韩老师的每一句话，十多年了，我才明白了人应该走的路，应该做的事。是行知向我展示出了完全不同的生活方式、完全不同的活法。我终于知道了该怎么做一个正确的人。"

　　人一旦觉醒，便是另一种意义上的"开天辟地"。她说："行知就是通过细节来改变你、塑造你。再宏大的教育理论都必须通过细节来落实到行动中。"

　　所以，她告诉我们几个令她难忘的细节。行知的厕所全是使用完后，自己在水池里打水自己冲。有一次，她为了节约，就只用不多的水来冲厕所，冲完了正要走，却被也在上厕所的吴校长叫住，问她怎么不多打点水。她解释缘由后，吴校长便说："节约资源是对的，但你有没有注意到，没有足够的水把便池冲干净，尿渍就留在了上面，稍微积多一点，尿的味道就挥发出来，大家感受就不好了。"这件事让程怡明白了，生活中，处处是学问，处处有讲究。再小的事，我们也不能忽略一丝一毫。

　　第二件事是韩老师的"斜眼儿看"。有次，她跟韩老师说话，发现韩老师老是斜着眼睛说话，根本不想看她，一副目中无人的模样。她那时到行知还没多久，依然还很冲，一点不客气，直接就问："喂！老师，您咋斜着眼睛跟我说话呢？"韩老师也很拽，依旧斜着眼说："你平时说话不就是斜着眼的吗？"

她这才想起，自己从小就"养成"了斜眼说话的习惯，已经被指出过无数次，无数次地不以为然，我行我素，没人能纠正。当亲眼看到这副不受待见的样子后，程怡再也不斜眼看人了。

这般小事尤其让她印象深刻：老师的方法是"不走寻常路"，却因一片真心，便别出心裁，示范给你看，你才能从"照镜子"中看到自己的丑，有多伤人，才能一辈子记住：怎么做，才是正确的。

第三件事是韩老师拿她"开刀"。元旦晚会一直是行知盛事，每个班的同学都想自己班的节目被选上，登上舞台展示才华。有一年，不知是谁带了个头，把自己班的教室窗户用报纸严丝合缝糊了起来，意思是要将节目保密，以免遭到他人剽窃，以确保在选拔时一举胜出。很快，此举居然在全校盛行开来，几乎所有教室都因为这个原因变成了一座座坚固的堡垒。

韩老师立即留意到了这个现象。一天下午，没有提前通知，他就从程怡班开始横扫整个教学楼，"唰唰唰"挨个儿把窗户纸全给撕了下来。撕完后，他马上召集全校上素质课，他说："同学们，我们要竞争，但一定是合理的竞争。一个人好了，不代表一个班就能好；一个班好了，不代表一个学校就能好。开放教室，就是在开放每个班的创意，你参考我的，我参考你的，你追我赶，创意不就越来越多、越来越精彩了吗？关上教室，我们就像一潭死水，永远比不上有着源头的活水，永远只能故步自封。有实力，就不怕被超越。即使暂时落后没被选上，但你的未来就会因为有一颗开放包容的心而不断进步，就总会有胜出的那一天。"

一席肺腑之言，让人豁然开朗：对啊！糊上纸的教室是黑黑的，很压抑；撕下纸的教室是光明的，很开阔。我们的心不也一样吗？

程怡说，这一切之于她，是永远都刻在了骨子里，她也一直在学着用他们的思想和方法去教育影响自己的学生。她说："这是一种传承。"

"程老师，我错了，您不要哭了！"

很多时候，命运真的很像是一种循环，或者说，是轮回。高中时把老师气哭的程怡，当了行知老师后，终于"一报还一报"。她被气哭过两次。

第一次，她刚刚跟着韩老师实习带班。那时还不到 20 岁，就是个瘦瘦的小姑娘，未经世事，一脸稚嫩，成了那些初入行知、还未来得及被"改造"好的"街霸"学生戏弄的对象。程怡在讲台上讲课，学生们就在下面肆无忌惮地打闹，互扔粉笔头，随意进出教室，嘻哈打闹，一片欢乐。她招呼他们，却根本没人理她。

程怡开始还有一点耐心。可一而再、再而三的戏弄还是把她逼到了极限，终于委屈至极，忍不住跑到教室外的走廊上，大哭起来。

她打电话给韩老师，韩老师就简单地问了她一个问题："是我来，还是你来?"程怡生来好强，不愿服输，她必须靠自己来挺过这一关。她咬咬牙，说了两个字："我来！"把眼泪擦干，深吸一口气，啥也不管了，径直走进"欢乐"依旧的教室。

学生们看到了她哭红的双眼，很快安静了下来，冷眼等着看她接下来会做些什么。他们看到的是：小程老师平静地把接下来的内容一一讲给他们，尽管不时还会抽泣——那是刚刚偷偷大哭留下的短暂"后遗症"，却没有带一点负面情绪，没有让他们觉得老师是干瘪的说教或是命令。

调皮的孩子们，就这样第一次被程怡打动了。"我们当时就是看您太年轻，就是不服您，就想气您一下。"当走进孩子们心里后，后来有孩子主动"坦白"当时的顽皮。十几岁的孩子，心灵感觉已经异常灵敏：老师的真心他们感觉得到。他们知道老师"真心想你改变，而不是要权威"。

第二次哭，是因为一个叫杨坤的学生。杨坤从小跟爸爸长大，爸爸爱喝酒，从小就没怎么管他。没人管的孩子，常常对人都是冷漠的。因为他很少得到爱，也就不懂得如何去爱。周围的一切对于他，没有多大关系，而他也不需要去回应什么。

程怡知道他冷漠的原因。每天看着他头上永远油腻的头发、没有表情的脸，看着他上课就睡，下课就如行尸走肉一般在校园穿梭，她心里很难过。

尽管不断变着法儿地想去影响他，一切都像是徒劳。一次早读，杨坤还是不读书，程怡跟他讲，他仍然无动于衷。想着这是自己在长寿校区的最后一届学生，接下来马上就要到奉节任教。想着这个孩子即将面临实习，性格还这么糟糕，以后的工作怎么办？想着他今后会有自己的家庭，妻子、孩子是不是会跟着他受罪……程怡终于撑不住，哭了。

这次不是号啕大哭，而是默默无声的流泪。她就一直直视着杨坤，一直流着泪。杨坤也看着她，这是另一种形式的"战斗"。

终于，几分钟后，杨坤走到程怡面前，用手轻轻擦去她脸上的泪，低声说："老师，您不哭了嘛。我错了，我改还不行吗？"那一刻，程怡知道，这场"战斗"，她赢了！这个所谓的"赢"，不是杨坤的服输，而是那颗坚若磐石的心，终于化了。

后来，曾经冷漠又爱打架的杨坤出去实习，表现良好，一切顺利。带着流过泪的笑脸，程怡在行知一路向前。

"我得去研究孩子们喜欢什么，与他们合拍，他们就会好好做。"

成为一名好老师，智慧万万不能少。智慧从哪里来？从生活点滴中来。程怡的智慧、方法常常是因势利导，顺势而为。

曾经有个男学生非常聪明，可来行知试读了一段时间，就偷偷溜回家，不想再上学。程怡不想轻易放弃一个孩子，便独自坐了半个多小时的车去他家做工作。从晚上7点一直到9点半，她听孩子自己说，又跟孩子推心置腹："你打游戏打得那么好，可以靠打游戏挣到钱，说明你有这方面的天赋，不用确实好可惜。可你想过没有，总有一天你会老，你的体力脑力都将比不过年轻人。到时候你还是只能打'热血传奇'，他们却已经有新的游戏了，你就再也玩不过他们了。还不如趁着现在，在学校多学点计算机技术，将来自己编程，自己开发游戏，那才是真的酷，也不算辜负了你天生的好脑袋。"

孩子母亲回家后，看到老师还在跟孩子交流，也惊讶得很。程怡转头对着妈妈说："我都跟他说好了，还是回学校。好好学计算机技术，总能派上大用场，所以，请你们家长从现在开始就一定多支持他啊！"几年后，这个孩子毕业了，与伙伴们一起，做了一个长寿本地的门户网站，还挺成功。

类似的例子，还有很多。程怡说："做人的道理要经常提醒，要不他们总会忘。但又不能总说一样的，他们会烦。可要把好的东西装进他们的脑袋，怎么办呢？我就必须关注他们的兴趣，去研究孩子们喜欢什么电影，喜欢什么歌，他们喜欢什么电视节目。从中挖掘出与行知理念一致的东西，再出表面的兴趣慢慢引导他们回归到最基本的做人本质。同他们合拍时，他们自然就会接受你，自然就会在遇到事情时想起你说的话。"

"我一定要到奉节去。"

得知奉节也将新建一所行知学校时，程怡当即决定也要跟着韩晓他们一块儿去："我那么年轻，还能做很多很多事，我一定要到奉节去。"很快，她就和先生——同为行知老师的牟鸿松，带着女儿去了奉节。在这里，她确实履行了当初的诺言。虽然身在奉节，目光却一直关注着奉节之外那片广袤无垠的空间。她了解到上海、杭州乃至台湾地区的某些教育组织，已经远远走在了时代前沿，于是她便通过各种渠道去详细了解它们。她认为光靠网络还不行，必须实地感受，所以便常常利用寒暑假自掏腰包就去。

她曾经带着 16 个会展专业的孩子，每人只带 500 元钱去重庆主城学习生活一个月，体验了真实版的"生存大挑战"——在最艰难的时刻，她和孩子们一样每天只吃一顿饭，甚至露宿展会现场……她不停向外看，但内心还是专心致志，最终把一切感知回归到孩子们身上。

她哪来这么大力气，可以如此要求自己？

未来已来

在这个时代人们常会说，80 后的一代怎样，90 后又如何。

今年 28 岁的程怡那股近乎于荒蛮的原生之力，到底来自哪里？应该是来自生命被唤醒，来自胸怀他人——无数的行知孩子以及这些孩子身后的无数个家庭。

她在乎他们的幸福，在乎他们的命运，她几乎已将所有精力放在了他们身上，哪里还有时间来顾影自怜，思虑自己的得失。

什么是最好的修行？让身边的人幸福和快乐！

佛家说，人有八苦，谁都逃不掉。但若要向上，唯有放下，放下我们的贪、嗔、痴。我们唯有提升心性，通过心中升起的一份情怀来减少这些痛苦。

我们前行的持久动力，终究要从帮助他人的大义名分中来。程怡年纪轻轻，就找到了自己脚下的路。再读《少年中国说》，少年们必然引领未来。因为：未来已来！

点评

吴晓磊／好利来重庆大区　总经理

读到程老师的故事，自己仿佛一下子又回到两年前第一次到奉节行知学校的情景。在那里，我的心灵受到了自工作以来最强烈的震撼！行知的师生们，每个人都散发着阳光、自信的气息，洋溢着发自心底的幸福。校园的每个角落都充满着爱、关心和秩序。在这里就像陷入了一个无法自拔的能量旋涡，莫名地激动、感动！

2015年，公司分批组织了几百名伙伴前往学校接受为期一周的教育。伙伴们归来后，制度还是原有的制度，人还是这些人。一切未变，但似乎一切都在改变！发自内心的笑容越来越多了；主动性更强了；工区越来越干净、有序了……而且这种神秘的力量一直在持续增强！

爱是一切教育的灵魂，教育的本质就是唤醒人心。学校教育是这样，企业员工教育更是如此。结缘行知后，才真正理解这句话的真谛！

韩晓：胸怀信念，天自成全

楔子

2011 年夏天，29 岁的韩晓带着 20 多名青年教师、80 多名高年级学生来到奉节。这群年轻人即将在这片有诗、有故事、还有历史的偏僻之地开疆拓土。

他们是带着吴校长的嘱托与希望而来。受当地政府的再三邀请，吴安鸣决心在奉节建一所能够改变大山深处孩子命运的学校。当她看到无数留守儿童因缺少至亲守护而失去光芒的双眼，看到不少农村青少年由于青春期缺少正确引导甚至犯下了形形色色的罪行时，她就下定决心一定要开始做些什么。

奉节行知办学就是她的新行动。"行知需要新力量。"再三权衡后，她将接力棒传给了韩晓。接过任务的那一刻，韩晓自知重任千钧。

回忆起当初带着大家第一次奔赴奉节时，车上的一行人都异常兴奋：想着将成为行知事业的新一代开拓者，在穷乡僻壤上开疆扩土挥汗如雨，年轻人心底的那股英雄主义和崇高之情油然而生。尽管他们事前已被打了预防针，知道新校园是之前奉节中学留下的旧址，知道那里条件不好，需要自己动手大加改造才能有吃有住，可早已习惯艰苦奋斗的他们仍豪情万丈、直冲云霄。

一路颠簸中，大家还自娱自乐。只要看到一片很烂的地方，就会有人说："就是这儿了吧！"然后开始七嘴八舌地议论展望一番。就这样，经过了一个比一个更糟糕的地方，车都没停下来。最后，车终于停了。

多年后，韩晓在教育心得中是这样描述当时的情况：

眼前的这个地方，哪是什么学校：满目疮痍、臭气熏天、杂乱无章、肮脏透顶，完全是一片废墟。"也许寝室会好点！"我们怀着侥幸心理来到了寝室——可一切并不如愿：破烂的铁床，肮脏的厕所，微弱的灯光……此刻，心底不免有个声音在问自己：在这种地方，我们能实现梦想吗？

很快，我想起了4年前和吴校长一起在长寿建校的日子：40多度的高温，同样满目疮痍，吴校长毫无怨言，和我们一起刷墙、搬砖、清扫垃圾，几年后，长寿行知不也成了全国瞩目，处处地无脏、人人言无脏的名校吗？行知人不正是用他们的汗水在创造奇迹吗？

我想，这也应该是奉节行知的开始吧。那天下午，我默默干了一件事：拿上清洁工具独自来到一个几乎无法下脚的厕所，开始了我们建校的第一课——这个不到3平方米的厕所，我用了整整一个下午在里面"战斗"。到下午6点，"战斗"结束。那个不能下脚的地方终于被清理干净了，我哈哈大笑起来，大喊："同志们，化腐朽为神奇了，快来看呀！"同事们赶快跑过来看——当他们看到脚下洁白如洗的厕所时，都惊住了：他们没想到，我居然一个人创造出了这样的劳动成果，更没想到，我会用行动来说话。

当时每个人的眼眶都湿润了，我知道那是真实情感的流露，更是对未来行知的一份憧憬。于是，我们就挤在狭小的宿舍里，召开了来到奉节的第一次全体教师大会。这次会上我激情满怀："我们行知人本就是为创造奇迹而生的。这里虽然环境恶劣，但不也正是考验和体现我们价值的时候到了吗？我们还年轻，如果不愿吃苦，我们离开城区来奉节干啥？我们就是要用最短的时间改变这里，让奉节的孩子得到最好的教育，走出大山、走出重庆、走向世界！"

就这样，轰轰烈烈的行知"幸福校园"改造工程正式拉开了序幕。期间，由于时间很紧，9月就要按时开学，县长都来了4次，每次来我都穿着短裤，满身白灰。县长秘书再三暗示我下次领导来还是得换换衣服，我却对他说："这就是行知，用实干来创造，不然又怎么对得起奉节的孩子？"

就在这一天又一天热火朝天的劳动中，所有人都体验到了英雄的情怀——他们的希望已在这块土地上播下了种子，正在生根，即将发芽。

就这样，原本需要3个多月才能完成的工作在这百多行知人的努力下提前一个月结束，整洁的校园就在每天一点点的努力下慢慢初见端倪。可正当大家准备松口气时，我们突然接到通知：本该由另一方全权负责建设的学校食堂，现在必须由我们自己接手来搭建。此刻，距离开学仅有几天时间。

老实说，这种打击对于心智坚强于常人的行知人来说，仍是巨大的。然而，这就是时而水波不兴、时而波澜万丈的生活。除了垂直攀登，别无他法。硬着头皮向前冲吧！平时所积累的一切，现在该是检验的时刻了。

学生和家长们陆续到校。彼时校外的养猪场还没迁走，臭气熏天，即使是大晴天，路面也是湿漉漉的，家长和孩子们几乎是踮着脚尖走进的校园。家长们看到的校园虽然基础设施简陋，却干净整洁。安顿好孩子们后，家长们有些忐忑地离开了。吃饭时间到了，孩子们开始等着吃饭，但食堂却始终没冒烟。

奉节行知历史上的第一堂素质课就是在这样的背景下开始的。老师们在操场上临时搭建起一个主席台。韩晓心情沉重，但也绝不失底气。对着台下400多名完全没有接触过行知理念的新同学，韩晓用情用理，将困难与挑战一一剖析：

首先，真诚道歉。接下来就把吴校长来奉节办学的初心、县政府面临的困难、前两个月行知老师和学长们的艰苦奋斗，用细节展现给孩子们，让他们了解学校和老师们的努力，理解意外变化的突如其来。接下来再把当前的困难毫无保留地告诉学生：学校食堂没有建好，无法按时开伙，所有师生只能吃几天用电饭煲煮的夹生饭。

那现在我们怎么办？——我们要一起克服困难。

克服困难的意义又是什么？——克服眼前的困难，我们就有未来。

未来的收获又将是怎样的？——我们一定要让每一个行知孩子接受世界级的教育。

情到深处，酸甜苦辣各种滋味涌上心头，壮实汉子韩晓还是忍不住掉泪了。无法掩饰的哽咽让素质课几度停下，也让在场所有人因感知了真诚而从震惊、疑惑，到最终决定接受现实，同甘共苦。

那天晚上，师生一起吃下了用电饭煲和大铁锅煮的够400人吃的夹生饭。对许多人来说，也许这是有生以来第一次。这顿饭虽然难咽，却也有些与众不同的味道，成为不少行知人难忘的记忆。

开了个好头，但依旧不能松懈：孩子们的心理不稳定，也许可以暂时接受校方的安排，可一旦有哪怕一个孩子开始抱怨，不良的情绪就会很快蔓延；老师们必须和同学们一起吃夹生饭并随时随地关注每个孩子的动向，齐心协力共渡难关。

这支教师队伍虽然年轻，却有着当班主任和科任老师多年的实战经验，他们将眼、耳、心合为一体，全部放在了学生身上：哪个的表情阴郁了，不开心了，就立刻微笑着走过去拍拍他的肩膀，跟他聊天、问候、关心、了解，针对性地给予帮助，最后确保他心里的结已经打开；哪个说话有点不对劲了，就温和又不失立场地与他单独交流，让他慢慢明白此时此刻每个人的责任和最应该做的是什么。明白了做人的道理，孩子也就知道此时坚强是最好的应对。

晚上，孩子们都睡觉了，老师们也还不能停下来。他们总要到寝室去转转，查看一下有没有孩子被子没有盖好。只有完全解决了大小问题后，他们才安心休息。那两天，48 小时的鏖战，对于亲身经历过的行知人来说，战战兢兢、如履薄冰，却也是无穷的净化与提升。

今天的韩晓，说起这段往事可以举重若轻。我们很好奇，那时只有 29 岁的他，为什么有着如此强大的心力和方法，带领一众人把很有可能爆发的"群体性事件"很快化为无形？多次的对话让我们明白了，那是因为他的成长经历。

成长初体验

韩晓的母亲但丽萍与吴安鸣是小学时就亲密无间的同学，她们的友谊一直持续至今。韩晓读初中的时候，也是个让人头疼的少年。因年少无知，犯下了不少错误，这不仅让他与高中无缘，也让父母伤心不已。很小的时候，韩晓的父亲就去世了，40 多岁的母亲又已下岗，吴安鸣就常常把母子二人接到自己家中，同吃同住，与亲人无别。

和吴阿姨如此亲近，韩晓自小就在无意识中学习着什么，这是一个"润物细无声"的过程，漫长却又深深浸入心田。还在懵懂少年时，吴安鸣的儿子柏狄迪带着韩晓到离家很近的山里玩，一不小心就过了家里要求回家的时间。两个人一路提心吊胆跑回去，远远就看见吴阿姨在家门口等着。用不着看清模样就知道，她的脸严肃得吓人。

果然，马上到家门了，吴阿姨一声大吼："跪倒！"韩晓就比狄迪还快，"扑通"一声跪在地上，浑身哆嗦直发抖，等着严厉的惩罚。可明明是俩人一块儿犯的错，吴阿姨却只骂柏狄迪，丝毫不责备韩晓。这是为什么呢？她的用心，随着时间的推移，韩晓才开始慢慢明白。

韩晓的高中就是在先锋街行知就读的。在这里读书的时候，除了对最基本的吃苦耐劳精神的不断强调和知识的学习，让韩晓印象最深刻的，就是吴校长常常说的"要做一个不一样的好人"。

什么是"不一样的好人"？

毕业后，早期行知的学生大多是从在工厂当技术工人起步的，吴校长所说的"不一样的好人"，其含义就是：

•任何情况下，都不要轻易参与罢工，要坚守岗位，不能随波逐流；

•到工厂，一定会有各种冷言热语。不要听，坚持做好本职工作；

•做事情要有底线，用行知学到的原则去判断哪些是该做哪些是不该做的事。

韩晓记住了这些话。后来到了工厂，所有的教诲一一被现实印证。总有师傅们会在工间休息时关心地说："你读了那么多书，干吗来当个小工人？不值啊。"韩晓只是笑笑，什么也不说，该干什么就干什么。工作一年后，也真的遇到了工人罢工。韩晓却坚守岗位，还带着有些失神的徒弟，以一当十，创造了一天磨合400台发动机的厂纪录。

很快，轰动一时的罢工草草收场。不久，韩晓得到了提拔，被调去了公司采购部。一次，厂里急需一批日本进口的NSK轴承，但根本不可能一下子买到。采购部的所有人都束手无策，最后，只有韩晓用自己的方法将难题圆满解决：他一个人走街串巷，用了足足两天时间，走遍了整个重庆的所有零售门店，买到200件轴承，让生产得以顺利进行。

此举，让他得到了领导的极大肯定，也让所有人对他刮目相看。"遇到了困难就要用一切正当的努力去争取最后的成功。"——吴校长的话，只要去践行，就能让"不可能"成为奇迹般的"可能"。

感谢和佩服，让他对吴校长心怀至深信任。然而，外面的世界很精彩，但也真的很无奈。出去的时间久了，韩晓还是有了变化：为了工作，本不会喝酒的他渐渐开始学会用喝酒来换业务。一次，他用6杯白酒换来了6000套发动机零件，自此便停不下来，开始连续不断地在深夜时拖着酩酊大醉的身体一路吐回家。家里人心疼，难免会多说几句，他就会极不耐烦地吼起来。他不再像以前那样从容，而是多了暴躁和满不在乎。久而久之，身体也慢慢扛不住了。

母亲担心了，求助于吴校长。几经周折，在大家的努力下，同时也因厌倦了外边灯红酒绿的生活，韩晓终于还是选择了回归——回到母校，当行知老师。

不言之教

回归行知那年，是 2003 年。从那时起，韩晓在先锋街和长寿行知开始踏踏实实当老师，成绩卓然，当然，"脱几层皮"是必然的。最开始还不怎么懂教育规律的韩晓，有时会忍不住在吴校长面前"指点江山"，有一次更是直言不讳地建议吴校长对学生要"温柔"点，不要那么严厉，吴校长对此一笑而过。

很快，韩晓当上了班主任。一次，班上孩子们犯了不小的错，他便把他们集中在操场上来了一顿"狂风暴雨"。就在这次严厉的批评刚结束时，一直在旁边不显眼处观察的吴校长走了过来，拍了拍韩晓的肩膀："不是说要对学生温柔点吗？"韩晓有些不好意思。只有真正在其位了，才会明白，这个角色需要做的一切是多么自然、又是多么必需。

在校期间，孩子们的手机是要上交班主任保管的，可不怎么爱收拾的韩晓却把这些手机乱七八糟地扔在抽屉里，这一幕碰巧被班上的一个孩子看到了，粗心的韩晓也没怎么在意。可后来他明显感觉到，自己在班上讲了很多做人的大道理，无论怎么讲，孩子们却总不怎么"来电"。

他百思不得其解。直到有一天，当他收到孩子们的"老师，我想对您说"后，才恍然大悟：信中，孩子们直言不讳地指出韩老师说一套做一套，不爱惜他们的手机，却对他们提出各种要求。韩晓当即拿出所有手机，一个一个地仔细用绒布擦干净，并向大家真诚道歉。这件事后，韩晓也开始时刻警醒自己的言行，慢慢地，孩子们开始靠上来了——只有当孩子们发自内心认同你的时候，有凝聚力的班级才开始真正形成。

2007 年，名声在外的行知学校吸引来了湖南卫视的记者，他们把湖南当地的几名问题小孩送到行知来"变形",挽救这些孩子岌岌可危的人生,并制作成连续的纪实报道在湖南台的黄金时段播放,瞬间引来全国观众的集体关注,这就是火遍全国的《变形计》行知篇。

在《变形计》里,我们看到了当时看起来还稍显青涩的韩晓。他的班接收了一名叫李臻的孩子。短短15天的时间,在家常常和父亲对打、不管已患绝症的母亲、整天泡网吧的李臻,由初来行知时的极度抗拒、不参加任何活动,到融入集体、忏悔过错、承诺改变,以至于最后舍不得离开,害怕自己回家后又会退步而失声痛哭。韩晓作为班主任,以他的洞察力、判断力和耐心,对李臻的转变起到了巨大作用。

韩晓的教育才华逐步崭露,不久就当上了长寿行知学校的副校长。然而也就是完成副校长的职责而已。按韩晓当时的想法,反正上面还有"老大"顶着,投入度肯定是打了折的。

元旦晚会在行知一直就是备受重视的活动之一。2009年元旦在即,广受师生爱戴的吴校长自然也有"压轴"节目,结果在一次上台排练时滑倒,右手骨折。元旦节目自然不能参加了,可工作不能停下来,依然不知疲倦地奔波。3个多月后,吴安鸣为了完成当地教育局安排的相关事务回到学校,精气神十足地忙上忙下,没料到,意外再次发生:这次她摔断的是左手。

就这样,半年多的时间里,吴安鸣的两只手先后一直都吊着。但令人惊异的事发生了:人们还是看到她在不停地工作着,忘了两只手的存在,甚至忘了自己的存在,似乎这世上只要还有需要她去面对的问题,她就永远停不下来。她找学生谈话,及时解开心结;她找老师交流,及时帮助解决家里家外的困难;她用断手一笔笔地写字，就像蜗牛一样，速度可以慢，但目标在那里，就一直努力不停息。无言的行动就是最好的教育。就像有人曾形容的曾国藩，吴安鸣也像是"把自己的肉身当成蜡烛，剁开两节，四个端点，点燃四个火苗燃烧，在通往仄仄石板路上发足狂奔"。

她的全然忘我和不自知的牺牲精神，彻底激发了韩晓埋藏在心底最深处的生命宝藏。他突然觉得，自己必须"站出来"，"去承担事情"。他开始主动揽活，用吴校长对自己无限狠的那股拼命劲儿投在工作上。

既然选择了远方，便一路风雨兼程

2010年，当吴安鸣决定在奉节新建一所行知学校时，吴校长也与韩晓商量过新学校的负责人，反复分析过候选人的优劣势。是不是该自己站出来？韩晓反复问自己。吴校长虽没对他明说，韩晓也知道，其实，吴校长是有顾虑的。当时韩晓刚结婚没多久，虽都是行知老师，年轻的夫妻是否能在巨大的工作变动中达成坚定的共识？奉节不比毗邻重庆的长寿，两边的父母日益年长，将来如何妥善照顾？

某天，在回家的路上，韩晓在心里很快就做了决定。对于家里的事，他相信阻力不会太大。母亲和妻子，都是懂得行知在做着什么、他又在做着什么的人。

果然，一切顺利。于是，2011年夏天，长寿行知的暑假刚刚开始，韩晓就带着伙伴们开赴那片充满希望的处女地。刚到奉节办学时，行知就承诺要给这里带来"新的东西"，要让到行知的每个孩子都能"快乐学习，幸福生活"。这是一个高远的目标，听起来也十分激励学生和家长，但只有真正实现，才能让行知获得信任，让行知的梦想飞翔起来。在韩晓的带领下，平均年龄25岁的行知老师们在用行动证明一件事：中国的80后和90后教师，仍然可以做民族教育事业的脊梁。这群年轻人是怎样忘我付出的？韩晓一提起就忍不住哽咽：

由于太年轻了，我们担心自己做得不够好，所以为了更快进步，每天晚上10点后，老师们都还在办公室努力奋战着。而每次11点多我离开办公室的时候，都会到各个办公室去催促这些年轻老师早点休息，可他们总是用一句话回我："您早点睡，您是老人了。我们还年轻，再努力努力，您走吧。"

于是不知从何时开始，奉节行知老师下班的时间都变成晚上10点以后了。我觉得，这是我最亏欠他们的地方。所以在学校，从来没给老师记过考勤，因为他们的努力和艰辛已经不能用制度来考核了。工资也从来不提绩效，因为所有人的付出已远远超过了收入。对每个加入行知大家庭的新老师，我都会首先慎重地告诫："你喜欢老师这项工作吗？你视它为职业理想吗？这是你的事业吗？这个舞台，只有当你把它当作天职才能做好。如果你只是为了讨一份生活和工资，就千万别来行知当老师。"记得有次我去一所大学招聘，吸引了150多人来面试，我走上讲台，说出了上面的话，结果有三分之二的人马上选择离开。后来的事实证明，留下来的那些人，才是和我们有共同理想、愿意为教育事业和孩子的未来并肩战斗的人。

为做到因材施教，更好走进学生，了解孩子们的成长环境就成为必需。除了每年的家长会，深入到学生家里家访也成为所有老师的必修课。由于平时上课时间紧张，大家一致决定利用寒假进行家访。2013年的那次家访给我的印象特别深刻，至今想起来都心有余悸。那天我和两位老师开着长城H5一起去家访，那个孩子住在奉节海拔最高的地方。我们从学校出发，走了3个多小时的山路，发现路面开始积雪，可我们又不能不去，只好硬着头皮继续向前。突然，在爬一个陡坡时，我感觉车在向后滑行，方向、刹车在此刻都不管用了。我怕老师们害怕，就忍住恐惧，装出笑嘻嘻的样子，故作轻松地对他们说："同志们，听天由命了。"起初他们还以为我在开玩笑，后来才发现车正在不停向后滑。最后停下来的时候，我们才看到，车的一个轮胎已挂在了悬崖边上。后来还是孩子的家长召集村里十几号人，推拉并举，拼了命才把汽车弄上来的。

几乎每次家访回来，大家的心情都很沉重，也再次深感责任重大。针对困难家庭的实际状况，从我开始，一对一资助特别困难的孩子，同时成立了"行知爱心基金"——在学校资金特别困难的情况下，吴校长依然拨出了一笔启动资金，而老师们每月都会自愿捐款，学校根据捐款再进行1：1配套。

虽说穷人的孩子早当家，但老师们知道，要让孩子们真正走出大山，还是必须靠知识和智慧。所以我们只有以"付出不亚于任何人的努力"来不断提升自己，靠努力和实干为孩子提供更好的平台，养成更好的习惯，补充更多的知识，启发更多的智慧。

探索是一种成长之美

（一）行知翻转课堂：尊重人性、尊重教育规律

在奉节的5年里，韩晓与大家一起不断摸索、不断调整，探索出了适合当地具体情况的行知教育教学体系。

教学方面，受芬兰罗素高中以及这几年国际教育界兴起的"翻

转课堂"理念的启发，更因为对孩子个体成长多样性的真切认知与尊重，奉节行知独创了一套教学系统。最初，这套系统名为"走班制"，而发展至今，被完善成了"0.5+1.5+1 教学模式"，其中，"0.5"为通识教育，"1.5"为专业教育，"1"为高级工或高考录取教育。

灵活的教与学，最大限度地激发了孩子们内在的学习动力，让他们从初中时的厌学，回归到愿意学、喜欢学，学有成效。课堂上，他们时刻保持对课题的关注与兴趣；课下，他们能够马上学以致用，把专业与生活都做得熠熠生辉；高三面对高考时，他们依然可以劳逸结合，张弛有度，从容应对升学压力。2015 年，奉节行知就已达到了 98% 的高考升学率。

（二）行知阿米巴：人人都是小主人

从来奉节的那一刻起，韩晓就在不断思索一个问题：要提升孩子们的心性，改变他们的习性，强化他们的人性，怎样的方法才是最有效的、最持久的、最能从灵魂深处发挥作用的？

在吴校长的推荐下，他们开始学习稻盛和夫的"阿米巴经营模式"。经过再三集体论证后，2014 年，韩晓决定尝试将阿米巴引入行知。

韩晓说："在高三年级，我们用阿米巴代替了班级和专业：学生团队是一个一个的阿米巴。同时，我们把对学生的评价分为 3 个方面：学习情况、生活情况和工作情况。每个阿米巴既要承担学习任务，实现效率最优化，又要以有序优质的生活实现成本最小化，还要承接各种工作任务实现个人价值最大化。

"这样，全校除了食堂有 3 个师傅做饭外，其他所有的工作和生活都由各阿米巴来完成——像超市运营、物业管理、垃圾回收、出售饭菜、水电维修、饭卡充值等，都是学生自主完成的。每个孩子在学校既要努力学习，还要用学习外的时间完成各项工作，化解成员之间的大小冲突、凝聚共识。这不仅很好地还原出了社会环境，也使得学生即使面对压力巨大的高考，也不会沦为失去光彩和活力的考试机器。"

（三）按下早恋暂停键

对于常令家长和老师们头痛的早恋问题，韩晓见解独特：孩子早恋靠堵是堵不住的，只有疏导。具体做法就是要教会他们怎么谈恋爱。早恋正如"罗密欧与朱丽叶效应"：越是禁止的东西，人们越想要得到手；越是限制、禁忌的东西，就越显得神秘、有趣、充满诱惑，越能激发人的叛逆和反抗，也越发想尝试。在特殊环境下，甚至升级为"泰坦尼克效应"，就像是《泰坦尼克号》电影中的杰克和露丝。

怎么办？主要还得先从女孩子的教育引导方面入手，就是先提高她们的恋爱和欣赏标准。韩晓这么对女孩子们说："女孩子就像个大白馒头，脏手放上去就会留下一个黑乎乎的印子，擦都擦不掉。男孩子要是在不对的时候和你谈恋爱，或是碰了你，就是在往你身上留印子，你和越多的男孩有了不该有的非正常交往，你就在自己身上留下了越多的脏印。你觉得到了最后，会有人愿意吃一个全是脏印的馒头吗？"

韩晓说："我记得之前我带的一个班上有个女孩子，一米六八的个儿，长得也漂亮，吹拉弹唱样样在行，结果和一个外边的男生早恋了。这个男生父母都还在坐牢，他自己身上还有不少纹身，真应了'男人不坏女人不爱'这句话。所以当时只要有时间，我就让这个女孩子到办公室来，跟她讲女孩子要学会修炼自己的珍贵，千万不能像大街上一块钱买3个的馒头一样就把自己给'卖'了。那段时间，即使我有事不在，也一定会安排其他老师与她沟通，让她慢慢看到优秀的男人应该具备什么样的思维方式。不到一个月，她按下了早恋的'暂停键'，走上了正轨。"

另一方面，韩晓也不断向男生渗透作为男子汉应有的责任和担当："人要在对的时间做对的事情！要是真心想对你喜欢的女孩子好，就要保护好这个容易被弄脏的大白馒头，不要轻易去碰她，再饿再想吃，不到吃的时候就一定告诉自己不能吃，摸都不能摸一下。只有到饭点了，你才能吃，这时候吃到的这个馒头，才会是最美味的，也才是最珍贵的。作为男人，只有当你有了足够的品质、能力和经济实力，你才有资格去对你爱的和爱你的女孩子负责。不以结婚为目的的恋爱都是耍流氓！把对对方的好感埋在心底，变成自己前行的动力！"

正如难以想象的无烟校园、夜不闭户、路不拾遗、不玩电子游戏一样，今天的行知学校几乎杜绝了早恋现象。不是靠高压，而是有效的教育。

心之力，创造不一样的行知

教育的三要素——理念、内容、方法，一个都不能少。韩晓总结自己的教育理念如下：

• 孩子真正的转变是思想的转变，是灵魂的触动而不是仅靠管理；

• 男孩要穷养，女孩要富养，这都不是最重要的，最重要的是要去体验；

· 教育就在生活的一瞬间，就在劳动中，就在体验中，要手脑心协调并用；

· 校长、老师只是导演、编剧，孩子们才是主角；

· 孩子的价值观偏了，再多的知识灌输都没有价值；

· 有效的教育，首先要从解决孩子厌学开始；

……

"其实，这十几年来，我最深的体会是：教育很简单，就是怕认真、怕用心。只要足够认真了、用心了，我发现在自己快要不行的时候，就总会有贵人出来帮助你。"说这些话时，我注意到，韩晓的眼神平静而坚定。

他的这段话不知不觉间让我想起了《心之力》："天之力莫大于日，地之力莫大于电，人之力莫大于心。……阳气发处，金石亦透，精神一到，何事不成？苟其公忠体国，百折不回，虽布衣下士，未始无转移世运之能也。有志之士可不勉哉！"

是啊，有志之士可不勉哉！因为，胸怀信念，天自成全。

点评

张运国 / 好利来集团　副总经理

从 2015 年 3 月开始，我先后 20 多次走进行知学校。

初识韩晓，是在好利来集团干部与学校的一个联欢会上。当时韩晓领着一队孩子在舞台上跳"小苹果"，没想到体格魁梧的他却跳得那样轻盈、天真、欢快。从台上下来，韩晓刚好就坐我旁边，看他满头大汗的样子，我忍不住感叹了一句："这么累还跳呀！"他只简单地说了3个字："没办法！"当时因不知他的身份，就没深聊。后来通过接触才明白了他那3个字的含义：作为一校之长，要真正地把学校办好，再苦再累也必须要有"没办法，必须冲在前"的那股子劲。

对韩晓印象最深的是他的素质课。记得2015年毕业季，孩子们面临着工作或是继续上大学深造的抉择。当时，我觉得他把做人、学习、工作的道理讲得特别透彻，就连我这个工作了30多年的人，好多道理似乎也都理解得更深了。后来我和韩晓探讨他为什么能把这些枯燥的道理讲得那么通透，让孩子们接受并理解。韩晓说："如果真正地把他们当作自己的孩子，'掏心掏肺'地对待他们，他们怎么会不接受呢！"

我想，这就是奉节行知一切奇迹的源头吧。

庞红利：被爱拯救，所以用爱拯救

庞家有女初长成

庞红利高中成绩优异，心高气傲。高考报志愿时，她毫不犹豫地填了复旦大学。后来回忆起那段经历，庞红利说："也许命运是缺什么就会来什么吧。那时我太自大了，必须遇见点什么才能从天上回到地上，明白做人的道理。"那年她高考失利，只能报考四川本地的师范大学。

2005 年 11 月，庞红利即将大学毕业。在老师的推荐下，她与部分大学同学一起到先锋街上的行知学校参观，其实就是去选择实习地。当时程怡还是学生，和同学们一起参与了接待。在寝室里，行知的孩子们把庞红利一行照顾得无微不至。对于陌生人，行知的学生都能做到这样——这让庞红利感受到了行知教育的力量。

实习是双向选择，尽管有不少人仅仅因为简陋的校园就把行知给否决了，但从程怡身上，庞红利看到了行知与众不同的闪光点。

更让庞红利觉得与众不同的是，参观结束的那天，吴校长跟大家交流了一次。她说话非常直接，即使面对只是去参观的学生，她也可以毫不留情、一针见血地指出他们的问题："你们刚来学校时，我就开始观察。我看大多数人都是眼高手低，学了一堆理论知识，就以为可以指点江山了？我看你们没几个人能安下心来，扎扎实实地沉下去，行知不欢迎那些浮在面上的人！"话虽难听，说的却是事实，这反而让庞红利下定决心接受挑战。

很快，正式实习期开始了。刚到校，吴校长就找几个实习生单独谈话。而今，庞红利回忆起吴校长的谈话时，说："吴校长很和蔼，很真诚，就像妈妈待我一样。她一来就问我有没有男朋友，这让我瞬间没了距离感。她很快注意到我的一个耳朵上打了两个耳洞，便提醒说作为老师要注意形象，还要记得夏天不要穿吊带之类的衣服，给学生树立好榜样。"

这些看似琐碎的要求，其实并不是不重要。它们代表着一种极高的严谨和责任，还有爱。当天晚上，庞红利就接受安排去了长寿行知学校。

实习的那半年，既是极大的锻炼，也是巨大的考验。那半年，行知给实习大学生提供了极大的空间和平台去锻炼：庞红利一到校就当副班主任，直接参与到班级管理与教学中，边看边做边学。放手是因为信任，既是对自己的信任，也是对人性良善的信任。正因为这种毫无保留的信任与及时的指导，庞红利在跌跌撞撞中飞速成长。

女儿和我是奇迹，更是重生

与庞红利对话，始终能感受到她的开朗与坚强。她谈及家庭生活时，说道：

留在行知当老师，我很幸福。这里有我喜欢的事业，还让我找到了生命的伴侣，有了一个家。和熊老师结婚后，我们很快有了女儿，她的到来让我们更加满足、喜悦。然而，才4个月大的孩子却被查出患有先天性心脏病。医生说，这样的病能活这么久已是很大的奇迹，但若不马上手术，随时都面临着生命危险。这对我们来说无异于晴天霹雳。我和熊老师家都不富裕，两家老人为了这次手术把积蓄全拿了出来。可手术前夕，我公公用来救孩子命的 4 万块钱却被人骗走了。

孩子危在旦夕。吴校长知道了这事后，立即组织全校师生捐款，很快就把捐来的 5 万多元钱交到了我们手上。与此同时，她跑上跑下，帮助我们联系最好的医院、最好的医生。从手术前夕到女儿完全康复出院，我整整 5 个月没上班，吴校长却每个月都按时把全部工资发给我，一分不少。

女儿现在 9 岁了，是个健康又阳光的孩子。她问过我："妈妈，为什么你和爸爸不再给我生个弟弟或是妹妹呀？"我说："光你一个人就够我们操心的啦！"她笑了，那笑容来自每个行知人创造的奇迹。

其实，连我自己也是一个行知的奇迹。2009 年，因为连续几个月咳嗽不止去医院检查时，我被确诊为肺结核，而且已发展成肺穿孔。这无异于又是一个晴天霹雳。我对治愈几乎没什么信心，却最放心不下女儿。带着渺茫的希望，取回一大堆药，我还是开始在家治疗了。一到家，就接到吴校长的电话，她要我什么都不要想，安心把当时由我主编的《职教师资培训》这本杂志办好即可。

我懂，这项"命令"唯一的目的，就是给在家疗养的我找一个充实生活的方式，免得我整天胡思乱想，反而想出更多毛病。为避免传染，我天天戴着口罩，除了照顾年幼的女儿，其余时间几乎全都放在了杂志的事情上。做杂志让我的心很宁静也很充实，我每天都会给自己设定目标，保质保量把任务完成。

时光飞逝，我的病一天天好起来。暑假到了，全校教师召开期末总结大会。吴校长让熊老师通知我回学校，和大家一起开会。我明白她的用心。那时的我，还只是一名再普通不过的老师，没有哪一点突出，她却还一直记挂着这个默默无闻、生着病的我。她想通过让我回校参加集体活动来告诉我：行知人都在关心你，没有因为生病而把你忘记和抛弃。后来我自己当了教研组长，分管了学校的一些工作，有了亲身体验后才知道：没有一份大爱，永远做不到这一点。

当时想了很久，那种自设的心理障碍一时难以突破，最后还是决定不回去。然而，吴校长长久以来以无所求之心倾注的爱，在我的心里，终于由量变到质变——当她用身体力行使我彻底明白何谓"大爱"后，我也学会了如何做一个"有爱之人"，开始以大爱之心来工作和生活。

如果说女儿是一次奇迹，那么，我就是在行知重生。

男生班——那些好笑又感动的事

庞红利班上的很多孩子都会不自主地叫她"庞妈"。庞妈在行知 10 年，带过很多孩子，经历过很多事，要细说的话，真可以另写一本书。就说眼下的这个全男生班，进入行知 2 个多月以来就发生了很多感人的故事。我们现在就来分享一下这群"没心没肺"的男生们的蜕变吧。

故事 1：大小孩蔡国耀

蔡国耀的舅舅一直在学习稻盛哲学，在随广东盛和塾来行知参观后，他想让胆小、爱逃避、不勇敢担当的外甥来行知学习，说服了蔡国耀的父母后，舅舅就带着蔡国耀从广东来到了奉节。

被领着在校园里转了一圈，蔡国耀细声细气地对舅舅说："我不喜欢这里，我要回广东。第一，这里都是公共浴室，没有隐私，我不喜欢；第二，这里太远，回家不方便。"

既然把他带过来，舅舅也是铁了心的。留在行知，绝对没商量。舅舅离开行知的前一晚，蔡国耀不放弃做最后的挣扎。晚自习开始了，他还在舅舅的房间外转悠，被"庞妈"看到，就直接带进了教室。

很快，军训结束，国庆放假回来，班级要选班干部。"庞妈"要求所有人都必须上台竞选，蔡国耀也一样。其实，庞老师之前就打定了主意，一定要找机会让这个胆小的 18 岁大男生为班级做事，只有通过为大家服务，他才能找到存在的价值。

蔡国耀居然顺利被大家选为计算机科代表。"庞妈"又量身定制，为他另外增加了一项任务：每天教大家说两句粤语。这两项任务让蔡国耀慢慢找到了由责任带来的存在感，他慢慢变得放松、自信和开朗起来：这是个值得高兴的开始。

但成长的过程，不可能永远风平浪静。一直在浅滩上打转的蔡国耀需要一次暴风雨般的洗礼，才能使自己获得在未来的人生大海上独自乘风破浪的勇气。而这场暴风雨来得有点儿猝不及防。

蔡国耀非常害怕晨跑，就像今天的不少孩子一样，缺乏锻炼，每天 2000 米的跑步对他来说如同炼狱。有一天，他终于想出了对策。

那天，他先跟着大家跑，跑到第 3 圈时，趁没人注意，便溜出队伍，躲在之前就踩好点的操场边的大黄桷树后面。

不幸的是，他还是很快被发现，于是被带着去见"庞妈"。"庞妈"立刻意识到，改变蔡国耀生活的机会，终于到来了。也就是在那一刻，她的心中一切清晰可见，就如《金刚经》中说的那样："如日光明照。"

全校同学晨跑结束，集合等待解散。"庞妈"走上主席台，对大家检讨："对不起所有同学，耽误大家几分钟时间。因为老师关心不够，我们班有一位同学今天晨跑时，跑到一边躲了起来，因此我和我们班同学申请对此加以惩罚。我和副班主任郑芳老师各做100个下蹲，我们班每位同学做50个俯卧撑，请大家监督。"

于是，在全校师生注视下，两位老师在台上开始一个一个做起下蹲，全班男生自觉排成一列纵队，在台下做起俯卧撑。孩子们做完了，看到老师还没结束，就又继续做，一直陪着两位老师全部完成。当"庞妈"做完最后一个下蹲，想努力站起来时，体质一直不太好的她已有些支撑不住，身体不由自主晃动了几下，孩子们看到，立刻冲到台上，将她扶住。

这一幕幕情景用文字来描述注定是苍白的，必须要身临其境，你才能体验到那种既极端严肃又极度动人的"场面"对于人灵魂深处的震撼。对于我来说，"庞妈"所做的这一切，就是读《释迦广传》时，我所看见的关于佛陀故事的再现：为了度化众生，释迦牟尼一次次将自己的一切布施，包括他的身体，他从来"不惊，不怖，不畏"。

"庞妈"布施了，布施了她的身体，布施了她的爱，也因此收获了蔡国耀全新的"改变"。

"惩罚"结束后，在"庞妈"的一再坚持下，孩子们才解散。空旷静寂的操场上，只留下蔡国耀和她。蔡国耀走到她面前，她看到他已是痛哭流涕。他抽泣地说："庞老师，我错了，我真的错了。"

自责、悔恨、感激——蔡国耀从未见过这样的老师，这样的团队。40多个人的集体，可以为他一个人的错而毫无怨言地承担起责任。他明白：他们做这些，不是想嘲笑他，不是想惩罚他，只是想陪伴他一起成长。

所以，今后他不再是一个人，他的身边有了那么多太阳，他也一定可以成为吸引万物的太阳，温暖他人。就像不久后的某天，他和同学们跟着郑老师包饺子，饺子煮好了，他专门盛好一碗，认真放好调料，小心翼翼地端着去找"庞妈"。"庞妈"让他吃，他不肯，非要她先尝一口。"庞妈"就吃了两个。其实，那饺子因为放了太多的酱油而难以下咽，但两个人就因为这两个饺子而幸福满满。

后来，在一次课外活动中，年级组织跳行知的课间操《青春飞扬》时，"庞妈"一个人被单了下来，没有搭档。蔡国耀看到后，马上跑过来和"庞妈"组成临时组合——他不想她一个人跳。要知道，他是胆子很小的人，说话声音小，有时还会脸红，不敢当众表现自己，他这么做需要鼓起很大的勇气，可他还是做了，而且几乎没有任何的犹豫。"庞妈"甚至还记得，那次一起跳舞，胆小的蔡国耀一直在避免目光的交流。

只要心打开了，总会有一天，他可以不再害羞，更有勇气直视生活。

故事 2：手机·棍子·演员

某晚去教室的路上，庞老师一直思考着："这个开学才一个月的男生班，现在发生这样的事，如果不彻底教育好，以后就很难办了。"

事情是这样的：行知不成文的校规要求所有学生的手机必须在每周日返校后即刻上交，周末可以取回。最开始，大家都老老实实照着做了，慢慢地，有人旧习难改，钻了空子，偷偷把手机留着，然后又带动了其他一小部分人。被郑老师发现时，已有 11 人违反了规定。

庞老师也是第一次带全男生班，她和郑老师都明显感觉到男生班和男女混合班有很大的不同：之前的军训中，同样是向父母"孝道感恩"环节，男女混合班开始时就有人感动得失声痛哭，男生班的人却依然一滴泪都没有；周末留校的同学和老师们一块儿包饺子，吃完了，混合班的同学会主动一块儿收拾，男生班的人却早已跑到校园的各个角落，不知所踪。

他们不会为他人着想、没礼貌、不懂彼此关照。所以庞老师考虑着这次一定得来点儿"猛"的。庞老师说，好的教师也必须是个好的演员。到了教室，"表演"开始。一进教室，她的表情狠，说话更狠："谁去给我找根棍子？要粗的。"

一听这话，马上有学生跑到教室后面的卫生角，把扫帚上的棍子取下来交给她。她右手拿上粗粗的棍子一下一下地敲起左手。

"前门，关掉！后门，关掉！窗子也关上！窗帘拉起来！"

同学们都照着做了。空气骤然紧张。男生们开始确信：这一关，不好过。教育需要讲究张弛有度，紧张了，就缓一缓。下一步，她转为动之以情："这段时间，我和郑老师都看到了你们的成长。"

然后举例来证明这群孩子的点滴进步。她要让他们看到自己的成果，同时更不要忘记老师们的付出。此时，男生们回想起老师的辛苦，感情上没了抵触，取而代之的是自责。

"你们也都看到了，郑老师和我从开学到现在，在你们身上付出了很多，每天都忙得不可开交。从进校开始，老师就告诉你们，人要学会感恩，要做好自己，要自律。但是，你们呢？"

最后那5个字，她特意重重加强了语气。"带你们这么久，我是一次火都没发过。但我们每个人都有原则、底线，你们现在所做的，就是在挑战老师的底线！"

随后，语调、话锋突然一转："没主动交手机的，站到台上来！"11个学生在讲台上挤成一排。

"自己交了手机，但看到有同学在寝室玩手机而没有提醒制止的也站起来！"哗啦啦站起来一大片。

"台下站起来的这些同学练习蹲姿。"庞老师对着台下说，"为什么要你们练习蹲姿？第一，你们明知室友没交手机而不提醒制止，不告诉老师，你们没有正义感，所以必须要蹲。第二，你们这么做太对不起郑老师了。郑老师深更半夜不睡觉也要到寝室来看你们是否盖好被子，为了你们，她经常不能按时吃饭，加班加点地处理班级的事情，你们这么做，对得起她吗？"

"同寝室全部上交了手机的同学，你们遵守了规则，所以不用受罚，但你们今晚也要好好听好好看，要时时警醒、引以为戒。"

然后，便是严厉的命令："台下的人，蹲下！"台下的人蹲下的同时，台上也有几个同时蹲下——那是兄弟间的义气使然。明明是台上的人犯错，为什么台下的人蹲，台上的不蹲？

"庞妈"太了解他们了——刚刚经历军训的这群孩子，蹲上一两个小时，体力上根本没一点问题。她让台下的人蹲，就是要让眼前这"残酷"的一幕来"刺激台上的人"。所以，她绝不允许台上的人蹲。瞬间，她用最可怕的声音大喝："谁叫你们蹲下的？起来！"所有人都被吓坏了——台上的人像触电一般弹了起来，重新站得笔直。

好，时机到了。庞妈又开始挨个儿对台上的人"开刀"：

"你回想一下，开学来的时候自己是个什么样子，现在又是什么样子。你觉得你做这件事对得起自己的努力吗？""庞妈"有备而来，甚至拿出了这个男生刚进校时头发乱蓬蓬的照片。

"你家里经济那么困难，你买手机的钱，用手机上网的钱，每一分每一角都是你父母面朝黄土背朝天流着汗挣来的，你不内疚吗？"

"庞妈"真情流露，加上是学中文出身，有文采，有口才，排比、比喻等修辞手法此时大放异彩，十分动人。

就这样，台上的 11 个人，从左至右一个个被她说哭。对于这些早就"身经百战"又"皮实"的"男人们"来说，没点尖锐的武器，永远不可能刺破他们异常坚固的心之堡垒，而一旦攻下，露出来的便是鲜红的心。

台上的人说完了，还不能停，台下的人也不能忽略。"庞妈"再次回过头来严厉指出台下的人眼睁睁看着同学往"火坑里跳"而袖手旁观。然后，所有人都哭了，哭得动情，哭得伤心。批评完了，"庞妈"问他们："这件事，必须要一个结果。你们自己说，怎么处理？"

第一个同学说："庞老师，我们保证以后一定准时交手机，再也不重犯。"

太口号化了。她看了他一眼，一句话不说。

第二个同学说："庞老师，我要做 10 件好事，完成了，用这 10 件好事来换回手机。"

开始靠谱了。

第三个同学说："庞老师，我以后每周只用手机往家里打电话，然后就一直放在老师那里，等我变好了再取回来。"

第四个同学说："庞老师，我申请把我的手机砸了。"

这太夸张了。

"庞妈"说："手机没有对错，是人有对错，而且我不喜欢看到血腥的场面，我只喜欢那些用行动来证明自己的人。"最后，全班达成一致：手机就放在老师那里，通过每周坚持做好事，等确信已经可以管好自己后周末再来取回手机。

庞老师又请郑老师上台来对大家讲话。虽是年轻的副班主任，郑老师的付出并不亚于庞老师。她有胃病，却还是经常加班。这次的手机事件也是因为郑老师的细心才被发现，所以，要让大家看到郑老师功不可没。

郑老师讲完，已是晚上10点。"庞妈"问男生们："上几周的寝室内务我们班都是全年级倒数，这次你们能做到第几？""第一！""壮士们"用力拔山兮气盖世般的声音齐声回答。

授人以鱼，不如授人以渔

"庞妈"认为，绝不是所有事都需要自己亲自去处理才能做好。她相信"授人以鱼，不如授人以渔"的道理，并且，运用得很好。

原则性的、涉及价值观方面的事要亲自抓，但方法性的事必须学会放手。比如，班干部每周的例会，她和郑老师都不会参加，干部们自己按流程去讨论、商议、决定、执行，有问题解决不了再去找老师。老师也不会马上直接给答案，而是引导他们自己对问题进行思考，自己找方法。再比如，寝室内务比赛，"庞妈"会对室长们说："你们自己定目标，这周怎么做，要当全年级第几名。我们老师只要看到你们的努力就可以了。"

我所看到的这个男生班，充满了活力，也充满了正能量。他们还有未来无尽的可能性。

"庞妈"的故事在继续

某天晚上 7 点左右，我和"庞妈"迎面而过，看她脚步匆匆走向教室的方向，于是忍不住问她在忙什么。

"有几个男生已好几天没洗澡了，今天的主题班会就是关于洗澡的。"

"真是操心啊！"我不禁感叹了一句。

"没办法，教育就是这样，只有将心注入，静待花开。"

她几乎是一溜小跑，留给我的是一个瘦小却强韧的背影。

点评

周琛 / 金夫人婚纱摄影集团　副总裁

这个世界不缺乏物质，但缺乏爱；这个世界不缺乏对爱的宣传，但缺乏真正的信任。庞老师有爱与信任，也有击穿孩子心灵的育人智慧。她能够在关键时刻将爱深埋心底，用最不近人情、最让人害怕的面目示人。只要孩子能从内心认识错误、改正错误，老师的角色就可以千变万化。只要秉持原则在心，应机说教，可为与不可为自了然于胸。

带领团队若干年，庞老师的故事给我的启发是：要相信教育的力量！而要做到有效的教育，爱、规矩、自由和尊重一个都不能少。

熊祖国：不怒自威的熊爸爸

　　行知操场一角，地下两片不特别观察都不会发现的小树叶，熊祖国弯腰拾起。此时，正值行知晨跑结束，孩子们陆续跑向各自的方向。熊祖国一言不发，右手指尖夹着两片小树叶举在大约与右肩齐平的位置。

　　十几米远处，两个孩子看到了，飞快地跑过来，取走树叶，又风一样地跑走了。全程没有一句话。站在操场边无意中看到的这一幕深深地震撼了我。在行知待久了，终于慢慢明白了熊祖国不怒自威的气场是从何而来的。

　　一位行知孩子的日记也许会告诉我们答案：

　　刚来行知的那会儿，我们都特别浪费，每顿饭都会剩很多饭菜。老师也讲过汗滴禾下土、粒粒皆辛苦的道理，但似乎没多大效果，依旧有人倒饭、扔馒头。有天早晨，熊老师让所有班主任、教官、新生在黄桷树下集合。看着潲水桶里白花花的馒头，我似乎明白要发生什么事了，而且还很严重，我们都等待着"暴风骤雨"的来临，现场死一般的沉寂。但让所有人都没想到的是，熊老师突然把手伸进潲水桶里捡起一个馒头就吃，一声不吭。然后所有的班主任、教官们也纷纷冲上去从潲水桶里捡馒头吃，看着这样的情景，所有同学都哭了，我们都想为班主任和学长学姐们分担，吃自己扔掉的馒头，但是他们不允许，我们只能眼睁睁地看着他们吃着被我们扔掉的馒头。从那以后，潲水桶里再也看不见白花花的馒头了，从此我们明白了节约是我们每个人都应有的品德。

我至今依然记得第一次见到熊祖国时的情景。那也是第一次来行知，与一群企业家和高管到这里参观学习，刚进校园我就迫不及待地与接待我的行知孩子王宁在操场上边走边聊。走着走着，他主动指着一个背影对我说："老师，他就是我们的副校长熊老师。我们学校只要有犯了严重错误的同学，班主任都会让他们到熊老师那里报到。"

我远远看过去。这背影好平常，没有那种居高临下的感觉。就是一位个头不高、有点发胖30多岁的平常男人，没什么特别之处。

在几次交流后再看他时，尽管后知后觉，我还是注意到，他永远坚毅的眼睛里是一种深不见底，但这深不见底不会让你因深不可测而害怕，相反，是一种完全的尊敬和信任而予人的温暖与踏实。在行知，熊祖国的故事太多，每个故事都是有关智慧的好标本。下面熊老师写的这篇自己与一名孩子"较量"5天的故事，或许会比很多所谓的心理学研究更有参考价值。

改变，用心就不难

当我正坐在办公室改周记时，一名孩子走到我跟前，怯怯地说："老师，班主任叫我来找您。"我放下手中的周记，抬头看了他一眼，看着他那副无所谓的样子，多年的经验告诉我，这是一个根本不知道自己的问题在哪里的孩子。

为了让他知道自己错在哪里，我让他写出班主任叫他来找我的原因。在他写的时候，我马上找到他的班主任，了解原委——原来，他胡乱应付韩校长布置的素质课作业，平时交上来的作业也是揉得皱皱巴巴。孩子的学习态度显然出了大问题。

我知道，这个孩子的问题要想彻底解决不容易。因为他的问题已经很严重，再不解决很可能就无法正常学习了，未来走向社会也根本无法适应。但要解决他的问题，还得一步步来。首先我告诉他：我已向班主任和同学了解了你的情况，知道你在学校的表现。他听完后似乎意识到了什么，表情有了些变化，于是我顺势问他："你觉得自己有问题吗？"他很不情愿地说有问题。"那你知道别人为什么对你有这个印象吗？"他辩解说："主要是因为他们都不理解我。"我继续问："出现这些情况，你找过自身的原因吗？"他没回答，低下了头。这时我没继续追问，只是说："你自己好好想想，老师和同学说的是不是实际情况？你就在我这儿先反思一下自己。"

说完便把他晾在一边，继续改周记，我一边改作业一边观察他的反应。10分钟、20分钟、30分钟过去了……直到10点，该出课间操了。我正准备起身出办公室，他开口说话了："老师，我好像是有一点问题。"我立即追问："老师和同学说的是事实吗？"他很不情愿地说："应该是吧！"看来他的态度在发生变化，但我仍丢下一句话："还得继续想。"便出去了。

出操回来，他还是没什么反应。他后来告诉我当时的想法："要想离开办公室，看来不承认问题不行。为过您这一关，我想还是先应付您一下算了，所以就说自己是有问题的，以为您批评几句，讲讲道理就会让我回去。"

他以为我会马上相信他，但我不仅没有，还要他把最近犯的错都写出来。他不情愿地写了一点就拿过来，没想到，我要求他不但要认真写出事情经过，还要求他把字写好，要一笔一画地写，还要用铅笔和直尺在 A4 纸上打上格子，无论是线条还是距离都要按我的要求来。看得出他很不情愿，我走到他身边问："你想读书吗？想有一个好的前途吗？想有一个好的未来吗？"他的回答是肯定的。"你现在这个样子，能行吗？"他自己也明白这样下去是不可能的。我告诉他，我可以帮助他，给他讲了自己的一些人生经历，对他说要有一个好的前途应该怎么做。他好像明白了些道理，愿意按我的要求来做。回到桌旁，他开始写自己的不足，我要求一点一点地找，一点一点地写，还要举出详细的行为案例。

下午看了他写的东西，我发现他确实找到了一些自己的问题，但还不全面，就让他再仔细想。从他坐在那儿写的态度，我发现这个孩子开始上道了。他开始能稍微静下来一会儿，但还没有完全静下来，因为我观察到，只要周围一有点动静他都会转过去望一望。

下午下课了，他把写的东西再给我看。我认为还有很多问题没写出来，但他告诉我确实找不到了。于是我说："马上就是课外活动时间，你去找你的同学，诚心问一问他们，你的缺点和问题，请他们帮你找。"看得出他极不情愿。我告诉他，要想改正自己的不足，就必须踏出这一步，不然谁也帮不了他。他没动，在那呆呆地站着，大约过了 30 分钟，我便又跟他讲了很多道理。

终于，他慢慢走出了办公室。我知道他走出这一步一定很艰难，于是跟在他后面来到操场。他时不时会回头望，我就用眼神告诉他：一定不可以回来。他慢慢走近了同学，却还是不愿开口，又回头看着我，我给了他一个很决绝的眼神，他明白了，绝对没有回头路。

他终于开口了，却还是不时回头望着我。这时，我就冲他点点头，用眼神鼓励他。其实，在这之前我就已给他班上的同学打好招呼，如果他回到班上找他自身的问题，希望同学们都能帮助他。

第二天，他又写了一遍反省，但字还是写得不好，显然，孩子的心还是乱的。为了让他明白做每件事都必须认真，我又让他重写了一遍。下午放学时，我看他写的东西确实认真了些。这孩子开始静下来了，对老师的态度也在发生着变化。但我还要考验他，要想彻底解决他的问题，就必须把他心里的"毒素"全部排出来。

第三天早上，他来到办公室，把写的东西拿给我看，与前一天相比又有了进步，找到了自己的很多问题，但还不深刻，我便告诉他："你还有问题没有找到。"他用诧异的眼光看着我，意思是"我不明白"。"你还想不想改好？还想不想进步？要不要有好的前途？"他默默低下了头。"今天你去找班主任，请老师帮你找问题。"他答应了，就离开了办公室。

我马上与班主任通话并说明情况。中午这孩子来我办公室，说已找了班主任。我告诉他先去吃饭，下午再把问题整理出来。他下午按时到了办公室，进门时的态度已有了变化，变得有礼貌了。其他老师也都有这样的感受，看来这孩子有"救"了。

下午，他一个人坐在办公室默默整理要完成的任务，反思得认真了，时不时还会听到他叹气的声音。当晚，他就把这几天整理的东西拿给我看：从字迹、内容上都看得出有了好的变化。既然找准了问题，第二步，我让他针对自己的不足，一一对应地把解决办法写出来。

第四天，他把自己的问题都一条条列出来，还有解决方案。拿着他写的东西，我心里有种说不出来的滋味。

针对他的问题，我逐个给他分析：为什么会有这些问题？要怎样解决和改正？通过这个过程，他最终认识到自己错了，对不起自己，对不起父母，对不起老师，还下决心一定好好改。我感觉到这孩子确实知道自己错了，他的眼神是不会撒谎的。

第五天上午，他来到办公室，我说："你从认识不到自己的问题到现在能够深刻反省，这是彻底走向改正的关键一步，那今天上午就把这5天的感受仔细写下来吧。"他便坐下开始写了起来。中午下课时他把写好的感受交给我，我看了后，判断这孩子一定会改变，就趁热打铁，让他下午写出保证书，向自己保证，向家人保证，向老师保证，以后一定要做好。

这5天下来，孩子的变化很大，他从心里认识到了自己的问题并发自内心决心改正。两周后我出差回来，问了他的同学和老师，都说他有了进步，我也就放心了。

这个孩子现在已经毕业，在工作单位表现得很不错。

察言观色，宽严相济，恩威并施——听了这个故事，我觉得只以这些词来形容熊祖国似乎还远远不够。

一个表情微妙到不易察觉，都逃不过他的眼睛。再陌生的孩子到了他这里，他都能在极短的时间里精确驾驭对方的心：他服什么、怕什么、在意什么，他的心理在如何变化，他为什么有这样的反应，用什么方法才能彻底改变他的习性……

熊祖国虽不是所谓的教育学或心理学科班出身，却从未停止过对孩子的研究和感受，他一直在通过这样的实践来"格物"，在发现孩子的内心世界，日积月累，便融会贯通地"致知"了。格物致知了，心就如明镜一般，虽外界的纷扰不断变幻，但这明镜之中依然能照出最真实的模样。

熊祖国说，十几年来，他还从来没遇到过不能转变的学生。为什么熊祖国从未被孩子们那里的假象所左右？因为他的"格物致知"已经到了一定境界，非一般常人所能企及。

他真是个神奇的人，我佩服他，也一直在追根溯源，探究他是如何炼成的。所以我尝试着想，熊祖国的思维方式和做事方法，能不能用这样的思路来解析：

> "大学之道，在明明德，在亲民，在止于至善。知止而后有定，定而后能静，静而后能安，安而后能虑，虑而后能得。"
>
> ——《大学》

人这一生，要想有所得，起点得在"知止"。这个"止"，就是所谓"止于至善"，就是作为人应达到的最完善的境界。首先，我们得知道什么样的境界才是人最完善的境界，然后才能有坚定的信念朝着这个方向去努力。这坚定的信念能让我们静下心来，不急不躁，不为外境所转，进而得以回归自心，心生万法，最后一切判断与抉择都能达至"从心所欲而不逾矩"般的大自在。

"高山仰止，景行行止。虽不能至，心向往之。"人类历史上，真正能得如此大自在的人屈指可数，却也毫不妨碍后来者以此为目标，以一生不息的奋斗来使自己"近道""明德"。熊祖国的舞台看起来似乎没那么高大上，但似乎他也是走在这条道上的人之一。

在部队服役时，熊祖国曾接到紧急任务，营救一个刚刚打来求救电话、心脏病突发的老太太。熊祖国带领战友迅速赶到老人家里，拨打电话无人接听，使劲敲门毫无反应。透过防盗门底部的缝隙，看到老太太已昏倒在地，钥匙就掉在屋里地板上。几次试图勾出钥匙未果，时间就是生命，熊祖国一咬牙，硬生生地将手插进门缝里，用指尖勾出了钥匙，拔出双手时已是一片血肉模糊。最终，老人得救了。

从部队转业的时候，民政局的同志摸着他装着一大堆获奖证书的档案袋，觉得这位同志很特别，就特意问他有什么想法。当时已22岁的熊祖国说想先去读书深造。好心的民政局同志说有所叫行知的学校不错，而且正在招收转业军人，由此，熊祖国与行知结缘。

当然，当过侦察兵的熊祖国自是先要"侦查"一番。一个人找了份地图摸到了先锋街的井口。条件虽简陋，但干净整洁的校园还是让熊祖国眼前一亮。还没逛多久，熊祖国就遇到一个孩子。"老师，请问您要找谁呀？"这个孩子特别有礼貌。"哦，就随便逛逛。"还想再"侦查"一番的熊祖国支吾着。"我陪您逛吧！有什么您可以问我。"孩子说道。终究还是抵挡不住孩子的真诚和热情，"我是来报名读书的。"熊祖国不得不坦白。"我带您去招生办公室。"熊祖国几乎是被孩子拽进了从此再也不曾离开过的行知。

也许这就是熊祖国的命，被孩子感召，最后终将用一生去感召孩子。正式成为老师后，他才知道艰苦的生活在等着他，于是特意请爷爷专门为他编了双草鞋，所以熊祖国在行知还有草鞋校长之称。这双草鞋伴随着他走过了无数的行知岁月。

在行知待过的人都知道，为了践行生活即教育的理念，只要有可能，每个班级都会分到一小块菜地，具体种什么由班主任和孩子们一起商量，而熊祖国就是行知菜地最早的开垦者之一。

有次，熊祖国的副手黎强带着一帮孩子打头阵。"熊老师，挖到了一块大石头，实在挖不动了。"黎强一副想放弃的口气。"真的挖不动了？""确实弄不动了，我一直在现场。""走，看看去。"熊祖国不信。围着石头转了一圈，"继续挖石头周边的土。"熊祖国一声令下并亲自操起了锄头。石头越挖越大，熊祖国也皱起了眉头。"所有力量往这边挖。"终于，石头的一端完全露了出来。"把拔河的绳拿来。"熊祖国有条不紊地指挥并亲自把绳子系在了石头上。"一二三"，熊祖国先后调来 40 多个孩子，终于把这块大石头拔了出来。

2011 年，熊祖国来到了奉节。作为外来户，周围的百姓开始是排斥的。尤其是看到这里虽没围墙，但学生就是不再出校买东西后，周边的路边摊、火锅店、游戏厅等就更不乐意了，甚至在行知人路过的时候，故意有人从屋里泼出脏水，还有居民往校园里扔垃圾……

如何改善恶劣的生存环境，是当时这群行知人面临的重大挑战。熊祖国二话没说，每天都带领一群孩子打扫周围居民的卫生，收拾他们门口的垃圾。刚开始大家还比较冷漠，但久而久之，大人们终究还是不好意思，慢慢和孩子们热络了起来。"叔叔、阿姨，我们过的时候，请再不要往外泼水了哦！""爷爷、奶奶，请再不要往学校扔垃圾了哦！""要得、要得，不会的、不会的！"大人们有点不好意思了。

涉及"地盘"的争夺就没那么简单了。由于三峡大坝蓄水，随着水位的上升，原来的学校也被淹了一部分，学校周边各路"诸侯"的领地自然也多少都会受到水位变化的影响，于是新一轮的"领土"争夺在所难免。

行知人一方面是外来户，加之又来得较晚，很多原属学校的地方被占了。先礼后兵，熊祖国开始一个个地"拜码头"，拿出规划局的红线图，有理有据有节，再讲行知来这里办学的目的和意义。大部分人都已让出了地盘，当然也有拒不退出的，16 岁就出来闯荡江湖、已在这里扎根了十几年的姚厂长就是其中的一位。

行知校门外有一家规模不小的船舶修理厂，来来往往的船舶总是需要修理的，这家伙块头大，退让肯定会影响到厂里的效益。谈判、僵持、谈判，甚至有几次已到了要"比划比划"的边缘，解决似乎遥遥无期。有天事情突然好像有了变化，姚厂长要求主动约见熊祖国。

在第二次采访熊祖国时，我们现场请熊祖国请来已成为朋友的姚厂长。我们问坐在熊祖国办公室的姚厂长当时为什么最终决定撤出。姚厂长说，那几个月来，他一直在观察这帮新来的人，发现和以前的那批人有很大不同，大家都干得热火朝天。

最关键的是，原来他的船厂总被偷东西，经常搞得他很郁闷，而这几个月来平安无事，所以他决定亲自出面来谈谈。"其实，那天最终让我下定决心的是，当我一走进行知学校，每个学生都很有礼貌，特别是去熊校长办公室的路上，在每个转弯处、每个楼层都专门有学生迎接我，给我带路并交给下一位同学，我还从来没见过这阵仗。"说到这里，见惯各种江湖的姚厂长不禁哈哈大笑。最终，问题圆满解决。姚厂长走的时候告诉我们，他还给下面兄弟们打了招呼，在学生上课时间，涉及噪声比较大的施工，要尽量避开。

来行知访问的人，还会经常看到一位带着草帽、穿着园艺师服装、脸晒得黝黑的人在修剪苗木。"是学校请的师傅吗？多少钱一个月啊？"对方笑而不答。一会儿怎么又看到这个人在打扫厕所、疏通下水道……在交流环节，大家事先都知道今天有位熊校长来和大家分享。当熊祖国走上讲台时，大家才终于恍然大悟，似乎关于行知的一切疑问都迎刃而解了。

在熊祖国带的班上，只有平时表现最优秀的孩子才有资格去打扫厕所。熊祖国给孩子们讲的道理很简单。"打扫其他地方当然也不错，但是校园里只有一个地方是所有人都必须去的，那就是厕所。如果你的劳动成果能够让大家都有一种享受的感觉，那不是很有成就感吗？"

"要让孩子们服气，就要让他们既怕你又爱你"

佛菩萨普度众生，需随缘应化，如经典所说："应以何身得度者，即现何身而为说法。"他们既可示庄严妙相，也可现愤怒相，都只为破除众生执着。而所有优秀的领导者几乎都有一个共同特质，那就是能让人既敬且畏。

就像稻盛和夫，既可以做到"追求全体员工物质和精神两方面幸福的同时，为人类和社会的进步与发展做出贡献"，所做的一切以大义名分为原点——这是他慈悲的一面，自会得到员工和社会的尊敬；而阿米巴经营发表会又让多少京瓷、日航干部"如临深渊，如履薄冰"。一旦不了解数据背后的真相，对京瓷哲学的理解、贯彻不到位就面临着被骂得狗血淋头的境地。稻盛的杀伐决断从不留丝毫余地，光是想想都会打个大大的哆嗦。所以"敬畏"才是最好的平衡，有惧又有爱。约束和光明在一起，人就会有向善、向上之心了。

奉节行知的孩子们都知道他们有个一眼将人看破的既严厉又可爱的"熊爸"，举两个例子说明。

第三次采访他的那个晚上，"熊爸"下了自习，正上楼梯，一个男生飞快地从他身边掠过，恭恭敬敬喊了声"熊老师好"！便要逃跑。可就是这一瞬间的擦肩而过，熊老师敏锐的鼻子嗅出了异常："是不是有什么东西要交给我？""嗯、啥？"这个男生满脸无辜，装作完全不懂在说什么的样子。"需要我说第二遍吗？你还不知道我的风格么？"一听这话，这个男生便乖乖地往裤兜里一伸，掏出一包烟来。两分钟、两句话，雷厉风行给出结果——这是"畏"。"这孩子神色慌张，空气中我闻到了一丝弱弱的烟味，几乎百分百的肯定一定有问题。""熊爸"一副气定神闲的样子。

而"敬"呢？有一位孩子这样回忆道：

我们上学期快放假的时候，有外校的人叫了群混混打我们的同学，还一直追到校门口。当时老师们正在开会，突然有同学冲到会议室门口说："老师，我们的同学在外面被人打了。"话音刚落，开会的老师们就像赛场上的运动员一样，以百米冲刺的速度，冲到校门外。

对方看见这阵势，掉头就跑上了车，老师们就在后面紧追不舍，有几个还不顾自身安危，用身躯挡在车前面，对司机说："如果今天不把这几个人交出来，我们绝不会让你把车开走！"

就这样，那几个人被送进了派出所。这件事让我感受到了老师对我们的关爱。晚上集合的时候，熊老师也讲了这件事，他当时的一番话，让我更加感动了。熊老师说："孩子们，只要做个好人，你们就不用怕。只要有我在，就绝不会让任何一个社会上的人伤害到你们。除非从我的尸体上踏过去。"顿时，我心里有一种说不出来的感觉，泪水也在眼眶里打转。

君子无所不用其极：身份再多，也要事事做到极致

在行知，熊老师有多重身份：班主任、副校长、军训总教官、学校大保安等。作为班主任：班委冉鑫和王奉琳对熊老师有两点印象特别深刻。

第一，熊老师特别看重团队意识。比如，他刚接班时，就马上带着全班同学一起打扫食堂，而且必须是全班齐上阵，一个不落地共同攻克一个区域后再一起打扫另一个区域，而不是让大家散落到不同的区域。那种强大的氛围和气势，那种为了一个目标而共同奋斗的快乐，让我们至今难忘。

第二，熊老师平时虽不苟言笑，话也很少，但做事却一定亲身示范，而且条理清晰，一定要做到极致。即使像整理床铺这样的"小事"，他也绝不放过："由于我们从小都没重视整理床铺，为了让我们明白什么是真正的整洁，熊老师将我们集中到一个寝室，然后手把手地教，从最细微的床头蜘蛛网清理，到床单如何铺、枕头如何放，再到被子如何叠。看着收拾完后整洁的床，大家不约而同地鼓掌，啧啧称赞。从那以后，我们班的内务水平大大提升。"

作为副校长，他主管德育，全校学生的思想波动都在他眼中，他从不放过一点点小小的不良势头，不忽视和容忍任何懈怠、浮躁、不诚实和不负责任。只要苗头一出现，思想工作的大网立即铺开，或紧或松，或张或弛，或热或冷，视具体情况而定，目的只有一个——为了孩子们的身心健康，一生受益。

我问他，为什么要如此执着。他说："行知对我有恩，吴校长对我有恩。我在这里干上一天，就要负起完全的责任。"他说的这份恩情是指当初女儿生病那件事。本以为会有天地豪情、远大抱负，却竟是如此平易日常。我们中很多人一生的意义，也就是知恩报恩而已，何必一定要上升到拯救他人？维特根斯坦说："就改善你自己好了，那是你能为改善这个世界所做的一切。"

熊祖国于不动声色之中，在不断追求完善，这完善也许不是那么尽善尽美，却因一颗赤子之心而能诚意，而能正心，而能富有价值。这样的人再看似平凡，我们都应向他致以崇高的敬意。

学习和思考，是一辈子的事

熊祖国高中没念完，退伍后到行知读书，他能有今日之"安忍不动如大地，静虑深密如秘藏"的智慧与力量，起决定性作用的，是他行知岁月里养成的边工作边阅读和思考的习惯。为了写作，我请他提供一些素材。其实他常常动笔写教学管理的感悟，却因谦虚只给了我们几篇。但也就是通过这为数不多的几篇文章，让我看出他文笔之流畅、思路之清晰、阅读范围之广、思考程度之深。

点评

李金铎 / 黑天鹅蛋糕　总经理

很有幸我也曾在行知半月的学习体验中接受过熊老师的军训，其不言自威在他对我们的严格要求和关爱中深深体现出来。

记得刚到行知的时候，给我印象最深的就是孩子们饱满的热情、真诚和自信的微笑。在接下来的几天学习交流中，从孩子们的衣、食、住、行以及言谈举止中无不感受到他们的自律、向善向上。他们内心非常强大，这让我赞叹不已。我想这其中一定浸透了熊老师无数的心血。

小善乃大恶，大善似无情。与其说熊老师是一位好老师，不如说他是一位严父。在我看来，熊老师为学生所做的一切都是在教孩子如何做人，而他所用的方式不是讲大道理，而是以身作则。

熊老师所做的这一切不是为自身的利益，而是因为感恩。一个心中常怀感恩的人才能做出这些超越自我的不凡举动。

杨中一：行知匠人

2015 年至今，当"工匠精神"一词成为中国企业界甚至国家关注和讨论的热词时，我们这群记录行知故事的人也与时俱进，决心探索一次行知"工匠精神"。

阅历丰富

杨中一老师已是一位 74 岁的老行知人，直到今天还依然战斗在教学一线。生于 1942 年的他，因家庭出身而承载着一段厚重的历史。杨老师 18 岁时进入工厂当工人，很快就因技术能力超强而引起厂方重视，成为技术骨干，经过 30 多年的技术磨砺，他有无数个技术革新。即便到了今天，依然还有两样革新项目在企业生产中被广泛应用。

能在短时间无师自通成为行家里手，除了天生的灵气，杨老师更多的是凭着坚持学习和刻苦钻研的习惯。他父亲曾是国民党军官，杨老师骨子里那股军人所特有的不服输的韧劲儿，在逆境中越发凸显了出来。他认为：不能读大学，也能用另一种方式来实现自己的梦想。

与行知结缘

杨中一身上天生有一股犟劲，特别不爱吹牛拍马，所以也并不受当时厂领导的重视。适逢吴校长来厂区租地办学，作为当时答应租地的附加条件，包括杨中一等在内的十几个不太好管的"刺头"准备一并丢给吴校长。

"不管你以前是做什么的，到了这所学校，愿意和我一起同甘共苦，我们共同学习、努力工作，一起来把学校办下去……在这个团体里，大家要搞好团结，我们这十几个人，大家有什么问题，放到桌面上讲，哪怕吵都可以，在背后不许讲他人坏话，如果认同这个观点，那么就欢迎你留下来，以前的什么都不用考虑。"杨中一至今还清晰地记得，吴校长当时见面的第一次讲话与以前领导经常强调的以阶级斗争为纲有很大不同，这对一直因家庭成分背着包袱的杨中一有着很大的吸引力。

第二天，吴校长就把大家召集起来，从搞环境卫生开始。一天下来，大家的感觉就是这个新领导愿意和员工一起同甘共苦，这个在以前企业里是很难看到的。虽然工资不高，杨中一很快就决定留下来。

一根筋：敢公开要"回扣"的人

"大约一个半月以后，吴校长有天突然对我说，你来当实习科长吧！哎呀，我说校长，你这个事情不要找我，我不是当官的料，这个当官的首先要是党员，我是非党员，但你有什么事情让我做，我肯定给你做好。"从没当过"官"的杨老师回忆起当初的一幕依然失笑。后来他问吴校长为什么当时选中他，吴校长说："看你下午在训练篮球队的时候，对每个动作要求都很严。"她就看中了这点。

在其位，谋其政。虽然从没当过官，杨中一却干得风生水起，把企业里的班前会、班后会搬到了学校。班前会布置任务，今天教学生实习什么，为什么要这么做；班后会总结今天做得怎么样，将张三李四的技术进步一一道来。有一天吴校长来得特别早，正好听到他总结，发现他嘴巴也挺会讲，于是就理论实习也都交给了他。

随着办学规模的扩大，实习设备不买是不行了。"需要多少钱？"吴校长问。"100万元。"杨中一反复计算后显得胸有成竹。"那就给你100万元，你直接去买就行了。"在原来企业用一分钱习惯了向这个请示、那个审批、被多人审计监督的杨中一几乎不相信自己的耳朵。

越信任，压力越大。杨中一经过反复比对质量、询价、谈判。最后对方一台机床报价30500元，不能再少了。但从专业的角度看，杨中一内心认为29500元一台应该可以拿下。差距1000元，与对方谈不下去了。他就把这个情况报告了吴校长。吴校长要来对方的电话，亲自谈判。

结果校长晚上和对方一通电话，双方谈得很投机，校长同意30500元成交。第二天一见面，对方就告诉杨中一说，你们校长已经同意30500元成交。杨中一听后吃了一惊，但很快告诉对方说不行，校长对机床不懂，这事是自己说了算，结果对方很不乐意。

杨中一看这样僵持下去也不是办法，就说："按校长所说的价格成交也行，但你至少每台得给我1000元的回扣。"没想到对方很惊讶地看着杨中一，此前的种种暗示杨中一都有点油盐不进，一副公事公办的样子，现在却主动提起回扣来，所以就很爽快地答应了。

对方答应后，杨中一说："这个回扣不是给我的，是在学校财务付账的时候直接把那1000元扣掉。"对方虽然觉得用"要回扣"

的方式为学校省钱不可理喻，但还是露出了敬佩的表情。据说，对方后来还告诉吴校长说："没见过这样的忠臣。"

杨中一以后买设备就不要再给吴校长讲了，讲了以后，别人一忽悠，她很可能反而把价钱谈高了。从这件事反映出校长对他极度的信任。他知道学校经费很困难，所以去买东西，为了把价格压下来，人家请吃饭什么的，他都不会去。

在工厂待惯了的杨中一似乎不太适应学校的假期，每年放暑假他都不回家，带着不怕吃苦、愿意学技术的学生留下来。行知建校初期，资金十分匮乏，本着艰苦奋斗勤俭办校的精神，学校的办公桌、课桌、凳椅、双人床等，有相当一部分是在旧货市场买的二手货，因此每年假期，杨中一都会带着留校学生一起修理。

早期，学校甚至连一个风扇都没有，大家就在室外烈日下工作，以保证新学期能正常开学。只在过年才回上海老家的杨中一离校前吴校长一般都要反复叮嘱他要多休息两天，但是一般过了初五后他的心就不定了，总是提前返回学校，总觉得那也是家。

从1997年开始，杨中一和吴校长一起做教育事业，他很庆幸自己找到了价值观一致的团队。因为师生的实干加苦学，行知很快名声在外。

可这时，却听有人说："你们行知就是做德育还可以，培养学生的技术，就不一定行了。"一听到这话，杨中一不服输的劲儿就又上来了，一心想着要证明给这些人看，于是便和吴校长商量着参加重庆市乃至全国的职业技能大赛。

工匠精神是在实践中磨砺的

参加这样的比赛，费用不菲，行知只是一所民办学校，经费只能全靠自己。为了让孩子们的思想和技能双丰收，在未来的工作岗位上成为有用之人，吴校长还是决然同意参赛。

一切以技术为主！就像今天的分数教育一样。虽然吴校长曾做过提醒，但在当时经过工厂多年技术锤炼的杨中一的认知里，技术是选拔参赛选手的唯一标准。

没有循序渐进，第一次就直接挑战全国技能大赛。就像温室里的豆芽一样注定是经不起风雨的。对于第一次乘飞机、第一次住宾馆、第一次使用抽水马桶的这些参赛孩子们来说，一切都是那么新鲜。那天，孩子们吃了一顿丰盛的大餐，在外面玩到很晚才回宾馆，回来后还继续玩，根本静不下心来。过度兴奋之后是疲惫，动作自然就会变形。第一次参赛的结果令杨老师内疚万分、自责不已。

而真正触动杨中一的还不是参赛成绩，学校还有其他老师也带着自己的学生参赛。大家同桌吃完饭后，杨老师带的"技术尖子"们只顾自己，而另一位老师带的学生却留下来收拾饭桌。第一次的失败与"照镜子"让杨老师深刻反省，在接下来的一年的时间里，他摸索出了一套标准的参赛人员选拔与培养模式。

杨老师自己首先放下了得失心，明确技术与品德的关系。品德是根，技术是枝叶，根深才能叶茂，所以品德比技术更重要。以后必须坚持这样的原则选拔培养对象。

通常是只有3人能最后参赛，为了更多孩子有机会，杨老师会挑5～6倍的人员进行集训。只要有技术潜质，同时班主任对其品德评价较好的学生都有机会。除了锤炼专业技能外，杨老师还用心良苦，通过各种任务来磨炼孩子们的意志：他会把学校各种日常杂务主动揽过来交给参加集训的孩子们去完成。有时是集体活动，有时是单独行动。从文艺汇演到户外劳动，或去修理坏掉的床、桌椅、门窗等不一而足。这时杨老师会不打招呼地来到现场，在一旁不动声色地观察，通过捕捉每个人的表情和言语、行为，来判断他们做事的态度。

杨老师培养新型技能人才的标准是：

品德上：要做到有担当、勤思考、守纪律、善于团队合作。

性格上：坚韧沉着，愿意吃苦，乐于钻研。

技术上：对每道工序和细节都必须严谨，养成专心、专注的良好习惯，对技术精雕细琢、精益求精。

在严格的筛选和系统化的训练下，行知的学生很快脱颖而出，开始连续在各级职业技能大赛中取得了令人刮目相看的好成绩，他们常常是3人参赛3人获奖，名次几乎每次都位居参赛队前列，行知开始"拿奖拿到手软"。杨老师也获得了6次市级技能大赛指导教师一等奖，负责主编了《钳工工艺学》等不少通用技术教材。

工匠精神，首要注重精神硬度

在近20年的教学生涯中，杨老师培养了不少德技双能型人才。杨老师尤其重视孩子们在逆境中的反弹力培养。以下是杨老师的工作手记。

2011届秋季高考班的同学在高考还剩两个月的日子里，突然产生恐惧感，周期测试成绩不但停滞不前，还有部分同学出现倒退，信心备受挫折，班级氛围压抑。怎样才能帮同学排忧解难呢？我决定给同学们放假几天，休息调整心情。我利用放假前的一个晚自习召开了主题班会，题目就是"在逆境中成长"，用自身经历给同学们讲了下面这段故事。

1970年6月的某个中午，我正在家里准备吃饭，饭碗刚端上手，厂广播站突然传来一条命令："杨中一，请立即跑步到军代表办公室报到，否则后果自负。"听到广播我立即丢下饭碗，上气不接下气地从家里跑到军代表办公室。只见军代表和他的女朋友一边跷着二郎腿，一边吃着水果，一声报告后，我呆呆地站在原地看着他们吃完盘中所有的水果。

"杨中一，你这个黑五类子孙。"军代表凶狠地说，"满脑子资产阶级铜臭，水泥地不能住人吗？还敢刷油漆新房，居住资格取消，房子重新分配给我们军人家属，今天下午交钥匙。"我气都还没喘匀，就受到这晴天霹雳般的打击，顿时感到浑身无力。

我当时实在想不通，房子是厂里按我的工龄和工作表现分配给我的，我也是利用业余时间将水泥地打磨平滑。因为当时我的小孩还不会走路，为避免在地上爬的过程弄脏衣服，我特意在地板上刷了一层油漆，油漆是我私人从上海买来的，我没有犯法啊！新房整修完善后，还没住上一天就被剥夺了居住权，那位军人家属没出一分力就入住了，连油漆钱都没给我。理在何方，我又能对谁讲？

听完这个故事，同学们沉默了，有的同学眼含泪水。我接着又说，这样的打击并没有把我打垮，调整两天后我照常按时上班，每月照样超额完成生产任务。这段往事想要告诉孩子们的是，碰到困难和委屈不可怕，失去信心才可怕，我希望你们在逆境中学会成长，学会战胜困难，学会树立正确的人生观。

经过这个晚上的主题班会和两天的交流调整，终于帮助同学们减轻了心理压力，树立了信心，随之全班的学习成绩有了显著提高，最终全班46名孩子100%考进了他们理想的大学。

工匠精神也用于对教学质量的管理

今年 74 岁的杨老师老当益壮，他越工作，越精神矍铄。他一周 5 天的课，还常常每天都是满满的 6 节。同时，他还是行知长寿校区的教学总督导。

教学督导，简言之，就是对老师们教学态度和教学质量进行管理的负责人。这么多年来，不论是曾经的名不见经传，还是如今的风生水起，行知的办学原则从未有过动摇，而对教学质量的高要求便是其中之一。

为了将吴校长的教育理念以及在近 20 年办学过程中不断吐故纳新所形成的教学方法一以贯之，行知人从未放松过对教学质量的把控，有时把控的严苛程度甚至到了外人看来会"发指"的地步。

作为教学总督导，杨老师的工作内容主要有：

1. **检查教案（大纲）**：教案不合格，马上要求教师立即重做，直到合格，才能上课；

2. **听课**：更多去听新任教师以及学生反映有问题的课。听课时至少要再带一位与所听科目同专业的老师同去，以保证对学生反映的教学质量问题能得到相关的专业建议，公正严谨地处理问题。对学生所反映的问题，只有当 3 方意见，即学生、同科目老师以及杨老师与任课教师的直接交流一致后，才会继续上报给校领导；

3. **督导小结**：与暂时出现教学质量问题的老师面对面交流并详细记录，往往是直接恳切地批评，少有委婉言辞；

4. **通报**：全校教师大会上，专门时间，由教学总督导通报近期全校的教学质量问题；

5. **督导简报**：在面向所有教师的督导简报中，会将最近一个季度的教案检查情况和听课情况作总结，详细列出相关数据，对好的和不好的授课，都会指出其优点和不足，进而提出思考，引导老师们通过思考来审视自己需要努力的方向；

6. 其他工作内容：科室计划检查、个人教学计划检查、试卷分析检查。

督导中发现涉及教学态度问题的，杨老师还经常会骂人。这是位让人既怕又爱的行知老头儿。

杨中一对教学的严谨严格，曾在杨老师手下学艺一年多的熊祖国深有体会。杨老师会首先把自己的教案给熊祖国看，甚至要求熊祖国背下来，然后由熊祖国讲自己的理解。杨老师讲这部分内容的时候，熊祖国必须再跟着听，听完杨老师的讲课后，熊祖国再当着杨老师的面讲出来。不过关还得重来，直到杨老师满意为止。

对于教案和计划这些要求上交的任务，杨中一从来说一不二，每个科室、每位老师都必须在规定的时间内按要求完成。他也从不会守株待兔，等着大家自己交，全是亲自或是在忙不过来时让助手直接去每个人那里要，最终成了闻名长寿行知教师界的"杨催催"。

秋山利辉认为，立下严苛的规矩，最终的目的是要淬炼一颗心——纯净、坚韧、浓缩的匠人之心。不需要追求木工手艺的至善至美，而是精神上的纯然认真。当精神达至纯然认真，手艺或者说能力，自然是纯熟圆融、游刃有余。

通过严格的检查制度形成压力和动力，促使老师们不断反省和超越，从最初的被动到形成自觉的习惯，再到最后无须刻意为之的心灵自由。一个人若能遇见发心为自己好但却严格的领导，将是一件幸事。

一般来说，组织大了，常常会因为大家的相互影响而使要求完成的任务一拖再拖，拖到最后，那些看似与工作无太大关系的任务不了了之，这样既可能纵容他人的不良习气，长此以往，更会使整个集体因不守信、懈怠，最终对工作任务的随意而慢慢毁掉团队的凝聚力和自信心，贻害无穷。

工匠精神的内涵之一是对规则发自内心的尊重，对秩序的遵守，若因事小便随意而为，轻易毁犯，则必定会养成不认真、不严谨的习惯。最后，就失去了对事物的神圣感，没了神圣感，没了敬畏，人在三心二意的时候，还能得到稻盛和夫与秋山利辉都常说的"通神明"的能力吗？

工匠精神：来自阅历，沉淀于行知的大历史中

也许杨老师自己都没意识到，可他身上确有典型的"匠人气质"——坚定、较真、踏实、勤勉、精益求精。所以我也很想挖掘出他对"工匠精神"的理解，聊到这个话题，他便情不自禁地回忆起多年前的一段往事。

20世纪70年代初，重庆的一家国企正处于研发洗衣机的关键阶段，杨老师作为厂里的技术骨干有幸看到了"日本工程师的厉害之处"。从中方一位负责人那里，杨老师了解到这台整机的面板模具从构思、设计到付诸投产，我们需要一到两年时间，而日本的这家中标企业前后只用了28天。制作好样品后空运过来，并当场检测质量等各项指标。大部分指标都已合格，只有一项：按照标准，面板重量超过图纸技术指标规定的数据，但仅有2克的误差。其实这样的误差马马虎虎也就过去了，但日方工作人员却当场砸毁，其中核心零件再用一周时间重新改进，然后再次空运过来。

他们为什么要这样做？只有一个原因：一个面板多用2克材料，那么制造上万个面板多出来的材料将是一个巨大的数目，可以避免

的浪费又为什么不去避免呢？

这个小而简单的真实案例，让亲眼所见的杨中一深深震撼。"我记住了日本工程师对于产品的这种态度，他们在这方面太值得我们学习，可直到现在，我们的很多企业都还没这种意识。我们需要改变的，实在太多，但不管怎么说，即使外面的环境我不能影响，也还是得尽己所能，把这样的态度传递给我的学生，这对他们有好处。"

正是杨老师的这种专心专注的态度，直到今天，已经毕业很多年、现在当上一家企业技术总工的学生还打来电话，和他一起探讨最近接到的订单——加工一个现代汽车零部件的用料核算问题。

从杨中一对 2006 年行知大搬迁的叙述中，我们得以管中窥豹。通过一个具有深刻意义的历史片段来了解贯穿于行知教育的"工匠精神"。

2006 年艰苦大搬迁记

杨老师在工作手记中，还谈到了行知的大搬迁：

自 1997 年行知创办以来，由于行知的特色教育逐渐被社会认可，行知成为中职教育的一盏明灯。2005 年，行知被长寿区政府引去办学，经过一年努力奋斗，校园整治已初见成效，学校决定于2006 年全部迁入长寿新校区。

搬迁必须在 6 月至 8 月中旬全部完成，其中难度最大的是数十台大型机床的搬迁。这项工作主要由钳工教研组全体教师及机电专业 30 多名学生来完成。我们组成一支搬迁队，分成先锋街校区和长寿校区各一组人马。

每天，我们从早晨 6 点开始搬运，用自制起吊工具（由三根直径为 10 厘米、长 7 米的无缝钢管组成一付三脚架，并挂一个可起吊3.5 吨重物的葫芦吊），将机床吊起来安放在自制小车上，靠人力拉出车间，拖到一个台阶上，然后把卡车开到台阶下方，在台阶与车厢之间铺上空心钢管，然后用人力将机床拉上车厢的位置，抽掉钢管，机床落位。一辆卡车装上 6 台机床后，同时将三脚架、葫芦吊也放到车上，由我和方太星老师分别押一辆卡车前往长寿校区。

到达长寿校区，时间一般在中午 11 点半到下午 1 点半之间。由于天气炎热，我们决定避开高温时间，从 3 点开始卸车。由一人爬上 6 米多高的横梁，将很重的葫芦吊挂好，卡车开到横梁下，将机床吊在空中，卡车开走后，再将机床慢慢下降放到小车上，然后拖到实训教室，再用另一个小的三脚架将机床吊离地面，拉走小车机床落地后，再拖移到指定位置。等 6 台机床安装完后又将三脚架放回到卡车中，再开回到先锋街校区。此时一般为晚上九十点钟。

在高温的季节里，我们就这样每天顶着烈日，先后搬运 30 多天，其间还面临过连续 8 天 39 ～ 41 度的高温考验。

在整个搬迁中，我们做到了无一人受伤、无一台机器设备损坏、无一处公共设施被撞坏，真正做到了安全搬运。在成本上，除支付两辆卡车一天 1200 元的往返搬运费外，再没产生其他任何费用。

当大搬迁全部按时、顺利结束，学校正常开学时，虽然我们都被烈日晒黑了、晒瘦了，但大家都很快乐。

当时已经 64 岁的杨老师和所有参与搬迁的年轻人一起同吃同住，常常以天为被，以地为席。那似乎不应该是一位老人还需经历的一段激情燃烧的岁月。大搬迁结束了，但杨老师却累倒了，平生第一次住进了医院。吴校长去看他，他却乐呵着说，看来人还是需要精神支柱。你看，搬迁过程中精神绷得很紧没生病，搬迁完精神一松，细菌就入侵了。

这样一项浩大又难度十足的工程，行知人居然凭自身力量顺利完成，靠的是什么？杨中一说，其实这只不过是行知文化的一次集中体现。首先，大家把学校看作自己的家，在校就有家的氛围，人人融入其中，纷纷扮演着家庭中的不同角色，幸福着大家的幸福，辛苦着大家的辛苦，为家庭做事何来怨言之说。其次，行知人对"吃亏是福"有着深刻的理解。今天你"吃亏"了，但你收获了别人没有的东西，现代社会太多人会"计较"了，但长远看这些人失去的会更多。

当然这样大的工程光有热情还不够，还有对整个搬迁过程的科学统筹，从伙食到安全事事在心，从全局到细节无一遗漏，秩序之美和精确之美皆充斥其中，所以既要不畏艰难险阻，也不逞匹夫之勇——这是理性。

情怀与理性——君子欲成其事，两者皆不可偏废。

尊道贵德，是工匠精神的培养之根

如果就事论事，与杨老师的交流让我们深感"工匠精神"需要从学校和企业两方面来加以重视，少了哪一样都不能成功。学校教育要重在培养孩子坚韧和勤勉的做人品质，养成好的习惯；而企业则要在成长机制、氛围营造上下功夫。如果再进一步，提升到更宏大的历史背景中，"工匠精神"则需要我们整个民族做到尊道贵德，重拾信仰，不急不躁，回归产品本位。

或许，正如吴晓波的观察：

与众不同的背后，往往是一些不足为外人道的辛苦。

与众不同的背后，是无比寂寞的勤奋。

杨老师的两个女儿非常心疼父亲，不愿让他再那么辛苦，甚至使出了各种办法让他"收手"。谈及为什么对工作到现在还那么投入。杨老师说，是吴校长的尊重、教导和培养使他懂得了怎样做一个好老师，人要知恩感恩；行知营造的温馨大家庭氛围他很喜欢；行知3次艰苦创业他都能亲自参与，感情很深；教育事业很有挑战性，既能培养人才又能不断提升自我，他很有成就感……

杨老师说在学校有目标，有精神，有意义，永远都有学不完的东西。他不想过那种"享清福、数日子、等死"的生活。行知这个平台使他获得了太多太多，和孩子们在一起使他充满活力，心态永远年轻。

学习和工作是永葆青春的秘诀。而这一切都与金钱无关。愿读到杨中一故事的人们，或迟或早，都能体会到这样的一种境界：工匠精神不是简单枯燥的重复，而是心物合一的禅境。

点评

朱桐／好利来华中公司　总经理

74岁的杨老师老当益壮，越是工作，越是精神矍铄。"杨催催""听课记录表""双重确认"……无不见证着杨老师坚定、较真、踏实、勤勉、专注、极致的"匠人气质"。这也正是好利来当下努力的方向。

　　在好利来24年的成长历程中也总结出"品德比才华更重要"的实践真知。好利来3000多人的行知"修心悟道"，我们这些小伙伴回到自己的工作岗位，追求每一个微小细节的改进："绝不服输""证明给你看"，"要我做"变成"我要做"，"用产品和服务来感动顾客"。只要长期坚持，像杨老师这样的匠心匠魂就会在我们身边逐渐得以传承和发扬。

　　回归产品本质，不急不躁，首先从我们经营者的心态调整开始。只有这样，我们才会不只是培养"会做事"的人，而是培养"将心注入"的一流匠人。真如此，职业精神可达信仰，我们的生命将因此而熠熠生辉！

二、行知体验教育

今天教育最大的问题就是孩子们厌学了！
缺乏心灵的成长富足和天性的释放，用
单纯的考试让孩子背抽象的知识，就易
烦，烦就会出现"避""弃"和"厌"。

行知版"戈壁挑战赛"

这个标题并不是为了吸引眼球。第一天58公里，第二天10公里，人数很多，集体到达，且是山路。这只是行知每学期开学前的一个"收心活动"。

如今的企业界，攀登珠峰、暴走戈壁甚至远洋南极已蔚然成风。这是个好现象，证明着中国的企业家学习已不再局限于教室，更扩展到了以与严酷的自然对话来验证："人，其实只是需要战胜自己而已。"

而行知的收心活动又何尝不在做着同样的事？只是，行知已将这种深刻的自我认知提前到了高中时代，这意味着，每一位经历过与大自然深刻对话的孩子已经在十六七岁的年纪开始了一场突破自我的身与心的旅程。

这太值得深思，我们非要等到人到中年再去体验吗？我们又非要把那些本是生机勃勃的孩子圈在校园里盯着分数吗？

所有的限制并不是外在的存在，而是内心的自我设限。战胜自己，不知道有多难。只有体验过了才能体会。这个过程还是早一点好。因为，年轻时的苦哪怕出钱都该买！

盼望着，盼望着，2016年2月27日终于来了，行知又开学啦！每学期开学第一周前几天，行知都会有一个保留项目：收心活动。

对于所有参与的人，这将是一次特别的体验。

开学前两天是校内活动，多用团队跑步、跳操等恢复在假期里有些减弱的体力，还通过以班级为单位的"突出重围""匍匐前进""车轮滚滚"等 PK 活动增强团队协作意识和班级凝聚力。这些强度不大却含义颇深的体验活动，将为下一步的巨大挑战奠定坚实的体力与精神双重基础。而接下来为期两天一夜的正式收心活动，高一孩子们要从学校徒步白帝城，来回近 20 公里；高二孩子们第一天徒步乌云顶，来回 58 公里，次日还要徒步 10 公里至升学部，并自备食材和工具进行野炊。

所有这些都以班级为单位，全年级集体出发，老师和同学一个都不能落下。我因为时间原因，更多也有畏难的小心思，选择了和高一孩子们一起徒步去白帝城：这可是我人生第一次说走就走的旅行呀！

前一天下午刚到学校，我就准备了点干粮，第二天早上，天气依然晴好，早上 7 点就跟着老师和孩子们沐浴在朝阳中——我们准备上路了。队伍集结好，却并没马上出发，因为年级组长向杰老师正以严肃的态度强调着一个重要主题：安全，安全，还是安全！在公路上要怎么走，怎样对集体行动做出及时回应……总之，就是要在保护好自己的同时，不忘照顾到他人的安全。

而此前一天，韩校长通过素质课，已经开始为今天的活动做好相关思想上的铺垫了。而班主任则在全校素质课后通过班会，将班级划分为 6～7 人一小组，民主选定了小组长和安全委员，真正做到"把安全支部建在连上"。

向老师宣讲完，500 多人的队伍便浩浩荡荡整装出发——在奉节尘土飞扬又蜿蜒曲折的沿山公路上，一场只为收心的集体行走正壮阔进行。去时的心情完全可以用孩子们在后来活动总结的话来表达："一大队的人无疑是招摇无比的。说实话，在我心里还有一点小小的期待，期待被路上的人用羡慕的眼光不断注视。我们的队伍这么长、这么壮观，我们的同学和老师们又是那么精神，我相信别人看起来也一定觉得是一个非常不一样的集体。"

路上的风景，美到让人窒息。阳光灿烂，微风拂面，山下的长江波光粼粼，路边的大树枝叶招摇；一面面班旗迎风招展，发出猎猎之声，与笑声、话语声，还有不息的脚步声，交织成一首令人心潮澎湃的青春之歌。快乐的我们不怕道路漫长，在彼此的陪伴下，只要记得"流血、流汗、不流泪；掉皮、掉肉、不掉队"，就一心朝着白帝城进发吧！

收心第一步：既然已上路，就来点风雨吧

行知为什么一定要设计这样的活动呢？熊祖国说："我们每学期开学时都会有专门设计的收心活动，主要目的是通过孩子们的全然参与和体验，把孩子们从假期的慵懒、松懈中调整到学习的频道上来。活动项目的设计并不是一成不变的，主要根据从孩子们到校时的状态来最终决定。放假时间越长，强度就会更大一些。"

"虽然人是回学校了，但当心还没回来的时候，知识与技能的传授都会大打折扣。只有真正地去参与体验，才能产生深刻的触动，而触动会带来人更快的改变。"韩晓如是说。

最初设计收心活动，韩晓和熊祖国认为要达到几个目的：

一是放松、缓冲。让几十天积累出的"假期综合征"，通过身体的磨炼得到有效缓解，把频道调到学习上来；

二是帮助孩子们认识自己。通过参与和体验，通过集体活动"互

照镜子"，他们才能看到自己的不足，下一步的改正才有方向；

三是促进班级内部和班级之间的团体合作，增强集体凝聚力；

四是通过观摩高三学长的紧张学习给自己鼓劲，找到标杆（这点主要通过高二年级徒步到升学部的自助野炊并在校园参观来达到）；

五是通过野炊，将一年级学到的生活技能彻底实践。

不难看出，这也是行知"体验教育"的重要部分——亲身参与、打开感官、用心体会、释放能量、发现自我。因此，整个收心活动会在充分保障安全的前提下，让孩子身上的问题在无意识中暴露出来，让老师看到，也让自己看到，这样才能对症下药，及时改正——从习惯到心态，从随地吐痰、随意飚话，到畏难情绪、思想散乱、缺乏集体观念等不一而足。

行知人的做事风格，就是求一个"真"字。如何求真？勇于面对错误，及时解决错误，不回避，不延宕，错误便不会越来越大，以致最后难以收场，无法挽救。

下面看看一年级孩子们徒步白帝城后的小结：

• 事前因为老师强调和已在行知养成的习惯，没人乱扔垃圾，但还是有人随地吐痰，说明头脑里还没有形成高度的自我约束。

• 一路上聊天说话，却不注意队形，一排两个变三个，三个变四个，不安全，也说明对待活动不认真、心思不严谨。

• 到了景区吃干粮时，有的同学吃完就只管收拾自己组的垃圾，其他组的根本不管，觉得不是自己的责任。

• 听导游解说时不太认真，开始还会记笔记，后来忍不住自拍走神。自我管理能力还远远达不到应有的标准。

• 活动到中途才发现水和干粮都没带够，虽然中午吃了，到下午因为体力消耗大很快就又饿了、渴了。非常后悔之前准备时没有长远的打算，思维不严密。

• 身为组长，虽然出发前就提醒自己不能同组员走散，但因自己贪玩想看猕猴，导致最后还是和他们走散了。这次我看到了自己责任感缺失，还缺乏足够的组织能力。

• 下山路上给池塘里的鱼喂虾，被老师叫走不高兴，表情难看，这是心胸不够开阔的表现，喜怒形于色更是不成熟的。

登乌云顶，也发生了很多故事

因为来回长达 58 公里，路上还有不少土路，灰尘很大，登顶过程也是陡坡连连，几乎没有歇气的机会，很多孩子虽是奉节本地人，平时在学校里有锻炼的环境，但在假期几十天却不重视体育锻炼。许多人都是第一次靠双腿与集体一起登山，无法坚持的时候，又因为大家都在继续而不愿落后，可身体又很难受，所以面临极大的体力与意志力的双重考验。一些孩子难免会在途中产生放弃的念头，比如熊大升。大升性格内向，班主任王晓明老师说他每次开学回来，几乎是看不到任何表情的。父亲前不久才去世，母亲每天工作到很晚才回家，孩子心理负担大，对学业也一直不太愿意坚持。这次登顶事前就不太坚定，身体达到 190 斤的他，也是几次走到了放弃的边缘，幸好有几位同学不断鼓励帮助他，最后终于成功登顶。

即使攀上了顶峰，大升还是忍不住现场给妈妈打了满腹牢骚的电话："妈妈，我登上乌云顶了，可我还是不想读书了，你现在就来接我回去。妈妈您不该再让我上学了。"其实，我多少能理解大升的心情：有时候，人真的很难战胜当下的自己，所以，我们要学会给彼此足够的时间，等待成长。所以，在电话里，妈妈没有一点儿责备，她还是一如既往，耐心鼓励着大升要坚强、要坚持。她哪里会不了解自己的儿子，她又何尝不想让大升无忧无虑，可对于大升来说，坚持在行知的学业，多吃点苦，才是目前唯一能通往幸福的路啊！生活再艰辛，只要儿子好，妈妈心里就是有希望的，所以她不会放弃大升。

听到大升的抱怨和丧气话，一心帮助他的男生们是最失望的。不过第二天，经过一夜辗转反侧，大升还是在班上的总结会上很彻底地反省了自己意志品质的不足，他知道，若不坚持下去，他对不起那么多人的无怨付出。

总结会上，他现场给妈妈发了短信："妈，昨天的事，我觉得很抱歉，我觉得自己太不懂事了，动不动就向您抱怨，说一些不该说的短信，这样太伤您的心。还有谢谢您给我的鼓励，我才坚持了下来，以后我会好好学习，不会让您担心了。"

看到大升的短信，妈妈应该很欣慰很放心了吧！也许至今，熊大升的心里都还会有那么一点点黑暗的角落，常常让他陷于无助和失望，但幸运的大升，能有幸在十五六岁的年龄成长于行知，在强大而光明的集体环境里去经受必须经受的考验，他也就只会越来越好，因为至少，他不需要一个人去孤独地抵抗黑暗。

在升学部的野炊，也不是想象的那么顺利。

• 准备食材的时候，因为平时不留心，不知道到底该买多少才够吃，又犹豫着怕买多了会浪费。

• 每个班的每个组，男生都要搬运不少物资，绝大多数就只知道笨笨地提、抱、背、抬，却忘了制作或是使用一些简单的搬运工具。

· 任务分配不合理，有的事做的人太多，有的事人手又不够。

· 搭灶生火没经验，事前也不知道在网上找相关资料，想当然，认为很简单，操作起来才发现还真不容易。

· 什么都准备了，要生火的时候才发现居然没有准备火柴。

看来，跟着感觉走实在不是个好习惯，关键时刻容易掉链子，费时费力，还不一定能把事情办好。就像后来，我在"弘毅班"总结会上听到庞老师对孩子们所说的话：

"我们的知识、悟性、思维和情商决定着我们对事情的投入和认真程度。我们通过这次活动，发现不少孩子做事缺少策略，运用规律的能力还非常不够，知识面还太窄、方法还太少。当我们眼睛看得少、脑袋懂得少、用心又少的时候，我们永远都不可能变得优秀。孩子们要记得：你在停止的时候，别人在前进，比你牛几倍的人都还在拼命努力，你还有什么资格带着一副不以为然的嘻哈样，觉得自己多了不起？"

一叶知秋，见微知著，一沙一世界——看似简单的事情，在行知老师的眼里可不简单，蕴藏着做事的规律，做人的道理。所有的教育——从家庭教育、学校教育到企业教育，根本上都应是价值观的渗透和方法的传授，而一定不能只把知识的灌输、分数的获得作为唯一目的，否则，就是舍本逐末，就是在拿今日之短视赌孩子明日之前程。

收心第二步：学习需要示范——榜样的力量无穷大

在升学部进行的野炊结束后，即将升入高三的高二孩子们，被安排对这里的校园来一次深入参观。参观完后，孩子们发表了自己的感受：

"学长们带着我们参观校园。我们一路看了他们的寝室、教室、实训室，陈列都非常有序。不管是动手能力、知识上，还是为人处世、待人接物上，他们都比我们更胜一筹。

"两个多月后，学长们就要参加高考了，所以现在，他们每天都上课，不断反复练习，一点儿都没有厌烦的样子。老师还为他们发明了特别的备考方法：他们组成两人小组，轮流模拟考生和考官，这样才能更好地从考官的角度去看一个好的考生应该是什么样的。为了把考试中的一个小细节做到最好，他们每天除了吃饭睡觉，几乎就待在实训室里，勤学苦练。

"我们高二学生也要在4月参加技能鉴定了，时间非常紧迫。看着学长们努力的样子，我们既有压力，更有动力。有压力是因为，我看到他们准备考试的艰辛，再一次体验到技能鉴定很有难度，要是不刻苦训练，就很可能通不过。而动力呢？我的动力来自看到他们因为不厌其烦的练习，到现在已经很是自信，我觉得虽然我不太聪明，可如果也能像他们那样去做，也会熟能生巧，用一个好的成绩来回报自己和大家。"

榜样的力量是无穷的，身边的榜样，更是一种无形而巨大的冲击。人——至少是绝大多数人——生来就具有"见贤思齐"的本能。环境不好时，往往会无意识地甘于自我沉沦，可一旦环境优质到"在这里你都不好意思做不好事，因为有太多的人都在把事情做得很好"时，人的心性就会高起来，自然会以高标准要求自己。

其实，人性就这么简单，可往往，我们在想改变他人的时候，连自己都未将此读懂。

收心第三步：行走中的感动、行走中的美

我们发现了不足，我们也学习了榜样，但还不够。行知是一个可于不经意间就创造出感动、感受到感动的地方，所以，我们不能忘记行走中的那一幕幕。

"路上，当熊老师叫我去用学校的单反相机给大家照相时，马上我的背包就被人给'抢走'了，是被我们班平时表现一般且身材瘦弱的小男生廖今抢走的。我很感谢他，从那时起，他就一直帮我把包背上了山顶。后来登顶冲刺的时候，所有人都开始狂奔，我有点胖，但还是不得不跟着跑，眼看跑不动了，海军就使劲儿拉着我跑到终点。啊，终于到啦！感谢所有帮助我的人！

"途中，我们的吴老师是最辛苦的。其实她本没必要跟着我们去，因为她身体不舒服，可还是坚持陪着我们一起走那条未知的路。她一直走着，坚持不坐随行的汽车，脚底磨出了很多泡，她还把包里的东西拿出来给我们吃，我们却极少能够想到她。对不起，吴老师！谢谢您，吴老师！

"我们组的李金鹏很细心，我们都不知道，他出发之前居然悄悄为其他6个组员都带上了矿泉水，加上他自己的，一共7瓶！加上其他干粮，他的书包得有多沉啊！去的时候，他根本没提这事，可到了大家最口渴的时候，他像魔术师一样拿出水来分给我们！看来，多交一个真心朋友确实是很好的，他能在你最需要的时候出现，给你最可靠的支持，就像他永远在你身边一样。

"终于，凭着自己的意志回到学校。那一刻，当看到迎接我们的学弟学妹和老师时，是感激、温暖和惭愧的。回到家能有家人的迎接是感激的，喝着留在家里的人早早为我们熬出的绿豆汤是温暖的，可一想到他们昨晚从白帝城回来时，我们的欢迎仪式真是不像样子，一副看热闹的表情，真是惭愧到想撞墙啊！

"当汗水、泪水和着路上扑面而来的尘土变成了黏在脸上、胳膊上、腿上和衣服上黑乎乎的固体时，我们都成了脏兮兮的泥孩子，可此刻，我们的心却是纯净到透明的。

"这一路上有风景永不停歇滚滚东去的长江水、奇特名字的大桥、山路上的小花小草、林间大树、朴实小院，还有山顶上的白塔——与我们的校园隔江相望却要走那么久才能到达。这一切都让我们感受到大自然的神奇亲切、丰富多彩。永远不要忽视大自然的力量，我们本就是自然之子，回归到她的怀抱之中，我们的心灵很容易得到净化。

"这一路上付出与收到的爱，更是一种静默的净化和升华。我们多少学会了换位思考，学会了不计较回报的付出，学会了放下曾经的不理解、不包容，学会了以感恩之心面对生命中遇见的所有人。"

收心第四步：班级总结会——事有终始

此次收心活动，以最后一天的班级总结会作为暂时的结束。在弘毅班的总结会上，庞红利老师用了整整两小时来跟这帮"纯爷们儿"做彻底反思：各组组长和一名组员共同上台，限定5分钟来做总结，找出不足，给出改进方法。她再和大家一起回顾一路上的感动，还追溯了上学期的家长会和家访，庞老师给同学们讲了很多感人的情景。这学期开学虽然才短短几天，在班上发生的各种小事也都展示着不同的人心：有做清洁偷懒的，也有悄悄为老师为同学做事的，甚至还有宁愿花去省吃俭用节约下来的3块钱给老师买早餐的……

说这些的目的，不是因为有所好恶，而仅仅是要让孩子们明白：

作为人，应该做什么，不应该做什么，同时还不要忘记，应该以怎样的思维方式去做。

这几天里，她和行知所有老师一样，敏锐地捕捉到了所有细节，这些细节看似支离破碎，实际上却是一张关于孩子甚至人性的共享地图，按照这张地图去寻找思想深处的问题，全局了然于胸。所以，总结会虽是将收心活动暂告一段落，实际上却是宣告新的开始。因为对于这个新的学期，班主任们早已为孩子们做了细致而科学的规划。就像庞老师，她对那些男孩们的规划是：用严格的方法重点训练他们的思维方式和情商，做事要有效率，结果要好。

"物有本末，事有终始，知所先后，则近道矣。"育人是个慢活，大抵也是如此吧。

考验的意义——愿未来之我爱今日之我

在行知的时光，要走很多路，要做很多事，要面对很多挑战，要不断怀疑自己否定自己。那么，在行知的时光，究竟是苦还是乐？王奉琳是这样说的：

行知两年的学习时间，有 4 个活动会影响我一辈子：

高一开学时的军训；40 公里的天鹅湖拉练；2016 年 1 月的建校五周年庆典；还有这次登乌云顶、野炊。每次活动都感受至深。可以这么说，没这几个活动，我不会像现在这么坚强，这样有韧性，也不会有现在做任何事都不轻言放弃的性格；我正一步一步，有意识地强化着自己的体能和知识，还有不抱怨的心理。所以，我一定要说：行知，谢谢您！

最后，就用登上乌云顶时冉鑫内心冒出的话来做个小小总结：

"愿未来之路如我所愿，愿未来之我爱今日之我！再见了，我难忘的登山之行！"

坚毅——行知制造

从几年前至今，美国教育学界被一种全新的教育理念所席卷，那就是 Grit（坚毅）。在古英语中其原意是沙砾，即沙堆中坚硬耐磨的颗粒。

秉持"坚毅"这一教育理念者认为，智商是与生俱来的，而坚毅是每个人都可以开发的。父母和学校还有很多空间，可以帮助孩子塑造坚毅的品格，这将有助于他将来在任何领域获得成功。

军训——行知成人礼

来过行知的人，几乎都必问行知孩子一个问题：你们到底是怎么转变过来的？是啊！这一出出变形记的转折点到底出现在哪里？绝大多数孩子都会说，是行知军训。行知军训持续整整一个月。一个月的时间，如何真正做到"弹不虚发"？这就要回到本源：行知为什么要军训？

行知的军训不是走过场，不是为完成任务。军训是有目的的：排出毒素，注入营养，重建信心，勇敢生活。军训就是要给孩子们一个全新的开始。其目标就是通过体能训练、严谨精细的内务整理和动之以情、晓之以理的孝道感恩教育，塑造出不怕苦、不怕累，既能保持独立、更能懂得团队精神的孩子。

"野蛮其体魄"，只为"文明其精神"

先来看看行知军训的具体内容与进度。

第一阶段：适应期

新生报到结束后，会有 3 天的"适应期"，在这 3 天里，孩子们会相互认识，也会见到班主任和任课老师，了解学校大致情况。他们不知道，这宝贵的 3 天时间其实并不完全是给他们的，严格说，是给班主任的。早已练就"识人绝技"的班主任们会利用好这短短的时间，对班上每个孩子进行了解并做初步的性格评估，这不仅会用在将来对班级的管理上，还会在评估完成后，把结果交给每个班的教官。

教官在拿到这份详细的评估后，会结合学生档案记住每个孩子的大致情况，他们还会在军训正式开始前召开一次集体会议，由总教官熊祖国主持，针对当前看起来特别突出的"难对付"的孩子商讨出相应对策，做到心中有底，临事不乱。但实际上，这些小教官们之前所经历的，足以让他们以处之泰然的态度去面对绝大多数层出不穷的挑战。

第二阶段：体能训练和思想注入缺一不可

行知军训前期侧重体能训练，后期会逐步加大人文关怀的比重，这也是经过深思熟虑的有意之举。只有先在身体上形成极端疲劳和痛苦的记忆后，一切温情打动才能达到刻骨铭心的效果。

清晨 6 点 20 分起床，除了吃饭睡觉和整理内务，所有时间全部投入到军训中，晚上 10 点熄灯，到了中期还会加上凌晨不定时的紧急集合，这些基本都是按照军队的新兵训练模式来进行的。

体能训练分为长跑和各种军姿练习，每一项都是对耐力、承受力以及心力的极大考验。说是长跑，其实只是相对于没有经过严格训练的孩子而言：从最开始的一天 1000 米起步，每天逐渐加量，循序渐进。许多人很奇怪，为什么行知孩子身体倍儿棒，体能达标率远高于其他学校。很大原因在于，即便军训结束后，行知孩子每天以班级为单位早上绕操场跑八圈，上午课间操之前绕操场跑两圈，除了下雨，每天都保持在 2000 米的水准。

而军姿训练包括站姿、蹲姿、跨列、正步到最后的队列和军体拳。不仅每个孩子自己要做到最好，还必须保证团队一致。这样的训练要求，并不算低。不要说城市的孩子，如今即便来自农村的孩子，很多都早已不干农活，之前的体育课也多是玩耍，身体素质很差。

9 月的奉节，烈日依旧，骄阳之下，还要一站就是 30 分钟到 1 个小时的军姿，每个细节都要十分完美，不断地机械重复，一个人做不好还会集体受罚。有时其他班都休息了，可自己班依然还要继续练习，忍受教官狠狠的批评还不能回嘴。对于这群初中时早就习惯了随心所至、为所欲为的"自由的心"而言，心里的那个烦躁与不爽更是一种煎熬。慢慢地，老师们期待中的事终于来了。这些事便是"排毒"的前兆。

故事 1：从个人主义到回归团队

"如果你想走得快，你就一个人走；如果你想走得远，就一起走。"这句话，在行知军训全程体现无遗。

绝大多数孩子即使开始承受不了体能训练，可为了尊严和班级的荣誉，也会选择坚持和坚强，但也一定会有少数极端自我的孩子会以各种花招选择冷对抗，这样的情况，根据原因不同，熊教官的处理手法可谓千变万化，又总是万变不离其宗。

若有人因怕苦而想放弃，熊老师便为他量身定做"全套服务"：

大家都在操场上挥汗如雨时，唯独为此人在跑道边的树荫下安放桌椅，还配上饮料水果，请他坐上去，一个人观赏军训现场，有时还会有教官主动"慰问"他，问他是不是哪里不舒服，是否需要按摩？

教官们还会在他面前当着全班同学训话："这位同学是少爷命，将来是坐办公室的，所以我们都要理解他，他可以坐着，我们就只能站着。"孩子都不傻，知道再犟下去就会被集体鄙视，一天还没坚持完，就主动要求继续参加训练。

有学生说："我是来这里学习的，不是来军训的。"便会马上出现老师，把课本交给他，在只有他和老师的教室里开始学习，自己看书，有不懂的可以马上问老师，老师一定认真讲解——可谁又受得了这种隔离呢？所以，这位"要学习"的孩子还是会主动要求继续参加训练。

军训过程中，装病的也有。有次甚至有个孩子不愿坚持了，倒在地上，装着口吐白沫，把同学和教官都吓住了，又是掐人中，又是扇风降温。"马上给熊老师打电话，他来处理。"同学们七嘴八舌。"不用了，我能坚持。"见识过熊老师厉害的这个孩子从地上一骨碌翻起来，把嘴一抹，又投入了训练。

熊祖国说，他的不变应万变，总的原则就是"你要什么我都满足你，但我满足你，只为引导你重新回到团队中来"。

做好行知人的外在标准必须在军训中建立起来。行知三宗罪——语言犯罪、表情犯罪、行为犯罪，在军训初期就被广而告之。新生说脏话、表情冷漠、跷二郎腿、衣衫不整、头发染色、浪费食物……马上会有学长甚至是食堂打饭的师傅给你对号入座，让你无所遁形。

故事 2：戒烟是必须的

来行知前，差不多 60% 的男生和 10% 的女生都有过抽烟经历，甚至其中不少男生的烟瘾已有三四年。烟瘾不是说断就能断，因此，尽管军训一开始就被再三强调绝对不允许在校园吸烟，还是有不少男生踩好点后几个一伙凑在一起分享难得的"快乐时光"。孩子们想得太简单，不知道带他们的教官也是"过来人"。

按照陈军廷教官的描述，一切是这样发生的：教官训练时熊老师会专门就此开课，为他们详细分析孩子的心理变化、闻味道、用心关注细节。所以他们基本上不会被学生糊弄。通过明察暗访，然后针对每个人的个性弱点，采用不同的戒烟方法。会给一次，甚至两次犯错的机会，但绝不会给第三次。烟，必须戒！他们会利用各种合适机会，引导学生了解更多的健康知识，引导他们理解父母挣钱的不容易。

通常，他们都会很用心地听，慢慢地，许多同学会自觉、主动反省自己抽烟行为的不当之处，也会指出别人的抽烟行为。然后，老师会和每个孩子一起制订戒烟方案，并长时间跟踪，直到戒烟成功为止。对烟龄长、烟瘾大的，如果一时戒不掉，军训结束后还会有学校行管部来追踪。在行知，真的做到了无烟校园。

行知军训有 5 项原则：（一）无条件服从，将服从训练成习惯。各种训练满负荷，让新生身体疲惫不堪，没时间胡思乱想。（二）一人犯错众人担。这是行知一直坚持的团队精神训练原则。军训结束后，还会延续在班级的大小事务中。（三）教官是承担班级错误的第一责任人。一个班若集体犯错，教官会第一个站出来主动惩罚自己。（四）榜样的力量。教官既是学生，还是兄长，也是老师和指挥官。只能以身示范来影响，绝不允许对学生有任何无礼行为。

（五）感恩教育和孝道教育。唤醒孩子内心的力量。

从军训中期开始，站军姿时，教官不再训话，而是在孩子们最疲累之时讲起他们的父母，让他们用此时的苦去体会父母在烈日与风雨中挣钱的艰辛；每晚在教室，大家继续分享父母和家人的不易，还有自己曾犯下的错，这也是"排毒"的过程。所有孩子都会哭得很惨，这是他们十几年来第一次有机会发现自己的自私，发现家人不留痕迹的爱，痛彻心扉后，内心有感谢、知足，于是下决心不再埋怨，愿意为父母和亲人无条件地付出。

军训5大原则日复一日在教官的言传身教下，从语言的表达化为每个新生内心的一部分，最终牢不可破。"绝对服从"是基础；"一人犯错众人担"培养出持久的团队精神；"教官承担责任"让人懂得：一旦自己做错事了，承受一切后果的人往往是自己最爱的人。因此，人首先要对自己负责，才是对他人最大的爱；"学会感恩"是珍惜自己、珍惜家人的起点，更是做个好人的开端。

注入灵魂，从心开始

很多孩子回忆军训时的感动时刻都不曾忘记：当汗珠、泪水顺着额头和脸颊流淌而下时，一直守在队列旁和大家同进退的班主任老师总会及时拿出纸巾，挨个儿给所有人轻轻擦拭。为了保持必要的严肃，没人会说话，可一股暖流就此油然而生。想象一下，此情此景是否有过感同身受：在最脆弱的时刻，有人拍拍你的肩或是抱抱你，平时再骄傲的你是否也会感动到要放下所有执着呢？

"不要在感觉糟糕的时刻就结束！"在遭遇挫折的那一刻便立即放弃，可能意味着你将错过最棒的时刻，因为这一刻也将是塑造坚毅品质突破自己的重要一步。而这一步，在行知，是孩子、教官和老师共同完成的。军训过程中，如果说学生教官们主导的是身体体能的"明线"，老师们主导的则是思想素质的"暗线"。

十几年过去了，张舵现在都还记得军训前吴校长做动员时触动他的那些话："今天你付出流下的汗水、泪水，上帝一定会还你一个强壮的身体和健全的人格"，"你的付出会换来一个完美的你"。张舵说："通过军训，全班同学不仅是身体，更多是意志品质真的强壮了。记得有天大扫除，厕所的化粪池需要清理，我们班得知信息，很多同学立马行动，换上迷彩服，拿上粪桶，我也参与了其中，看着那些化粪池里的东西就呕吐了，但一想，这些垃圾不也是自己产生的吗？弄身上的话，洗干净就是了，洗不干净多洗几次就好了啊！就这样，一个多小时过去了，差不多清理干净了，所有同学一起回到宿舍洗澡，整理自己，然后回到教室拿上笛子，带上凳子坐在半山腰上晒着太阳、吹着《痴心绝对》，此刻我们都沉醉了。"

刚从轻工毕业的胡军安说："记得当时刚开始军训，我吃不了这个苦，第二天就找到班主任牟老师要求退学。牟老师要我再坚持一天，第二天一早牟老师就在军训前找我做思想工作，要我再坚持一天。就这样每天早晨牟老师都要给我打气，不知不觉间一周过去了，结果我还是想退学。牟老师没有放弃我，他到我家里进行了家访，知道了我是家里3个孩子中的老大，父母之间关系也不好。他要我承担起老大的责任，给弟弟妹妹做好榜样，同时还告诉我许多在父母中间做好沟通协调工作的一些方法、技巧，他要我再坚持一周。

"军训的30天里，针对我比较情绪化这个毛病，牟老师每天都要与我沟通，我的思想都还没完全扭转过来。直到在军训结束时的主题班会上，为选好班干部，每个同学都要上台竞选，说自己的长处。我报名竞选文娱委员，牟老师力排众议让我担当了这个职位。从牟老师坚定、充满鼓励的眼神里我读到了一种力量，也万分羞愧。我发誓一定要做好才能对得起牟老师的信任，从此我拼命向前，每天都充满力量，后来还主动报名参加了更加严格的教官训练，并最终成为了一名教官去带学弟学妹们。"

思想上重新武装自己一定要经历刻骨铭心的过程。孩子一旦有中暑的前兆，军训会马上停下来，班主任早就准备好的防暑药就会派上用场。一天军训结束，老师们就会把熬好的绿豆汤端上来。这些小小的碎片，可不是灵光乍现随意而来。孩子们不知道：一个月的军训，来自设计者的精心安排和提前思考，来自老师们不抛弃不放弃的认真负责。

第三阶段：果实——徒步天鹅湖、汇报表演以及回家表现是送给爸妈的一份大礼

汇报表演前一天，为检验军训成果，全年级新生会集体行动，同教官、老师们一起，徒步天鹅湖。那是 40 多公里的路程，一般需要历时 12 小时。以前从不敢想自己可以走那么远，军训后才发现，再远的路都不怕了！

曾有个孩子在徒步天鹅湖前几天生病了，班主任和教官都同意她不去，但这个孩子说什么都不愿放弃。班上的其他孩子就一起商量，大家一起动手制作了一副担架随身携带，万一她走不动了，就是大家抬也要一起回来。军训使孩子们的情感链接得更紧密，加强了团队意识。

拉练之后的第二天再接再厉，来一场汇报表演，哪怕在拉练中脚上已经打起水泡的孩子也不会放弃，因为爸妈来了。这场汇报表演，孩子们的精气神让有幸赶来现场观摩的爸妈们为之一振：一个个方队，动作干净有力、整齐划一，口号声响彻校园上空，那种蓬勃、积极、阳光是爸妈久违的等待。跟爸妈说话，不再是一副面无表情、不耐烦到说几句就想跑。孩子们会像小时候那样微笑，还会有女孩主动挽起妈妈的手，帮爸妈提东西，介绍校园各处，告诉他们，在这里自己很开心。有个孩子，在家里好多年都没有喊过一声妈，在母亲走进行知校园的那一刻，终于一声"妈妈"脱口而出，母子相拥而泣。

军训结束就是"十一"长假，回到家的孩子在当晚就会迫不及待地要给家人洗脚。这是军训作业，更是感恩父母和爷爷奶奶的重要一步，洗之前都没什么，可当真的有了身体的接触时，洗的人和被洗的人都忍不住会哭：十几年的养育之恩，有太多话可说，那就轻轻捧住这双脚，在爱的流淌中去慢慢感受它所承载的坚韧和坚强吧！

行知军训，播种命运的开始

每天一点点的改变在一个月后让每个人的精神面貌都焕然一新。曾经的浑浑噩噩、暴躁、邋遢、懒惰、不懂尊重和服从、看什么都不顺眼、动不动就单挑为兄弟哥们儿群殴的，如今是逐渐清醒、逐渐平静的。知道要完善自己和环境、要做事主动、要有礼貌、懂得接受意见和建议。用"行有不得，反求诸己"来处理人际关系。当然，只是"逐渐"，一切都还处于初级阶段，然而最可贵的是，孩子整个的发展方向已经发生了变化。

老师总会告诉孩子们："播种一种行为，收获一种习惯；播种一种习惯，收获一种性格；播种一种性格，收获一种命运。"要改变命运，先从改变行为开始。

在行知，哪怕你自己不愿播种、不懂如何播种也没关系，这里所有的一切，都会拽着你、拉着你，最终你还是不得不去播种，继而坚持下去，等待收获的到来。

通过行知军训，孩子们最大的收益不是学会了纪律、服从，而是收获了团队、坚持、热爱、自信和坚强。军训后，他们有了自己的目标和梦想，这就是行知必不可少的成人礼。

而为孩子们军训播种的则是每年七八月的行知教官训练。

2016年3月的行知开学季，我很荣幸参加了每年行知开学典礼上必不可少的"感动行知人物"的颁奖典礼，以下是颁奖词。

2015年虽已远去，但其中的风景却历历在目，很多人、很多事都值得我们回味，回味中不免有很多触及心灵的感动。感动我们的不是什么赫赫有名的人，他们就是一群普通得不能再普通，但却通过自己的行为温暖到了你我的可爱的行知家人。

而首先让我们想到的就是这个团队：他们总穿着一身橄榄绿，穿梭在校园的各个角落，足迹遍布奉节每所中学。他们就像一块砖，哪里需要哪里搬，从不计较，从不抱怨。当夜深人静我们都酣睡如雷时，他们却为了我们的安全守护着校园；当酷暑难耐我们都在家享受空调吹着冷气时，他们却为了新生能更好地完成军训而努力训练着。天热，他们不在乎；饿了，他们顾不上；累了，他们坚持着。像这样的故事在这个团队中还有很多很多，没错，这就是我们的教官团队。

对于行知教官，我早有耳闻，被他们所征服是在观摩每周一"国旗下的演讲"前的升国旗仪式：出旗、护旗、升旗……动作标准、一丝不苟，将整个升旗仪式注入灵魂、赋予神圣。身为高中生的他们却仿如天安门广场的国旗护卫队。

第一次对行知教官更加密切地关注，是从高一孩子们口口相传的一位叫陈军廷的教官开始的。

吴洪说："最开始军训时，我们班大多数人在初中是自由散漫惯了的，陈教官对我们的态度让我们讨厌到极点，大家甚至都认真商量过要一起好好教训他一顿。可慢慢地，我们还是明白了他的用心，他是真的对我们好，他的细心有时连我们的亲人都做不到。"

金宣成说："我们都记得陈教官说过一句话：'狗行千里吃屎，狼行千里吃肉。'这句话的意思就是：我们要是想做一个受人尊敬的人，就要对自己狠一点，凡事都要以最高标准要求自己，不要得过且过，觉得 60 分就好。所以现在，我会一直鼓励自己参加学校的各种活动，不要觉得自己不行，要相信，只要努力了，很多事情就能行。"

在行知，很多孩子都立志把"成为教官"当作整个高一时期为之奋斗的光荣目标，军训结束后就开始准备。孩子中有男孩儿也有女孩儿，每届都为数不少，产生这种现象的唯一原因，就是教官的言传身教。

陈军廷说，他是受当年带他们班的那位仅大他 2 岁的学姐教官的影响而立志成为行知教官的。第一次跟陈军廷交流时，他谈到了许多细节，也讲述了他的成长历程：初中时因成绩差被老师、同学看不起，为了刷存在感而成了"捣蛋鬼"。可此时坐在我对面的这个少年老成的孩子，竟然脱口而出："行知对我最大的改变是教会我很好的思维方式以及识人的能力。"

教官体系架构

其实行知创办之初就有军训，只是彼时，与其他学校一样，是从部队直接请来职业军人对学生进行训练，但这些军人对行知文化并不了解，也就谈不上精神注入，关键是用心程度会不一样。

2003 年，在军人出身的肖明亮副校长的提议下，吴安鸣决定由行知自己组织开学军训。作为当时已崭露头角的学生——谭勇、熊祖国被选了出来。他们两位，后来分别成长为长寿与奉节两所学校的校领导。为博采众长，将军训与教育有效结合，肖明亮、谭勇和熊祖国还专门参考了西点军校著名的 22 条军规，最终形成了行知标准——"要做，就做到极致"。

设计者之一熊祖国是这样描述他眼中的教官体系的：

一阶：加入——这扇门几乎对所有人都开放

要当教官，门槛不高。采取自愿报名，填好申请表后请班主任签名同意。一旦品质不合格，班主任就不会签字。如果班主任签名了，还会请家长知晓，暑假两个月孩子是不回家的，所以需要家长的同意和支持。三方都没问题的话，就可以加入训练了。

二阶：体能训练——坚毅来自超越极限

一开始，所有人就要每天绕操场晨跑 10 圈（即 2000 米），每天加 1 圈，一直到最后的 60 圈。经验丰富的熊祖国说，孩子们中间会面临两次大的挑战：第一次挑战是 30 圈，第二次是 50 圈，这两个节点都是他们体能极限的时刻，只有那些能挑战成功的人，才能闯入下一关。训练结束前的考核，还会设置更大的困难：女生背着装有 1 块砖的背包，男生背 2 块砖，一口气跑完 50 圈的，才有资格继续闯关。

之所以有这样大的强度，是因为教官的体能必须超过学员，同时气场必须要强。当然，更重要的是锤炼他们坚强的意志力。我总是告诉孩子：当你跑完 60 圈时，再回头看之前 30 圈的痛苦，那就是小儿科。人这一辈子，当时再痛苦、再没希望，挺过去后再想想，其实都不算什么。

2011 届曾有个教官，特别阳光帅气的男生，后来上了轻工。他有一次在家意外摔断腿，痛苦不堪。因家里经济困难，他想放弃治疗甚至有过轻生的念头，可很快，他就调整好状态，发短信给熊老师说："熊老师，这件事情对我打击真的很大。凭什么是我？本来有很多规划，现在又得从头开始。可到了后来，我总会想起军训那段艰苦的日子，那些之前从没有经历过的苦，让我永远记住了什么是坚强。从头开始就从头开始，我不再害怕了。"

三阶：气场、能力和心性——来一场灵魂深处的革命

体能关过后，还有更难的一关：奉节的孩子比起城里的孩子，普遍偏矮、偏瘦，能不能在正式军训时一站出来就用气场来征服学员？所以，除了有意加大体能训练强度，在最短的时间打造出他们强壮的身体和军人身型外，能力培养也要一并进行，这些山区的孩子生活环境一直比较闭塞，没经历过大场面，要他们一下子就敢于在几十个人面前大声喊口令、做讲解、讲道理，这肯定不现实，必须循序渐进地培养。

最开始会把需要在军训中用到的口述内容形成文字给他们，让他们在理解的基础上背诵，背好了就先找个僻静的地方，一个人对着树或院墙大声讲解。完全熟练后就一对一地对着最能让自己放松的伙伴讲，这样紧张感就会减弱。然后将他们分成两组，一组扮演教官而另一组扮演受训学员，其间穿插角色互换并互提意见。

在一次次实战中，学员们不断改进，胆子越练越大，到最后，在将来面对 40 多个学弟学妹时，他们就可以有节奏、拿捏得当地去发口令、下指示了。这个过程不能急，还要综合考虑各方面因素，用最能让孩子们接受的方式慢慢训练他们。

而最难的是更加无形的心性的提高。

教官训练的第二个月，行知开始把侧重点转向心性的养成。这个部分全从生活细节入手，先让他们做，做错了，该罚的先罚，罚了再告诉他们原因何在。这样的过程，比讲空洞的大道理有效得多。

比如像吃饭、喝水这样的小事，我观察到总有人只顾自己。他们这种行为一旦暴露，我一定会当场指出这种行为背后所隐藏的思维方式和做事态度。再比如每天清晨的必修课——扫落叶。有一次，熊老师看他们没去扫，就一直不说，等到晨跑结束了，他们还没动静，这时直接全体受罚。100 个俯卧撑做完了，熊老师才问他们知不知道为什么受罚，回答说不知道，这时熊老师才告诉他们原因，大家听后心服口服。

这样的年龄、这样的环境，不好的习性还是可以很快被纠正过来。孩子们一次次被提醒，他们再不会忘记自己的责任，这自然会延伸到其他更多的事上：他们开始保持一个时刻警惕的状态，不敢松懈。

心性、意识塑造最难也最重要。教官训练就是以学校为载体，培养孩子们"不分分内分外，只要是学校的事，都是自己的事，以校为家"的意识。熊老师告诉孩子们：将来带领 40 多人的班级军训，不是件容易的事，想要学员对自己心服口服，想要赶超之前带你的那些教官，你就必须要有全局观念，也要有敏锐的观察和分析能力。将来走上工作岗位，你也一定会成为一个有领导力的人。

四阶：模拟训练——以"身临其境"抵达"行知合一"

最后一个月，熊老师会花大量时间跟孩子们一起模拟训练：学员出现这种问题时如何分析判断、对症下药？一个学员今天表现不好，是身体不舒服，是思想出了问题还是家里有情况？和学员的关系应该如何拿捏到最佳状态：是让他们讨厌你？喜欢你？还是处于一种微妙的平衡才对大家都好？在批评打击后，是置之不理还是应有恰如其分的互动？

熊老师把问题一个个抛出来，让孩子们自己去思考。我不会要求马上给出答案，而是给足时间和体验后再来"头脑风暴"。这样下来，印象深刻，得到的方法也是行之有效的。

除了模拟、思考，阅读也不可或缺。两个月里每天再累再疲倦都要坚持读书。有训练口才的、励志的、处理人际关系的、心理学的，大家都要一起阅读并分享讨论。为了更生动形象，还会安排看视频：《超级演说家》《冲出亚马逊》《士兵突击》等，还有训练思维方式的各种科学微课，都意在灌输作为军人应有的观念和气质。

而对于节约、孝道和感恩的教育也贯穿始终，这些品德，学员们会通过自己做出的样子，传递到即将面对的孩子心里。

五阶：最后的决定——"去"与"留"，都不是人生的结果

教官训练结束前，肯定会面临去留问题。实际上，整个过程中，如果坚持不了决定退出时，大家一定会尊重孩子的决定。因为只有愿意，孩子们内心才会爆发出真正的力量。对于坚持留下的人，最后会用一次三方投票来决定正式的教官名单，这三方包括他们自己、训练他们的教官、还有作为总教官的熊老师，只有三方都通过了，才能加入教官行列。

他们都知道，熊老师那一票最重要也最难。熊老师不仅在能力上有苛刻的标准，更会看重品德、心性以及可塑性。什么是可塑性？比如，两个准教官能力和心性都旗鼓相当，他会选择相对"笨"点的那位。"笨"，不是说智商低，而是说更易接受新观念，更不会耍小聪明去走捷径。

那些现场宣布获得了教官资格的孩子会欣喜若狂，只有来之不易才会更加珍惜；那些没通过的孩子，我们会帮他们分析还需改善的地方。最后所有人都会抱头痛哭，感谢人生中这段激情燃烧的岁月。

素描熊教官

陈军廷说："我们和熊老师有一种默契，默契到他吃药时，刚把药放进嘴里，一杯水就会送到他面前；他做事需要一把剪刀，不用说话，头都不抬，我们就会马上把剪刀递上。教官训练，还有后来熊老师当班主任一直带我到高二，我与很多同学和熊老师已经达到了心有灵犀的地步。熊老师教会了我如何观察他人的状态，敏感觉察他人心理。这点是我在暑期打工时发现自己与很多人不一样的地方，肯定会让我受益终生。"

彭曼说："我参加教官训练时，有次我们组被罚做平板支撑。一边听着其他组在旁边看电影传来的大笑声，一边忍受不知何时才能叫停的惩罚，心里开始恨起熊老师来。快一小时了，终于有同学实在忍不住，大叫熊老师不要再罚我们了。熊老师说：'可以啊。给一个能说服我的理由。'好几个人都支撑着说了理由，都没说服他，我终于爆发了，叫了起来：'我要咬你！'熊老师想也没想就说：'好，你来！'我马上蹦起来，猛冲上去，一把逮住他的胳膊，用尽全身力气狠狠咬了一口，当时就看到了血印——那时我真的很恨他，必须发泄。所有人冲上来要打我，熊老师一个眼神递给大家，没人再继续，都停了下来，当时也没再说什么，可好几天都没人理我，我也后悔莫及。有一天，熊老师当着全体学员的面说：'彭曼有气就让她撒，撒在我身上可以，你们不要再孤立她了。'大家才又开始接纳我。

"熊老师有糖尿病，身体不好，还因常加班到很晚而头疼，我们知道他一天会吃很多药，大家心疼他，但也没法替他承受这些，就只能做好每件事，让他少操心，多帮他分担些。能进入教官训练，还能成为正式教官去带班，是我一生的财富。因为这段经历，让我成为了独一无二的自己。"

贺红梅说："每次跑步想要放弃时，都是队友拉着我跑，让我一次次完成晨练，咬牙将整个暑期训练坚持下来。这段经历让每个人感受最深的就是团队精神，不抛弃、不放弃任何人，若有伙伴犯错，也需要得到全体学员的原谅才可重回团队。熊老师总在每次极限之后再次提出新极限让我们去突破。开始，我们女孩子因为天生的性格，喊出的口号软绵绵，这怎么能震慑学员，怎么能说一不二呢？熊老师就让女生每天早上到校门口面对长江，大声地喊出训练口号。一个月后，原来的温柔无力不再，取而代之的是铿锵有力、不容置疑的声音！"

……

"在你们眼中熊教官是什么？"我问已进入轻工就读的 2011 届教官们。

"熊老师是父亲，给我们的是父爱，严格中有慈祥。"

"他很严厉，他也从不会表达什么，他的爱需要你去领悟。"

"熊老师就像我看过的一部电影《伟大的隐藏者》里的人物，

他要告诉我们的道理，会用我们完全想不到的角度让我们知道，一旦悟到了，就不会再忘记。"

"熊老师是萌萌的，笑的时候很可爱。"

"我爸妈长期在外地工作，我跟熊老师在一起的时间比跟他们还多，我已把熊老师当成了爸爸。他头疼，我就和同学轮流着给他按摩，在我心里面，我们早就成了一家人。"说出这话时，贺红梅突然哽咽。

这些年，行知教官声名远播，周边的学校都来找他们了。蒲红玲是2011届经过艰苦训练选拔出来的教官之一，初中时的她因成绩不好而非常自卑。当初报名参加教官训练，只是想锻炼自己。如今蒲红玲说话条理清晰、言简意赅，让人难以想象她曾是一个连话都不怎么敢说的女生。回到初中母校担任教官时，蒲红玲对学弟学妹们讲到初中时的自己，大家都难以置信。她说："是行知改变了我，是教官训练改变了我。"蒲红玲回校后，很快收到了学弟学妹们一封封手写的书信。

军训绝不仅仅是体力的提升，更是思想、灵魂的改变，同时也是爱的传递。胡军安教官到校外去训练其他中学的学生，虽然只有短短3天的朝夕相处，离开时大家却难舍难分，孩子们在雨中同唱《送别》目送她离开；2011届教官高阳在训练初中新生的休息间隙，因太累趴在教室桌上睡着了，醒来时身上已披了两三件不同孩子的衣服；2012届的柳伟程在谈到自己为什么想成为教官时说："在军训时我慢慢明白了教官对我们的严厉本质上是另一种爱——严爱。这对今天的孩子特别重要，所以我就觉得我也应该去当教官，将爱传下去。"

以学生来训练学生——对于中国教育，这可能是一个全新的探索，无论是学生教官们还是受训新生都觉得这样的体制非常好。

陈军廷说："因为大家都是同龄人，没有代沟，沟通起来就很简单。我懂他们，也正因自己也有着和这些孩子类似的经历，就更懂得现在自己的所作所为对他们意味着什么，所以一定要抓紧宝贵的时间，来纠正他们已有些偏离的人生航向。"

2011届教官肖年华说："因为我们也曾是受训学员，所以更懂得被训练时的心态、体能变化，就能更好地带训他们。在整个过程中，我的心与学弟学妹们是连在一起的，在训练结束后我每天都会反省，看问题的角度也变得更深刻，我和他们共同成长了。"

也许还有一个更深刻的原因，那些受训的个别挑刺的"坏孩子"看到曾比他们还"坏"的人现在都已变好了，如今就站在自己面前，自己也无话可说，唯有走上改变之路。

行知教官，是学生、是兄长、是老师还是指挥官。他们是行知精神承上启下的示范者、传承者，他们是行知勇敢、智慧的化身，他们是所有人心生敬佩、追逐的明星，他们也是企业特别欢迎的员工，特别出活、特别出彩的人。

生活即教育：通识课素描

在国人的概念里，"通识教育"也许是一个只与大学教育有关系的词语，行知这么一所职业学校，为什么要开通识课？对这一问题，我们往往需要从时代与国家这样宏大的背景中寻找，否则，便是缘木求鱼，死钻牛角尖，永远难以说服自己。

今年，耶鲁大学终身教授陈志武先生的一篇文章被高频转载——《要经济转型，首先要教育转型》。文中，陈教授说出了对中国教育现状的感受：

这些年看到这么多从国内培养出来的杰出高才生，他们在专业上这么突出，但思维方式那么僵化、偏执，社会交往能力又那么差，除了自己狭窄的专业就不知道怎么跟人打交道、怎么表达自己，这让我非常痛心。

为什么我们国家难以建立品牌、难以实现产业结构转型？原因当然包括法治制度、产权保护等原因，但也与中国教育体系的教学方式和教学内容关系非常紧密。

陈教授的言语之间是忧虑，也有恳切的建议和期许。其文章被国人大量转发，是我们对于中国当代教育失落的反思，也是民众重新审视教育与国家经济之间真实关系的一个集中体现。

如何培养兴趣丰富、人格完整、头脑健全的通识、思辨型人才？对这个问题，陈教授在文中也给出了他的答案：自幼儿园起，就要建立起系统科学的"人文、通识教育"。然而，早在陈教授的文章出现之前，行知老师们就已意识到：能够教会学生"做人、做公民、做有思辨能力的人"的通识课必须成为行知教学体系不可或缺的一部分。因此，几乎在建校伊始，他们便开始尝试建立和完善属于行知孩子的"通识课"。

"0.5+1.5+1"是行知学生3年学习生涯的规划，其中的"0.5"就专门留给通识课。通识课教育安排在高一上半学期。该阶段开设的课程有：语文、数学、英语、书法、体育、形体、礼仪、生活技能、科学风暴、逻辑思维、心理学、计算机基础、素质课、法律基础、传统文化等课程。每门课都有自己独特的教学内容和教学方式，但都遵循"快乐学习"的教学原则，让孩子用良好的心态去学习，学会主动参与、积极思考、快乐分享、知行合一。

因为课程太多，本篇我们仅仅关注行知通识课的3个"大亮点"：生活技能、科学风暴与逻辑思维。

生活技能：平凡世界里那道闪光的生活智慧

生活技能贯彻一个目标：如何轻松自如应对林林总总的细微琐事和纷繁复杂的大千世界？何以即使立足于温饱线上，也可酿造出具有品质和艺术的高雅人生？

生活技能围绕两大理念：一是来源生活、回归生活，生活即教育；二是激发无限创造力，讲求"头脑、双手、眼睛、嘴巴、空间、时间"6大解放，手脑并用、知行合一。

生活技能埋好3块基石：一为做，二为学，三为教。教乃辅助与升华，知识从零碎到系统，从感性体验上升为理性认知。

生活技能涵盖 4 大模块：收纳、理财、烹饪营养、户外生存。

收纳：主要涵盖认识收纳工具、物品整理、衣物保养、空间改造、废物利用这 5 大内容。

行知的聂老师有个妹妹叫冰冰，曾就读行知。3 年不长不短，却足以渗透一生。离开行知多年，冰冰与姐姐一同晾晒床单，却还特意指导动作不像样的姐姐要"抖一抖，沥干水，拉一拉，沿对角"——这 12 字口诀，让姐姐"扑嗤"一笑，打趣妹妹这是得了行知后遗症。也是在行知待久了，举手投足间都不忘自己是行知人。冰冰自己回忆，现在在宿舍（阔别校园几年后又自考的大学）总是见不得床单哪里皱了、脏了，总爱将一将、洗一洗，就连舍友都实在忍不住笑话她，说她洁癖的老毛病又犯了。聂家有女，已出落得如此轻透水灵，难以窥见曾经的她就是那个由外婆带大、干事毛手毛脚的黄毛丫头。

常常路过行知的学生宿舍。白天阳光洒进简朴的行知宿舍，你会发现被子无论何时都叠得整整齐齐；夜晚，外边已经暗了下来，就看见一间间小屋里还透着明亮的光——那是孩子们睡前半小时的"枕边读书时光"，洗尽铅华、卸下铠甲、敛去倦容、翻开书页，在另一个被精心营造的世界里独特地存在，即便我们走过，也不曾抬头打探。

一间间简单清爽的宿舍，没有杂物堆积的角落，没有刺鼻恶臭的弥漫，衣服当天换下当天洗，鞋子全都要整齐放在通风处，不能有丁点味道……光鲜亮丽的背后，又有谁知道其中的事无巨细——老师耐心授课，外加手把手的示范，行知老师凡事都会太上心、太较真。

毛静老师曾遇到一个"极品"学生，脏乱邋遢早有耳闻，如不是亲眼所见，还真是无法想象有人能"极品"到如此地步。不见其物先闻其味，"那感觉简直想把早上吃的东西全都吐出来。"毛老师如此描述。拉开衣柜，简直不堪入目：五花八门，乱塞一通。搜罗半天，恶臭源的罪魁祸首原来是一包不明物体：掏出来一探究竟，居然是因陈年堆积而臭气熏天的"陈酿袜子"。

他自己倒满不在乎，还拒绝配合改正。行，你不洗，我替你洗。水槽边，毛老师一双接着一双，清洗、沥干、晾晒，还真是费了不少劲儿，一切都做好了后，只是轻轻走过，拍拍他的肩，便离开，此时，就是"无声胜有声"。他是明白的，脸色微微红了起来，把头埋得很低很低。他也不爱洗澡。老师们专门指派室友督促，男老师黎强制服懒虫也独有一套：观察浴室，检查身体，询问"证人"。不出 10 日，作为狠抓对象的他真的大为改观。

理财：自小在长辈的监管庇护之下成长起来的孩子，基本没住过校，没有制订过开支计划，更没有自立生活的经历，如何合理规划并用好生活费？这着实是令人头疼的大难题。

行知从记账存钱开始，延展到学习银行知识以防上当受骗，最终落脚于略微触及投资领域。有了老师生动有趣的讲解和假日里在校外需要完成的实战作业，孩子们轻松成为理财小能手。

烹饪营养：学会膳食均衡，学会食材间的组合与搭配。奉节行知教学楼的左侧是实训楼，里面就有一间专辟出的大厨房，热菜、点心、摆盘，都可以在这里做出来。回到家，把学会的本领开心地轮番展示，一道道色香味俱全的大菜是在告诉爸妈：放心吧！就算以后我一个人住，也能把自己照顾得很好！

户外生存：也就是荒野求生，算是时下的热门话题，也是心理与生理的双重挑战。之所以想到要开这么一门"洋气"的课程，老师们的初衷就是"居安思危"：万一有了火灾、地震、洪涝灾害，师生可以自救、救人，学会了户外生存，就不会特别担心意外发生。更重要的是，这还是一个锻炼意志品质的过程。课堂上，老师们播送视频，或是实物教学，教学地点也从不拘泥于那块"四角的天空"——教室课堂，而是走入长廊，挺进后山。下一步，他们还准备开拓校外的一片新大陆。

生活技能简单零碎但又实用贴心。父母曾经的疏忽大意、预想不到，或是过于自信，以为孩子什么都懂，更有甚者，从小的教导方式就是让孩子只用心好好学习，其他一律都别动手；而绝大部分学校只负责文化教育，很少做道德教育，更不用说生活教育。在相互推诿中，孩子错失良机，未完成本该尽早完成的重要一课。看看当代大学生，我们自知已失去太多。

亡羊补牢，得从现在起，学会改变，要不然，未来的中国人就真真成了四体不勤五谷不分的失败者，更谈何"崛起"？谈何"屹立"？

科学风暴：趣味与创新是生活乐趣的源泉所在

奉节行知的孩子多是大山里走出的孩子。刚入校时，他们表情木讷、怠于思考、羞于表达、不愿动手、干事迟缓——这被吴校长概括为"农民意识"。立足于解决这一现实难题，同时普及科学知识，矫正学习习惯，行知以兴趣为导向，开设了新型课程"科学风暴"。

科学风暴最初专注于培养创造力，但其实也同时产生了一个让人欣喜的副产品：孩子们对生活的激情。

这一课程的开设也曾经历过重重困难：因为没有现成的固定教

材，他们只好大量而广泛地查找、收集，参照科普视频和综艺类节目，再联系学生实际，根据内容的趣味性、新颖性和难易程度进行最后的选定。

目前的这门课分为两大板块：趣味板块与制作板块。

趣味板块里，老师和同学会在开讲前轮流表演魔术，或是通过有趣的小实验展现生活原理，老师再布置与此相关的主题任务，学生展开小组讨论，随后，就是学生自己进行操作或是制作，老师做最后的分析总结。当然，也不排除写实验总结报告，一个流程有条不紊，妙趣横生。就像鸡蛋撞地球，这只能算是"爱之初体验"；制作走马灯和叶脉书签才是心思细腻的女生们的最爱；而令学生念念不忘的，非"食物火箭"莫属。

为了这个"食物火箭"，教学团队可谓煞费苦心：选材时十分考究：材料的易取性、价格要便宜，还要有很高的安全系数；最终，选取了白糖、面粉、淀粉、葡萄糖粉、硝酸钾等为原材料。从最初的老师带动、学生参与的体验式教学到后来学生主导、老师辅助的动态教学，最终达到思维碰撞、爆发头脑风暴的教学效果。"食物火箭"听起来一点儿都不酷，可一旦发射成功，就能做到 100 米到 200 米的射程，爆破力强，场面蔚为壮观。顺便小小揭秘一下，制作原理其实也很简单，利用初中物理所学的反冲力便可迎刃而解。原理是很简单，可对于行知的孩子来说，他们需要收获的，还不是看起来的这么简单。

设身处地想一下：制作现场不排除会出现装置不全、不冒烟、不燃烧、不起飞的状况，好奇心和趣味的内部驱动以及老师悉心指导的外部助推，学生就会启动自我发现、自我解决的机制。对此，郑芳老师记忆犹新：部分实验失败的学生用撒娇卖萌、近乎哀求的眼神看着她说："老师，我们申请再来一次，好想重做一次呀！"无论做什么，做好做坏，参与便是一种难能可贵的体验。体验让孩子们在不同程度上揭开了并不如想象般神秘的科学面纱，他们自此得以走近科学、热爱科学；反复的实验激发了创造力，提高了动手能力，收获了对未知世界的渴望。

米洛克班的雷杰是个"非典型的优等生"。对于任何科目，他都学得吊儿郎当，即使随便听听，依然高分在握。可在制作食物火箭时遭遇滑铁卢——成员配合不积极，鼓励、劝说、警告和威胁均宣告无效，眼看其他小组都已陆续接近完成，而自己所在小组还没个头绪，雷杰心中很是焦急。为了小组能按时上交作品，她独挑大梁、单枪匹马、大刀阔斧，打算自己动手制作食物火箭，活脱脱一女中豪杰。一般女孩子多少都有些科学盲区，但也没能阻挡她奋勇向前。然而，百般努力后依旧是个半成品，一不做二不休，与其半路折回，不如坚持到底。

倔强的她向班主任申请晚自习后在空出来的办公室继续制作。于是，校园夜深人静之时，偌大的办公室里，她和她的食物火箭材料们聊着天、对着话。失败、重来、再失败、再重来，反反复复后，终于不负众望，成品出炉。平时上课都大而化之，制作食物火箭却出奇认真，一个女孩子居然可以拼到挑灯夜战。"雷杰，食物火箭做得很好、很漂亮，辛苦了，快回去休息吧！"这样的一句话，此时真的足够了。一个肯定的眼神、三两句发自肺腑的赞赏，就让雷杰舒心地笑了，然后可以舒服地做个好梦。

逻辑思维：即便是棵苇草，也要做有思想的那棵

人是一棵会思想的苇草。这棵苇草本身价值不高，却贵在拥有思维。行知开设逻辑思维课，目的是从根本上培养孩子们形成科学系统的思维方式，并触类旁通、举一反三。逻辑思维的教学分为4大板块：1.逻辑思维能力的了解；2.思维导图；3.创新性思维能力训练；4.逻辑思维能力训练。

在一篇阐述逻辑思维课程的发言稿中，何燕老师这样说明他们的初衷："希望学生能在快乐学习的过程中熟练地掌握一些关于逻辑的基础知识，训练出适合自己的思维方式，打破惯性思维，掌握学习方法，提高学习效率。"

与科学风暴相似，逻辑思维在开课之初也是一路摸索前行。教学过程曾通过大量练习题实现，部分学生反应灵敏，部分滞缓；部分积极性高，部分消极怠惰，结果是效果参差不齐、评价褒贬不一。

问题总在发展中解决。不如把每堂课需要完成的练习都设定为一个游戏模式吧？用新瓶装陈酒，也许更易于学生接受和吸收。于是便出现了"班级向前冲""大富翁"这样的游戏，让学生欲罢不能。"班级向前冲"的游戏是以小组为单位进行比拼，相同时间内完成答题数最多的小组获胜，平均分加上10分，累至期末，作为总评的重要指标，从完成题目的成就感中体会团队合作的力量。

"大富翁"游戏则需要前期制作回形图样式的表格，每一格都藏着不同的陷阱与惊喜，可能要被罚做大量题目，也可能穿插下蹲、蛙跳等项目，既活跃课堂气氛，又带动学习积极性，还能附带强健体魄。

更让人耳目一新的是期末考试方案的改革。曾经是呆坐在教室，头脑昏沉地埋头苦干，不厌其烦地疯狂刷题，如今，一切被"英雄联盟""全民超神"取而代之。英雄小兵、大龙小龙、角色扮演，乐此不疲；答题、通关、攻塔、打破水晶，赛制激烈，勇者无敌。

此举获得了学生好评如潮、点赞连连，令全体老师更加地坚信"寓教于乐"的功效真实不虚。在平时的课堂里，15 道题能作答六七道已算不俗，可活动中 90 道题竟能完成高达 70 道以上，效率超乎想象。

孩子的身上，总蕴藏着无限的可能性与可塑性，如同是一块璞玉未经雕琢，期待老师的甄别与打磨。无论是逻辑思维还是科学风暴，都是利用现有的科学原理和游戏基础，先调动学生的学习兴趣，再针对性地开展课程创新、因材施教。用郑芳老师 6 字箴言总结——"动手、观察、创造"。

生活即教育。原来，教育的载体可以不只是纸质书本，更可以是劲爆的实验和借鉴现在家长谈之色变的游戏模式。行知的老师，总是以兴趣为中心，通过细致入微的观察，然后确立和调整，再发展和巩固；他们敢破敢立，每一次的改革与创新都甘愿付出时间和精力，更甘愿屡败屡战。在这过程中收获的是孩子们的成长。行知不只是职业高中，它也像一所大学，正如一位学生在作文中所写："行知学校虽是一所职业学校，但在我的心中，她比大学还要好很多。因为很可能有些东西大学都不能给我们时，行知却早早给了我们。"

张程程老师回忆说："我有次带一批毕业生去一知名企业应聘，同时去面试的还有另一所学校的学生。人力资源部在四楼，负责接待我们的人就带着我们一起到四楼。在经过二三楼时，我们的学生发现路灯未关，就顺手把灯关了……我们的学生安静、有序地到了人力资源部，只见接待我们的那人凑到部长耳前，低声说了什么。之后那位部长问了一句'哪些是行知的学生'，我们的学生立马立正答'到'！最后这个企业全部录用了我们的学生。这些在行知养成的小习惯，却成了求职的有力武器！"

　　行知不只是职高，它与国际接轨，教育模式映射出通识教育的影子。行知，有梦的地方。行知，圆梦的地方。

三、行知心桥

青春叛逆期是个伪命题。其实质是亲子关系出现问题，是我们走不进孩子的心门，家长跟不上孩子的成长步伐，是父母长期言行不一在孩子内心播下困惑的种子而长出来的"果实"。

家长会：打开尘封心灵后的拥抱

　　行知的家长会和大城市里的学校的家长会不大一样。寒假前夕，大多数孩子的家长仍在遥远的外地务工，即使在奉节本地，由于路途遥远，交通不便，每个班能前来参加家长会的多则十五六人，少则四五人。

　　然而无论人多人少，作为观察者，我们所感知到的，却是直击心灵的温暖与力量：那些策划已久的精心准备、发自肺腑的质朴感谢、那些久违的紧紧拥抱、那些从不轻易流下的泪水，都在这里一一呈现。行知不断发生着的点滴，让我们再次深深相信：爱的力量，融化一切。

　　下面是2015级弘毅班庞红利老师的工作手记。

　　2016年1月19日，对于弘毅班的部分孩子来讲，是一个终生难忘的日子。今天，他们迎来了高中生涯的第一次家长会。也许在家长的印象里，家长会是一次被批评、被教育的"家校沟通会"吧！很多父母都不愿参加这样的"会议"。当然，这群曾被边缘化的学生的家长更是如此。无视、冷漠、否定，就是曾经的家长会给他们的印象。可是，今天的这个家长会会带给他们什么呢？

　　早晨，我因不放心，便特意赶了个早，去看看昨晚这群男孩子布置的教室。刚进教室的一刹那，我完全被眼前的景象惊住了。昨天还空着的黑板，在一夜之间变得有思想、有内涵了，虽然画工不精致，却用简简单单的话语道出了孩子们的心声："我和爸爸妈妈的第一次约会"。

今天他们都主动换上了统一的校服，虽然这天格外冷，但他们却一直乐呵，没一个人叫苦。教室里挂满了他们自己做的气球花，有些抽象，却足以表达他们的一片真情……看着这一切，我突然觉得男生班也不错，只要我们有足够的耐心、真诚、方法，一切都可以改变。

10点，家长会正式开始。本次家长会共4个环节：1.讲行知的教育理念，让家长真正认识了解行知；2.讲孩子们从初中到现在的改变；3.让孩子对父母说出自己内心深处想说的话；4.家长与老师个别沟通。

在这次家长会上，孩子们说出了藏匿在内心深处多年的知心话，许多父母都流下了泪水，而我以及我的搭档郑芳老师，也一次又一次地被感动着。第一次感动是小健同学对爸妈说的话：爸爸妈妈，谢谢你们今天能来参加我的家长会，这是我读书9年以来的第一次。以前，班里开家长会，其他同学的家长都能来参加，而我和弟弟却只能在无人关注的角落哭泣和等待。我是多想我的爸爸妈妈也能来啊！也许我并不优秀，但是，那是我内心深处最大的渴求，那也是留守儿童对父母最大的期待；也许，为了这个家，为了让我们能过上更好的日子，你们没日没夜地在外面打拼。每次回家的时候，你们都会给我们买很多好吃的、穿的。可是，那不是我们最想要的东西，我和弟弟都只想一家人能好好地待在一起，只想开家长会的时候，你们能出现。爸爸妈妈，今天我很感动，谢谢你们能来参加我的家长会！在以后的日子里，你们在外面要好好照顾自己，我也会好好照顾弟弟，照顾好我们的家。爸爸妈妈，我爱你们！

的确，很多父母总是觉得有钱就可以拥有一切，有钱就可以给孩子更好的未来。可是，谁又能体会孩子内心深处的孤寂，谁又顾及了孩子真正的需求，谁又能在孩子成长过程中适时地给予引导呢？

第二次感动源于小灿和他的父亲。小灿是个比较自闭的孩子，很少和人交流。他的小学是请的私教在家上的课，而他的初中则是在浑浑噩噩中度过的。面对这样的孩子，父母又是怎样的态度呢？在家长会中，小灿也对爸爸说出了自己的心里话。虽是最后一个上台，还因为紧张而有些颤抖，甚至有些语无伦次，但他父亲并没有觉得丢脸，反而主动站起来听他讲话。小灿刚刚说完对爸爸想说的话，爸爸就立即大声对他说："小灿，加油！爸爸相信你！你一定可以做得更好！"鼓励完孩子，小灿爸爸又马上转向我和郑老师，深深地对着我们鞠了一躬。

看着这样的家长，我很感动，也更深刻地理解了一句话：天底下最无私的，就是父母对孩子的爱，不管孩子们怎么样，父母都一定会拼尽全力，去保护孩子、帮助孩子、关心孩子。

行知家长会还有一个十分重要的环节，就是由孩子自己来读事先就写好的"给爸爸妈妈的一封信"。这个创意很简单，但能打开孩子这扇心门的人更值得我们敬佩。读读孩子们的亲笔信，或许就能明白。

（一）

亲爱的妈妈：

现在想起来，我们还真没有好好交流过。每次回家，您问我关于学习的事情、让我努力，虽然我也会点点头，但"嗯"几声就算完了，让您总是因为不知道我的真实情况而为我担心。现在想起来，作为儿子，我让您担心了，真是不应该。从今以后，我会认真向您汇报我的学习和生活情况，让您少担心。现在，我正在往上走。

记得小时候，我总是会在嘴馋时跑到您跟前，抱住您的大腿缠着您，嚷着不买东西就不让您走。现在想起来，那种依偎在您怀里的感觉是那么美好。可是，在我长大之后就再没这样了，我们之间反而是矛盾越来越多了。其实，很多时候我也不知道自己为什么会发火。但是，从今以后我不会对您乱发火了，因为我已经知道这是不孝的行为，我不能因为自己的不愉快而去伤害您。

记得您曾问过我很多次："儿子，你长大后养不养老妈？"我当时只觉得这个问题问得莫名其妙，想着，我不养您谁养您？现在我终于明白您为什么会这么问了：父亲过早的去世让您伤心，而姐姐们以后终究会出嫁，所以，您几乎把希望寄托在我一个人身上。以前我没有回答您，是因为觉得不好意思，现在，我想借这封信告诉您：我会养您，您不用担心。我是您的儿子，我会努力，长大以后成为您可以依靠的人。

如今，我已渐渐长大，从以前的无知走向成熟；而您也在慢慢变老，头发变得花白。我以前在外面做坏事的时候您可能不知道，当我因为在外面上网、抽烟、打牌被老师抓住时，只觉得也没什么大不了，那些大人们不也是在抽烟打牌，还那样的潇洒。可现在，我知道了，我做这些事，不仅仅在浪费您辛苦工作挣来的血汗钱，也在伤害我自己的身体，更会让您为我担心。所以，妈妈，我向您承诺：我真的再也不会干这些事了！我会努力学习，让您安心工作、快乐生活。

　　妈妈，我爱您！

　　祝：身体健康　万事如意！

您的儿子：小海

2016 年 1 月 18 日

（二）

亲爱的老爸老妈：

　　当你们看到这封信时，我想我已经长大了、懂事了，再也不想你们为我操心了。曾经的我，做了太多让你们操心的事，想起这些，我就觉得十分对不起你们。你们记不记得 2012 年的那个秋天，满怀着希望的我进入了一所新学校。之前，你们千叮万嘱，让我一定好好学习。而我，刚踏进学校第一周，就因为没交手机而被老师教训一顿。新学期刚过一半，我又和一个女孩子谈起了恋爱，导致成绩越来越糟。很快，老师知道了这件事情，我只好无奈地跟她分了手。分手后我无心学习，最后甚至决定辍学，而你们总是一次又一次焦急地给我打电话，劝我不要放弃。

　　我只好"屈服"，又进了一所新学校。这一次，我走向了另一个极端。在学校里认识了一群不三不四的朋友后，每天下课我就跟他们混，不到两周就学会了抽烟，有时还会跟着他们一起打群架。当你们知道这些事后，虽然没有骂我，可还是跟我讲了一大通道理。这些道理，对我根本不起作用，我变得更加不听话，更加叛逆。

　　初二暑假的一个晚上，我再一次处于失恋状态。心里本来就烦躁不安，可不知情又没有注意到我情绪的老妈却在这个时候让我帮她做事，我大声吼了一句："不去！"老妈就开始大骂我。我就什么也不管，开始和老妈吵了起来。一气之下，我摔门而出。在街上，愤怒又郁闷的我气呼呼地找了一个角落，坐在那里平复心中的怒气。两小时过去了，老妈见我还不回来，就发来一条短信"威胁"说："快给我回来！再不回来，以后就别回来了！"我看了，更加生气，对着面前的空气怒吼了一声："不回就不回！"可令我没想到的是，老爸老妈到处找我，还通知亲朋好友帮着一块儿找。等到十一二点，还不见我踪影，没办法，老妈只好认输，再一次给我发来短信："儿子，气消了没？快回来吧！"看到这条短信，我才慢慢走了回去，回到家，我一头钻进房间，把自己牢牢锁在屋里。

每一次和你们吵架，先认输的都是你们。每当我犯错，你们总是包容我。老爸老妈，请原谅我的无知，原谅我的叛逆，原谅我犯的一切错误吧！进入行知后，我改变了，又变回小时候那个知道说"对不起"和"谢谢您"的我了，我能够做个孝顺的孩子，不要你们为我伤心和操心了。老爸老妈，我已经有了一个梦想，虽然现在还不能把这个梦想告诉你们，但我一定要努力去实现它，我一定不会让你们失望了！

老爸老妈，我爱你们！

你们的儿子：小龙

2016 年 1 月 17 日

不难想象，当着这么多同学、老师和爸妈的面来读这些信，对于这些在小学和初中因为被边缘化而几乎没机会登上讲台的孩子来说需要鼓起多大的勇气；也不难想象，孩子们要把这些因为距离和疏远，还有亲人间的羞涩而从未敢于说出口的反省语、忏悔语、希望语和感恩语，在这样一个特殊的时间和地点，一股脑儿地倾诉出来，又需要多大的决心。

然而，心打开了就不难，他们还是做到了。台下的家长们落泪了，听着孩子们从未讲过的真心话，过往的一幕幕浮现眼前。那时，大人们真不觉得自己做错了什么，而现在，他们也开始了同样的反省、忏悔、希望和感恩：反省自己在孩子成长过程中的长期缺席，反省简单粗暴的管教方式，反省没有在孩子最需要关心和支持的时候坚定地站在他们的身边。

孩子们到行知后，发生了令爸妈们有些措手不及却又喜出望外的变化，这些变化也让他们发现，自己与孩子是能够沟通、能够做到其乐融融的。于是，此刻的反省带来了深深的忏悔，忏悔后，便是希望。希望从现在开始，我们与孩子不仅仅是血缘上的亲人，更可以成为心灵上的挚友。

对于大多数人而言，要学会原谅，真的很难。接下来，我们来看一个关于"原谅"的故事。这是一篇参加奉节全县中学演讲比赛的演讲稿，其主人翁彭一倡来行知4个多月了。这次家长会上，他把自己和爸爸的故事讲给大家听，还没讲完，台上的他和台下的彭爸爸都哭了，在场的人也哭了。他是男子汉，觉得哭起来不像样，就冲出教室，直奔到走廊上大哭，彭爸爸也跟着冲了出去，紧紧地、紧紧地抱住他。

敬爱的爸爸，亲爱的老师、同学，各位叔叔、阿姨：

你们好！我是彭一倡，我分享的是关于《劳苦先生》的故事。2015年9月，班主任布置了一个家庭作业：给最亲的人洗脚。我想了想，似乎只有劳苦先生最合适了。尽管不太愿意，但没办法，为了完成家庭作业，我只得帮劳苦先生洗一次了。

回到家，打好热水，我用不太情愿的态度对劳苦先生说："我要帮您洗脚。"他很吃惊，诧异地望着我，嘴角却泛起一丝微笑。我漫不经心地将手伸到水中，却在触碰到那双脚时，心中猛地一震。定睛看去，那是怎样的一双脚！粗糙、干枯，青色的血管向外凸起，像一条条连绵起伏的山脉；脚底有着一道又一道如战壕般的裂缝，死皮一层接着一层，这些，都是长年到处奔波劳累造成的。再看看那指甲，犹如已变了形的硬壳覆盖在肉上面，整个都被裹入了肉中。不知怎地，我的心强烈地颤抖起来了。

时间退回到过去。对我来讲，那是一个充满悲伤的岁月。那时的我正是需要关怀的年龄——6岁。但在那个寒风呼啸的冬天，所有的美好都破灭了。我正在教室上课，爸爸突然来到学校，向老师请假要带走我。于是，天真的我来到了一个我以前从来没有到过的地方——法庭。我并不知道发生了什么事，只看到妈妈在哭，听到法官说着我不懂的话。

回到家，我惊讶地发现妈妈在收拾行李，她含着泪告诉我："妈妈以后不在你身边，你要好好照顾自己。"听了这话，我终于明白了什么，放声大哭，叫喊着："妈妈不要走！"小小的双手使出全部力气拽着母亲的衣角。这件事深深烙在我的心中，成为自己永远的痛。

从那时起，我的内心发生了翻天覆地的变化，开始变得封闭，开始将自己锁在那看似可以遮风挡雨却丝毫没有温度的房间里，开始将所有的怨恨全部堆积在父母身上。面对充满怨恨的我，劳苦先生从来没有放弃，反而百般呵护，然而，这要风得风、要雨得雨的养育，对我那冰冷封闭的心并没有任何作用，反而使我更加自暴自弃与狂妄。

曾经当家中积蓄不足，连电费都缴不起时，任性的我却大吵着要看电视。劳苦先生没办法，只得冒着寒风，走出家门去找外快赚钱。那天天气很冷，这座城市少有地飘起了雪花。钱有了，电费缴了，我又可以沉浸在看电视的快乐之中了，却并没有注意到，或者说，也不想注意到劳苦先生那早已被冻得通红僵硬的双手。

随着时间的推移，我那许多任性的要求都被劳苦先生一一默许。那天，我又提出一个要求：要一台电脑。劳苦先生没有多说，很快将为数不多的积蓄拿出来满足了我的要求。我高兴极了，却再一次忽略了劳苦先生那日渐消瘦的脸。

仔细回想着过去，我那些自私的要求、那些改不掉的恶习，每次都被劳苦先生迁就着，可我却是那么愚蠢，用永不满足的物质需求和一句句尖酸刻薄的话语去折磨着劳苦先生、贬低着劳苦先生。此时此刻，看着坐在我面前慈祥的劳苦先生，摸着他粗糙的双脚，我的眼中充满了泪水，可我还是想极力忍住，不让它落下。不过，我终究失败了，因为我想起了一句话：孩子能哭的地方只有两个：一个是厕所，一个是父母的怀中。我站起来，一把抱住我的劳苦先生，在他的怀中痛哭起来。劳苦先生，就是那独自养育了我整整9年的亲生父亲！望着怀中那痛哭的我，爸爸一瞬间的诧异转变为慈祥，他微笑着，但眼中的泪水，却还是止不住流了下来。

以前，我是个不孝的孩子，总是提出过分的要求，不理解不原谅父母；现在，我醒悟了，我已经用实际行动来改变自己了，因为我知道，那些在我身边守护着我的人正在渐渐老去，如果再不做些什么，恐怕只能永远在回忆中后悔自己曾经犯下的错，然后郁郁终生，到死都不能原谅自己……不管我们曾经多么不孝，只要去改变，抛弃那曾经的不懂事，就能永远不抱有遗憾，永远快乐地生活下去。谢谢大家！

说得真好！不管我们曾经多么不孝，只要去改变，就会拥有希望！不容父母，何以容天下？要拥有快乐幸福的人生，我们就一定要学会宽容，而宽容的起点，来自我们的根——生养我们的父母。从行知出来的孩子，即使没有当多大的官，做多惊天动地的伟业，但他们的善良、真诚、踏实和勤奋也足以让很多高学历的、"精致的利己主义者"黯然失色。而这些优秀品质的起点、行知教育所切入和唤醒的，便是一份至真至纯的——孝心。

这样一场看似平常，平常到不会提及考试成绩、更没成绩排名的家长会，足以以小见大，让我们见识用大爱之心所做的事业，是多么地与众不同。对行知师生来说，学习成绩固然重要，但有效教育的真正成果是：放假回到家，孩子们在假期中的一言一行、待人接物以及每天坚持的阅读、完成作业的认真态度等。我想，爸妈看到这些，比仅仅拿着一份写满数字却没有温度的分数单更加放心吧。行知家长会，温暖到的是曾经冰冷的心灵。

家访：没有脚步的丈量，怎能触动到心

凡·高说："每个人都有他滔滔的一生。"在行知久了，才慢慢发现这里看似一张张平常的脸背后都藏着很多故事，其曲折动人甚至匪夷所思到超乎我们的想象。若不是这段时间站在他们身边，看到和听到这些"背后的故事"，我不会真正明白苦难之于人的意义，更不会明白老师们翻山越岭，甚至不惜冒着生命危险，每年坚持家访，却没有丝毫畏惧退缩的根本原因。

在行知，没有家访，没有风雪中脚步的丈量，便很难彻底理解改变人心方法的那些"背后的故事"。

一个小小缘起

家访在今天这个时代似乎已经是一个久远陌生的词了，古老得甚至有些遥不可及。通信都这么发达了，还有什么事不能通过手机和网络来相互告知呢？到学生家里，去和不去，究竟有什么不一样？但其实，真的很不一样。让我们先回到当初，读一段韩晓的日志，或许就能明白些什么吧！

2013 年的冬天很冷。

一天，在校园里，一个孩子突然跑到我面前，对我说："韩老师，我们班有个同学，他每天只吃一顿饭，都半个多月了，我看他走路都没精神了。大家帮助他，他又不肯接受，您去帮帮他吧。"听到这些，我一下愣住了。在我们学校里，怎么会有这样生活困难的孩子呢？

为了摸清情况，我没有立即与那个饿肚子的孩子交流，而是找到他的班主任。通过全方位了解，我的认知被完全颠覆：这个孩子从小没有妈妈，父亲残疾，基本丧失劳动能力，每月只能靠低保勉强维持父子俩的基本生活，所以，他每月的生活费就只有200元。当时正好遇到全校准备元旦晚会，他特别积极地参加班级演出的节目，花了50多元和同学们一起买了表演道具，而这就让他每天只能吃一顿饭来度过这个寒冷的冬天。

听到这一切，我蒙了。我完全不知道在当今社会还有如此艰难的人，我对自己没能深入学生并去了解他们的家庭而内疚和惭愧。很快，我召开全体老师大会，并把这事告诉了老师们，大家都很吃惊。为了更好地了解学生，经过讨论，我们决定从当年开始，除家长会之外，每年深入到学生家里进行家访。由于平时上课时间紧张，大家一致决定利用寒假进行，而且这个时间在外打工的家长基本上都会回家。

说干就干。我们来奉节的第一次家访就在2013年的寒假开始了，此时距春节仅仅10天。我们全体老师几人一组，分散到奉节1000多名孩子的家中，去了解他们的成长足迹、生活环境、家庭状况。

上面这段文字，让我们读懂了行知家访的最初发心。如果仅仅满足于将目光停留在孩子们在学校里的表现，我们永远不可能读懂他们的性格、他们的内心，也无从知道如何站在他们的角度、以适合每个人的方式去造就他们的幸福人生。

只能通过走进一个个家庭，"到现场去"，才能发现和切身体会问题产生的根源，找到解决的方法。其实很多时候，家庭才是教育的第一现场；父母才是孩子生命中的第一任老师。家庭的环境和社会地位、家庭成员的性格和相互关系，时刻牵引着孩子的成长方向。

回到原点，才是解决问题的根本。

教育注定是一种合力

2013 年至今，奉节行知的家访已持续进行了 4 个寒假，行知人发掘的故事完全可以用一本书来记录。在这片看似经济落后、生活单一、一切有些亘古不变的土地上，这些平常人们身上所发生的故事竟那样动人，尤其是，这些故事的发现与运用为一批批行知孩子命运的改变做出了不可或缺的贡献。

2016 年这个冬天的家访，感动继续，改变继续。1 月 19 日，"2016 行知家访"正式起航，老师们将带着孩子们在行知一学期的成长点滴，与家长们面对面，探索崭新的教育方法！1 月 20 日，奉节迎来入冬第一场大雪，家访安排不受丝毫影响。1 月 23 日，此次家访的最后一天，一场意义深远的"行走"在大雪纷飞中结束。

本次家访，老师们全体出动，到访家庭 600 多户，覆盖方圆 200 多公里，从海拔 200 多米到 1200 米，累计行程近万里……这几乎没被多少人注意到，然而其中所传递的能量和暖意，所展现出的人性之美和人心的力量，都足以将奉节冬日的冰雪和凛冽消融于无形。读几段老师亲笔写下的家访记录。

（一）庞红利老师

这次家访，我特别想说两个故事。第一个是关于小张和小袁两个孩子和他们的家人。为了不让老师迷路，两个孩子在风雪中足足等了两个小时。虽然在电话中就告诉他们，我们还有一些时间才能到他们那里，两个人却仍然义无反顾地站在公路边等着。等待是一个痛苦的过程，风雪中的等待无疑更是一种煎熬，然而他们却没有丝毫抱怨和放弃。

他们其中一个是留守儿童，爷爷奶奶都已80多岁了，完全没有教育能力，爸妈常年在外打工，孩子则在孤独中成长。另一位来自单亲家庭，爸爸早年车祸而亡，妈妈在广东当清洁工，过年时为了节约点钱，只能选择不回家过年，冷冷清清的家里就只剩弟弟和他。这样的孩子太需要他人的关爱，可他们却用行动证明：他们也能以小小风雪中的坚持为他人带来幸福和感动。

看着他们，我们所有人，哪里还有抱怨的理由？看着他们，我们的老师们，又哪里还有放弃帮助孩子们成长的借口？

让我同样受到教育的，还有小向同学家的故事。小向是一个随时都笑眯眯、做任何事情都任劳任怨，却又有点儿沉默寡言的孩子。

平日里，他做任何事都很认真，就是不太主动，在老师眼中，只能算是个听话的孩子，然而这次家访后，我不再简单地去这样看。小向的爸爸是孤儿，文化不高，但人很本分，尽管是所谓的"上门女婿"，在这十几年中，却一直很称职。不管家里开销多大，父母生病用多少钱，向爸爸都毫无怨言，只管勤勤恳恳、本本分分地挣钱，拿到钱就交给孩子妈妈。孩子妈妈极为孝顺老人。今年孩子的外公外婆都生了病，一起在县医院住了160天，哪怕自己病倒了，哪怕用光了家里所有的积蓄，夫妇两个都精打细算、无怨无悔地照顾老人。

"孝感动天"。也许真是因为这份强烈的孝顺之心，两位已被医生判了死刑的老人，硬是被子女从鬼门关给拉了回来。家访时，我们看到老人精神矍铄、谈笑风生，根本看不出面临过生死的考验。这就是家庭教育的巨大力量，有着最亲密血缘关系的身边人所起到的示范作用是他人无法替代的。

彭文翠老师是奉节本地人，大学毕业后，父母一直希望她去当公办教师，可她却在慎重的反复思考后，选择到行知来。家访第一天，我们开了一个多小时的车跟她去零距离感受一次行知家访的味道。我们去的是小武和小邱的家。他俩本就是邻居，老早就相约好在公路边等我们。下了车，在两个孩子和小武哥哥的带领下，我们又走了一段泥泞山路后，终于抵达家访目的地。邱妈妈和武爸爸一起在等我们。

小邱的爸爸长期在外打工，家里就妈妈在照看，他还有两个姐姐，大姐已从行知毕业参加工作了，二姐还在行知读高二；而小武的妈妈很早就丢下因在煤窑工作而患肺气肿、失去劳动能力的丈夫以及两个需要照顾的孩子，自己在外生活，多年不寄生活费回来，前不久才回家与丈夫离婚。小武家是典型的农村土坯房，也没几件像样的家具，看上去有些阴暗，有些冷清。

简单寒暄后，彭老师拿出厚厚一摞表格——这是彭老师在期末结束前根据平时的观察，利用加班时间做出的学生情况分析表。

2015 级行知五班情况分析表

姓名	过去	现在	监护情况	成长环境	备注
小可（女）	经常逃学,常和家人吵架还离家出走,上网、抽烟是常事。退学前在学校每天基本是睡觉,醒了就和同学打闹,对老师的话听不进去,觉得他们很烦。而一回家就躲进自己房间,不和家人说话。退学在家后,除了吃饭,基本 5 天都不出房间。从不收拾屋子,没做过一顿饭,洗过一次碗。	进入行知后,开始明白孝,懂得了礼貌、坚持。回家后会和妈妈聊上几句,有了母女感情,而不再是仇人。懂得或许只是给妈妈做一顿饭,她就会很欣慰。在学校里,懂得去参与才会有收获,去努力才会有结果。现在知道自己也不是一无是处,也可以帮到他人、做好事情。现在喜欢上课了。	妈妈	妈妈在家,爸爸外出务工	
小邱（男）	过去上课认真听讲,不抽烟、喝酒。在家做家务,只是不做饭。过去是个懂事的孩子,很少惹父母生气,小学时不说脏话,进初一就开始说脏话。	上课特别认真,很少喝酒。依然做家务,偶尔做饭。现在更多的是理解父母,虽然偶尔还会惹父母生气。来行知后,几乎不说脏话了。	妈妈	妈妈在家务农,爸爸重病打小工(兄妹 3 人在我校就读)	
小武（男）	不愿与人交流,对班上的事也不积极。有空就玩游戏,以前特别不喜欢语文课,也不喜欢读书。	很少去上网,变得喜欢读书,也喜欢学校的课,特别喜欢数学。逐渐在改原来沉默寡言的习惯,许多事敢踏出第一步,勇于去尝试,对班上的事情变得积极了。	爸爸	2 岁被妈妈抛弃,父亲重病,哥哥因家里困难被迫辍学	离异

彭老师将表格中记录的孩子的情况向几位父母做了进一步说明后,接着开始与家长互动。交谈中,爸爸说小武爱抱怨、说话直,对家里人也是这样。彭老师认真提醒说:"小武的性格,周围了解他的人是可以理解、原谅的,但陌生人就很难了。孩子将来在社会上立足,要和更多的人相处,我们当家长、做老师的一定要重视及

时纠正孩子的缺点和不足，不能视为理所当然。"

彭老师还说，这个寒假孩子在家，家长要多跟他们交流，多鼓励他们，多给他们一点爱。一是因为30天的时间有些长，一旦接触到以前不良的东西难免会影响孩子的判断；二是因为这两个孩子从小的家庭环境让他们有些自卑。特别是小武，没有妈妈的关爱，刚到学校时几乎不说话，不跟同学一起玩。因为爸妈离婚的事，也在彭老师面前伤心地哭过，孩子心里的"毒素"还没有排清。

为了说明家长对孩子的影响巨大，彭老师当时分享了刚刚接到的一个学生打来的电话。电话里孩子告诉她，这次通过努力，期末考试得了全班第一，本来很开心，一路兴冲冲直奔回家，到家第一件事就是拿着成绩单给妈妈看，可妈妈的话却让孩子的心瞬间凉了一大截："你这个成绩，不要是假的哦！"彭老师耐心地安慰了委屈万分的孩子，又跟电话那头的孩子母亲交流，这才让母女俩安下心来。

彭老师用这件"小事"举例，是为了告诉家长一个道理：家长的情绪甚至不经意间的一句话、一个表情，孩子都能敏感地捕捉到，会对他们产生巨大的影响。要让他们正向成长，做家长的就一定要首先做个好的榜样。

家访结束后，大家一起送我们上车。两家父母留给我们的印象都是那么地隐忍——不善言辞，没有太多情感的外露。生活艰辛而清苦，他们早已习惯，每天日出而作，日落而息，没怎么想过改变，似乎也无力改变。也许他们把改变的希望全部都寄托在了孩子们身上。"把孩子们送出大山"的背后是对改变孩子家族命运的承担，这种承担需要爱来支撑。

结束采访、我们离开行知的第二天，也是老师们家访的第二天，奉节下起了大雪。一夜之间，这里白茫茫一片，处处银装素裹，让人不禁想起毛主席的《沁园春·雪》，心中汹涌澎湃，壮怀激烈。风景虽好，但对于在路上的这群人来说，难免多了一丝危险。可他们却一路热血澎湃，欢声笑语，还会及时在专门的家访圈里发出照片，相互鼓励，相互加持，让我们看到家访过程中那一张张洋溢着活力与生机的笑脸。

透过家访，行知人想要搭建一个平台，这个平台不只在为老师与学生、老师与家长提供交流和沟通，其实更是在为学生和家长搭建着心灵之桥。奉节的很多学生的父母要么是为了全家的生计而双双外出务工，要么是早早结婚又早早离婚，父亲或母亲独自带着孩子艰难生活，还有甚者不管有钱没钱都只顾自己享受。不管具体情况怎样，他们都有一个共同点：缺少文化，导致没有方法、没有能力与孩子沟通。加之孩子处于所谓的青春期，不愿与家长讲心里话，导致亲子关系极端冷漠、疏远、恶劣，甚至破裂。

所以行知老师的家访有一个终极目标——通过老师们的现身说法，传递给不同的家长与自己孩子沟通的恰当方法。用孩子们在行知的改变，给家长带去信心、带去动力，让他们知道每一位孩子都是"孺子可教"的，只要自己能首先做个好爸爸、好妈妈，孩子就必定能快乐成长，实现梦想。同时，通过老师的桥梁作用，创造出一种孩子向父母说出心里话的良好氛围。

那么，行知人期待家访在家长们身上所起到的作用，实现了吗？

再来看看黄善琼、邹密老师的工作手记。

（二）黄善琼老师

我们班小军同学，在班上一直都没精气神儿，做事缺乏激情，像个女孩子一样柔柔弱弱的。我经常提醒他、鼓励他，要活出男子汉的气概，要有阳刚之气。每一次他嘴上总是答应着，可效果一直不明显。

直到这次家访我才知道，小军小时候家里穷，父母都要去地里干活，早上把奶喂了就把他放在地上，用绳子拴着。饿了就哭，拉了也没人管，经常睡在屎尿里面，中午妈妈从地里回来才会给他喂口奶。就这样过了好几年，后来5岁上幼儿园的时候，走路都还不怎么稳。家人很担心他成了残废，还好老天关照，让他健康长大。

到行知后，现在每天跑30多圈都没任何问题，身体素质有了质的飞跃。这次去家访时，只有把他从小学带到现在的奶奶在家。奶奶告诉我们，以前孩子每年都会感冒多次，身体很柔弱。自从来行知后，就再没感冒输液了。以前孩子很内向，说话声音像蚊子，很少主动问候别人，现在说话都能听见了，见到认识的人会主动打招呼，还会鞠躬问好。整体成绩也有很大提高，特别是数学，还取得了满分。

家里人都特别开心，特别欣慰。春节期间我还接到了孩子爸爸打来的电话，说小军在家表现特别好，他们以后在外工作会很放心，对我们的工作给予了肯定和认可。

（三）邹密老师

家访是一座桥梁，我们在家访中有太多的纠结、疑惑和无奈，当然也有太多的感动。

记得在家访第三天的下午，我们去了一位女同学家。在和其父母交流的过程中了解到，这孩子性格非常古怪，父母都曾有想过放弃她的想法。但在行知读了半年，变化真挺大的，不会没事儿就发脾气了，也会和父母好好交流，懂得关心人了。说话间孩子给我递了一杯东西过来，我问："这是什么？"孩子说："老师，我刚刚看到您在咳嗽，这是板蓝根。"当时，我心里真的觉得很温暖。看到这情景，孩子的父母也特别欣慰，觉得孩子真是懂事了，因为在以前，孩子甚至从来都没对父母这样做过。后来我让孩子给爸妈念她在学校里写的"给爸妈的一封信"。在念的过程中孩子哭了，妈妈哭了，爸爸哭了，舅舅哭了，姑姑哭了……爸爸站起来抱住了女儿，妈妈也抱了女儿，全家人紧紧拥抱在一起。

其实化解一个矛盾很简单，只要心打开就可以了，父母和子女哪儿有大的仇恨，其实他们早就彼此原谅了，只不过需要一座桥梁而已，家访就是这座桥梁，连接双方心与心的桥梁。

就像电影《唐山大地震》里的姐姐，让她痛苦不堪、几十年耿耿于怀的不是地震本身，而是妈妈的一句"先救弟弟"。帮助孩子放下过去，敞开面向父母的心灵之门，也是今天教育的应有之义。

所以，行知家访，真不是手机和网络所能替代的。就像手写的书信，因为笔尖所流淌出的汩汩情感和思绪，再加上那跋山涉水的长途传递、望穿秋水的翘首期盼，而被注入了难以想象的厚重，这厚重绝非几分钟就能完成的电子邮件所能比拟的。

看到结果，也请将过程记住

在家访目的地，我们常常可以看到一派真情流露、其乐融融的景象。但请一定不要忽略，家访途中，老师们所经历的一切。以下是冉知兵老师的工作手记。

在此次家访中印象最深的是小勇家，从学校到兴隆大约两小时车程，兴隆到龙桥河又开了大约一个半小时，本以为快到了，结果打电话了解到龙桥河到小勇家还需要徒步山路一个半小时。听到这个消息，我们的心凉了半截。现在是冬天，那里海拔比较高，路上的积雪还没完全融化，摩托车没有安装防滑链，车子开到龙桥河时已经打滑不下 15 次，继续前进将会危险重重。

但我们不能就此放弃。难道我们经历一次就被吓住啦？小勇已在此生活了十多年，他又是怎么过的呢？我们不是来寻找孩子成长的足迹吗？于是，又经历了接近两小时的颠簸山路，我们终于来到了小勇家，但眼前的场景再次让我们充满热情的心降到了冰点。房子家徒四壁，连窗户都没有。爷爷已经 80 多岁，失去了劳动能力，母亲天生听力有障碍，还有一个读小学四年级的弟弟，一家人的生活开支都依靠父亲在周围找零活来维持。

我现在都还记得，孩子父亲见到我说的第一句话："冉老师，您看我们家里这个样子，怎么办哟？"我只回答了他一句话："要想改变你家里的命运，就必须支持孩子读书。只有多读书，他才能走出大山，才能改变命运，否则，他的将来很可能比现在还糟。"此时，我心里已开始逐渐形成帮助这个家庭的想法。回到学校，根据他的家庭情况，我及时帮小勇申请了学校的爱心基金，解决了他的部分学费问题。

行知人，可以与世无争，可以不执着于名利，然而，对于一个许下的承诺，就算家访途中一路险象环生，他们也会风雨兼程。行知老师也通过家访不断收获、成长，创造着这个社会已越来越珍贵的人性之美。

家访之后，依然不止步

家访结束后，老师们的脚步暂时停下了，心却依然在行进当中。他们的家访工作，还有一个部分需要完成。那就是总结、反思。还是看看黄善琼老师的工作手记吧！

这次家访途中，韩老师通过观察，对我说了一句话，印象十分深刻："你对孩子们的爱都是假的，还没有把他们当成自己的孩子。"

当时我还在想，对学生，我是肯定做不到像对自己孩子那样的。可后来，我慢慢意识到，如果有这样的想法，我是永远带不好他们的。因为只有当把他们真正当成自己的孩子时，才会严格要求他们，只因有一种爱，叫"严爱"。当我还分不清什么是"爱的教育"和"教育的爱"时，对于"宽"与"严"就会很难把握好。所以接下来，我会继续琢磨和深思、慢慢改进的！

在这些旁观者眼中，在浮躁而现实的社会里，他们今天所做的一切其实已很难能可贵了，可对于他们自己来说，却觉得这些都是理所当然的。他们只在乎一件事：怎样才能改变这些孩子的命运。

我的家访体验

2016年3月6日中午，我在奉节行知校园吃过午饭准备回寝室，突然，身边一个怯怯的声音，"汤老师，还记得我吗？"我扭头一看，一张似曾相识的脸，但却一下记不起来有什么特别的记忆。

"感谢您推荐我哥哥去好利来上班。"这句提醒，一下勾起了我的回忆：1月19日，行知家访的第一天，还没有下雪，我开着车和彭文翠老师一同对小武和小邱进行了家访。说是半小时的车程，驾驶技术还算不错的我却开了一个多小时，特别是离开主路进入最后几公里的机耕道的时候，在几个急转弯处，常常需要倒几次车、打几次方向盘才能过去。望着不算很高的山崖，又硬又滑的石谷子地面与轮胎剧烈摩擦腾起的白烟与橡胶的焦煳味让我直冒冷汗，那时我突然有了一丝"用生命做家访"的感觉，体会到了2013年寒假韩晓家访途中一只轮胎挂在悬崖边时的滋味。

两个孩子家里情况都不好，家访中还见到了小武的哥哥。因为家里实在没办法，只能供一个孩子读书，小武的哥哥就退学了。懂事的哥哥说，春节后就一定要出去找工作。穷人的孩子早当家，我说："如果需要的话就找我吧。"

送彭老师回校的路上，坐在副驾驶位置上的彭老师睡着了，满满的一车人还听到了她均匀的呼吸声，但，没有人去打扰她。那幅画面，很美。

第四章

吴安鸣的洪荒之力

无论是个体的激活，还是组织的整体发展进步，成人之美给了我们行动指南。正如尼采所言：完人其实就是那些终日为"善"而奔波，而又在不知不觉中实现了"美"的"真"实不虚的普通人。

吴安鸣：作为人，何谓正确

人的一生不过是每时每刻判断的积累。因此，以什么作为判断的基准便极其重要。测物体长度，比目测准确的是"尺"；称物体重量，比毛估精准的是"秤"。"尺"和"秤"就是基准。"举头三尺有神灵""做人要凭良心""致良知"这是老祖宗的千年智慧。"心尺、心秤"看来就是做人最重要的基准。

从中华古圣先贤吸收了无数"营养"的稻盛和夫一生演绎了无数的角色，谱写了十分精彩的人生，其判断基准不过就是对"作为人，何谓正确"的反复叩问。吴安鸣也一样，她要扮演很多角色，于是，就有了这篇讲述不同角色、每个角色又颇韵味深远的关于吴安鸣的"作为人，何谓正确"的故事。

吴安鸣其事

2014 年中国盛和塾全国发表大会上，2000 多人的会场，58 岁的吴安鸣最后登场，30 多分钟时间里，共响起 28 次掌声。她的报告甫一结束，全场掌声经久不息，连阅人无数的稻盛和夫都禁不住哽咽。

就在稻盛和夫对吴安鸣的发言进行点评的短短几分钟时间里，我有了灵魂出窍一般的感觉。应该说，我亲身观察过无数次这样的点评，许多企业家的经营故事都特别感人，但我从未见过稻盛先生如此。也许是吴安鸣与孩子之间的故事唤起了他孩提时代的情愫。稻盛小时候也是个调皮孩子，不受老师待见，甚至被老师不公平地揍过。因为家穷，老师上门家访也只是例行公事、敷衍塞责。当然，也有不少对他不抛弃、不放弃的老师，没有他们的再三坚持，就不会有今天的稻盛和夫。依稀往事仿佛就在眼前……

"一面是充满爱心、满腔慈悲的佛的心肠，另一方面同时具备能够对抗任何恶魔的强韧之心。仁慈和坚强两者兼备，所谓慈母观音这种形象，是我听您讲话时的一种感觉。"这看似简单质朴，却饱含深意的评语，是一位曾被边缘化的孩子对爱的期盼和呼唤，同时也是今天身兼为教育家的稻盛先生对另一位教育家惺惺相惜所发出的认同与赞许。

在那场报告里，吴安鸣所讲到的故事只是行知近20年历史的小片段，事实上，在创作本书的过程中，我们更进一步感受到了她创办行知过程中所创造的感动和奇迹。开天辟地、热血沸腾、愚公移山般的创业史；忍辱负重、厚积薄发的发展史；静心沉潜、勇于创新的拓展史；孩子们的重生，老师们的幸福，师生背后无数家庭的圆满……行知学校，被许多人众口一词赋予了一个形容：这里是一个修炼灵魂的道场。

作为老师，何谓正确

老师是学校的两大主体之一，行知学校能走到今天，人们自然会问：吴安鸣作为老师，何谓正确？

22岁的吴安鸣当老师的第一年，就被学生给了一个下马威。谈及这段经历，她这样说：

当时，我看到有一个把全校"最坏"孩子集中起来组成的特殊班级。为不让他们影响其他学生学习，学校甚至专门请一位手持警棍的公安局同志任班主任。这个班每天只上法制、体育课，没老师愿给他们上文化课，因为通常是不到两分钟，就会被学生轰下台。这个班的学生粗话连篇、打架盗窃，什么坏事都敢干，除非当警察的班主任守在那里。我刚参加工作不知情，好奇地在他们教室门口站了会儿，结果就遭到里边孩子粗俗语言的羞辱，年轻气盛的我马上产生一种冲动，坚决要把他们"治"好。

第二天，我千方百计说服校领导同意我去为他们上课。第一次进教室，从后门走到讲台不到 20 秒，我后背的两根辫子上已被挂上铁钩，衣服被贴上了画着鬼的纸，脑勺被粉笔头连连砸中。我转身面对他们时，有的学生坐在桌子上，有的站在板凳上又唱又跳看笑话，一团乌烟瘴气。

我冷静地站上讲台，把辫子上的铁钩和衣服上的纸一一取下，沉默了两分钟后，突然用比他们更疯狂的眼光和语言猛烈"攻击"，没给他们一分钟喘气的机会，整整教育了 4 小时，从狂风暴雨、电闪雷鸣到和风细雨、娓娓道来，所有人都忘了下课，忘了上厕所，每个孩子突然都变得特别乖巧可爱。放学时，他们的脸上不知已被泪水洗过多少遍，我自己也泪流满面。下午，我接着又上了 3 小时的谈心课，听孩子们讲自己的生活经历和对未来的真实想法，让他们把思想垃圾和生活苦水都倒出来。孩子们心理放松后同意"从明天开始像其他班一样上文化课，从初一的知识开始学起。

这批学生后来个个都很有出息，也正是他们让吴安鸣感受到了教育改变人的巨大力量。吴安鸣说："对这样的孩子不能靠暴力，暴力根本不管用，要靠心。"当然，在执教生涯中吴安鸣承认："我也打过学生。"

有一次，一个穿着很破旧的家长给刚来学校不久的孩子送每月生活费，却和儿子吵了起来。父子俩吵闹得最凶的时候恰巧被我碰见了，父亲穿着一双我已有20多年都没有见过的"草鞋"，上衣还打着补丁。我看到那个学生在搜父亲的口袋，父亲不让，父子俩便推扯起来：原来，学生要800元，父亲只给500元，孩子非常冲动，并以不给就弃学来威胁父亲，性格软弱、面容憔悴的父亲气得泪流满面。

看到这一幕，我瞬间忘了自己老师的角色，将孩子一把拽过来就给了个耳光，不由分说把他摁到地上，让他双膝跪地向父亲道歉；我请父亲也蹲下，让孩子好好看看父亲那张日晒雨淋下的脸有多么苍老，看看父亲的衣鞋有多么破旧，我逼着他触摸，感受父亲满手的老茧有多厚，被割裂的伤痕有多深。那个瞬间，我们3个人都哭了。

10分钟后，我让孩子牵着他父亲的手来到办公室，像家人一样真诚地交流。我让他爸爸讲在建筑工地做什么样的辛苦工作，是怎样挣来学费和生活费的，再让孩子讲讲，应该怎样理解父亲的草鞋和补丁。从那以后，孩子真的变了，而且变化惊人。曾有同学问过他："吴老师打了你，你不恨她吗？"

谁料他回答说："你妈打了你，你会恨她吗？"

这个故事里，我们看出了什么？"孩子的天性我们一定要呵护，但对'出格'的，那些背离做人最基本价值观的习性必须强力纠正。只要老师发心好，方式方法正确，孩子一定收得到。"吴安鸣信心满满地说。

"小善乃大恶，大善似无情"是稻盛和夫悟出的人性之道，而吴安鸣对此也有着高度洞察。她有一种与众不同的能力，能洞穿表象，直视人心：孩子内心里需要着什么、渴望着什么、用什么样的方法才能让他打开心扉。这既来自天赋，更来自对孩子的爱、对事业的用心和事上磨炼的结果。

还有一次偶然的机会，吴安鸣在少管所又受到强烈"刺激"。少管所里的孩子多在 12 ~ 17 岁，大好的青春却在高墙里虚度。吴安鸣坚持认为，这不是孩子们的错，对人性的基本判断让她相信：家庭教育的缺失和学校教育的不当才是悲剧产生的根本原因。她也因此一直在思考着：怎样才算是"好的教育"。吴安鸣曾在育才中学任教 12 年。育才中学由著名教育家陶行知先生创办，吴安鸣在这里系统学习了陶行知的教育思想。吴安鸣曾给我们讲过陶行知"四颗糖"的故事：

陶先生在担任某小学校长时，当看到一位学生用泥巴砸另外一名同学时，就上前制止了他，并让他放学后到校长室去一下。

放学后，陶先生来到办公室时，那位同学早已等在那里。先生没有批评他，反而掏出一颗糖给他，并对他说："你按时到，我却迟到了，这颗糖奖励给你。"学生惊疑不定地接过糖。

接着，先生又从口袋里掏出了一颗糖，对学生说："你用泥巴砸人时，我制止你，你立刻就停止了，我应该奖励你。"学生更疑惑万分地接过糖。

然后，先生又掏出了第三颗糖对学生说："根据我的了解，你用泥巴砸那些男生，是因为他们欺负女生。这说明你有正义感，我也要奖励你。"

这时，学生已激动得流下眼泪，说："校长，我知道我错了，我砸的不是坏人，是自己的同学……"学生感动得磕磕巴巴地跟陶先生说出心里的感受。

陶先生笑了。从口袋中掏出第四颗糖对那个学生说："这颗糖奖励给你，是因为你认识到了自己的错误。好了，我的糖给完了，我们的谈话也完了。"

吴安鸣说："我想，这样的四颗糖无论奖励给谁，都会让他终生难忘。因为每颗糖所奖励的行为背后，都是先生塑造孩子品行的方向。先生有这么好的教育理念，所以我一直想知道，这些理念能否在今天这个时代生根发芽？"

所以，当有一天，一位企业家对吴安鸣说"经济的发展最关键的不是资金和设备，而是人才，但现在学校教育出来的人对工作缺乏责任心、怕吃苦、合作精神差、工作后没有再学习的习惯"时，她最终下定决心："我要办好一所民办学校，尝试教育改革。"

那么，作为老师，何谓正确？吴安鸣的回答是：教育是唤醒，是点燃心灵，是启迪智慧，是挖掘潜质，是营造环境。但是，首先要有"正确"的老师，才可能有"唤醒""点燃"和"启迪"。

我问吴安鸣："教育的目标是什么？"

吴安鸣说："培养孩子的正气，激发孩子的天性，养成良好的行为习惯。孩子有了正气，才会有责任、有担当，才会勇敢。天性就是保护孩子的好奇心，孩子以后才会有悟性、灵性；习惯的背后则是植入潜意识的素养。"

我接着问："能否用最简洁的语言总结你做老师的心得？"

吴安鸣竟脱口而出："排出毒素，注入营养，最终实现人的自我教育。"每个人与生俱来都带着病毒来到这世界，而且每天还产生新毒素，所以人一生都要排毒。小时候排毒，不知自己该吃什么药，更多靠家长和医生帮助，长大后，主要靠自己排毒。同样，孩子来到世间，从潜移默化的家庭教育到学校教育，再到社会教育，在给孩子知识的同时，更多要给孩子做人的是非标准，识别什么是思想的病毒，什么是精神的营养。而教育的营养就是让孩子知是非，激发梦想，进而生发终身学习的意愿。毕业后，即使面对巨大的工作与生活压力，他也会持续学习和思考，这就实现了自我教育。

"行知育人流程中有个关键节点，在孩子们通过一个月军训，植入孝道、感恩价值观后，孩子们会把过去干的坏事都讲出来，毒排掉、心打开后，马上要进行知识教育。在校期间，我们的课堂努力扩大孩子们知识的广度、深度并广泛阅读。因为只有知识丰富后，孩子们才会重新升起信心。如果知识面过于狭窄，容易形成价值偏见，而价值偏见反过来又限制孩子的注意广度和知识信息的获得，进入恶性循环。"

不过，吴安鸣这辈子自始至终都坚信"品德是前提"。许多人曾问过她"你有信仰吗"？"真、善、美就是我的信仰！"吴安鸣的回答干脆利落。行知的发展史就是吴安鸣把自己的信仰逐渐变成老师们的信仰，变成了孩子们价值观的思想基础。因此，在行知，按照吴安鸣追求真善美的理念，德育、智育、美育一项都不能少。一切教育教学活动都有着真善美的注入。

除了看得见的课堂，那些生活中潜移默化的课堂也是行知的德育阵地。通过待人接物、吃饭睡觉、寝室整理、个人卫生、课题项目、社团活动、体育赛事，孩子们感知"个人之美成就团队之美"；微笑与尊重让孩子们学会了礼貌与周到；每天的忙而不乱让孩子们懂得了有条不紊；干净清爽的生活环境使人人都能感受一丝不苟的美好。"自己的事情自己干""一屋不扫何以扫天下""行知合一"不再是口号，而是每天的生活。

行知因为有了无处不在的做人教育，就这样一代一代去浸润、去传承，培养过、也正在培养着数以万计的"有智慧的平凡的好人"，同时还吸引着那些络绎不绝的"有智慧的平凡的好人"。中国数家著名企业与行知合作，长期将干部、员工分批次送到行知校园，通过亲身感受行知文化，通过"目睹——反省——改变"的修心之旅，将企业核心价值观有效注入，来实现稻盛先生所强调的"哲学共有"。各地盛和塾组织的游学与访问，让越来越多的人在比较与思考后，愿意放心地把孩子送到行知求学。他们都是企业家或高管的孩子，在行知的短短几个月，我们亲眼见证了他们实实在在的改变，让人惊叹，又让人不得不服。

作为校长，何谓正确

怎样才是一名"正确"的校长？吴安鸣有两大法宝：首先，起心动念要利他；其次，要带出价值观高度一致的教师团队。

（一）"利他"不是手段而是目的

吴安鸣做了 14 年校长，5 年前已交班，现在不常出现在学校。她说："让现在的团队成为师生们心中最值得信任和合作的对象，大家要传承的是行知精神，而不是要记得我。"为给现任校长树威信，实际上，她会通过各种方式适时关注学校动态，因而"能站在第三方的角度及时发现苗头性问题，再由校长去改进，大家觉得这是校长的功劳，慢慢地威信就有了"。一旦赋权，就要尊重，就要信任，就要大胆放手。这就是利他。

再用吴安鸣自己的话来进一步理解她的新角色：做大家需要她做的服务。

当学校规模越来越大时，我逐渐领悟到：我不可能去亲自面对每位学生，所以，最重要的是调动和发挥老师的智慧和力量，由老师用爱去点燃每个孩子。我是个"完美主义"者，总担心别人做得不完美，所以事必躬亲，结果自己会很累，老师们的潜力也在无意中被埋没。

我意识到：自己在不经意中扼杀了老师的创造性，曾是自己犯下的最大错误。于是我开始调整自己，重点之一便是对行知育人氛围的营造：

我们每年都给老师改善工资福利；为照顾好老师的孩子们，学校还专门设立幼儿园，免费护育；老师家里有特殊情况时，可以带着孩子到学校，请同事们相互照应；父母生病了，老师们可以请假照顾，绝不会因此扣工资；老师们的亲朋好友到学校来，都能感受到家一般的温暖。

老师们家里的事很多也是我的事：为他们的孩子找学校，为父母找工作，为治病找钱，为恋爱找方法，为他们的提升买书，为他们的努力找机会。每天在我心里的，不是老师就是学生，因为他们就是我的亲人。

而老师的成长始终是重中之重。新老师来时，一定会有一位固定的老教师悉心指导，能鼓励、会批评，有节制地给建议的同时，不忘推着你自己去体验、去试错和改正；同事间相互的监督是责任、也是义务。发现了问题和错误，大家会彼此指出来，不含糊，也不遮掩。在这样一种公平正义、民主自律、文明温暖的环境里，在集体力量的牵引之下，老师们的心能打得很开，每个人都在逼着自己不断往前走。

作为校长，何谓正确？培养懂得如何爱孩子的老师，就是正确的校长；为老师们创造正能量的环境，就是正确的校长；能立足当下、放眼未来，为老师们的终生发展、物质与精神两方面的幸福而牺牲自我，就是正确的校长；能将学校发展与社会进步和谐统一、使学校与大时代相互交融，就是正确的校长。

前两点她已做到，后两点呢？离开校长岗位的 5 年来，她的重心逐步调整，但日程依然很满：海外深度学习交流、企业考察、研究社会对人的新需求……不是沉浸在过去，而是为了完善行知教育生态系统，创造升级版的行知大教育。虽年近 60，但仿佛吴安鸣那颗"路漫漫其修远兮，吾将上下而求索"的初心却从未丢失。

（二）拥有大义名分和以身作则，"价值观共有"就是水到渠成的事

行知的价值观导向是什么呢？德育贵育，行知重行。在写作的这段日子里，我们确实看到了一群了不起的年轻人——若不是亲眼所见，我们也真的不敢相信，在大家都只关心着自己和物质的时代，这群平均年龄 25 岁左右的年轻人，还依然有情怀存在。

老师全住在学校里，学生宿舍楼后面就是教师宿舍。早上 6 点20 分起床，6 点 50 分开始工作，7 点 50 分和孩子们一起在操场上开启每日晨读，8 点 10 分上课——繁忙的一天正式开始，一直忙到晚上 11 点左右，甚至常常到凌晨。他们的工作，除了上课，还有每周都会被严格检查的备课。因为学校一直在探索课程新模式，为

适应变化，他们每年都要自编教材，把每个学科、每个专业的知识按照更符合行知孩子实际情况的方式进行整合，这无疑加大了他们的工作量和工作难度。

所有老师在学生时代学的是 A 专业，到了行知，就得自学 B、C、D 专业，而且必须达到能上讲台的水平。现在奉节行知大力推行的"走班制"教学，让学生有充分的自主权去选择老师和课堂，如果体验不好，孩子们照样会"用脚投票"。除了上课，全体老师还要轮流在前门的那个小屋里值班。他们就是这么"多才"，既能做老师，还可身兼门卫与保安，而且，男女都一样。

对来奉节的这批老师，吴安鸣曾经承诺他们 3 年后可调回主城重庆，但 5 年过去了，没人愿意回去。在行知学校，有这样一句经典的话流传多年："我们行知，是女人当男人用，男人当铁人用。"在外面的世界很多时候不过是笑谈，然而在行知学校，就是每天真实的生活。

行知的价值观是如何渗透的？答案是以身作则、爱才惜才。行知办学前 5 年，因为没有名气，身为校长的吴安鸣怕老师出去被拒绝、受委屈，所有招生工作都由她一人负责。六七月的大热天，每天走几十里路是常有的事，5 年里，她用自己的双脚几乎走遍了重庆的所有乡镇。后来行知名气渐起，孩子们相互推荐得多了，老师们才开始陆续出去招生。即便如此，他们也有被野狗追着跑的情形。

对于老师，学校在招聘、选拔和培养上都有"怪招"：招聘体育系以外的体育爱好者来教体育，使体育老师有充足的文理学科素养；招聘计算机系以外的计算机爱好者来教计算机，使计算机老师有良好的人文素养。也就是说，招聘时几乎不看专业，而是重在专业之外的综合素质；没当过班主任的，决不能提拔。把好招聘关，老师的源头就相对洁净，这减少了价值观过于多元而带来的不必要的精力分散和内耗。

假期有集中学习：方向牵引、资讯共享、理论学习、学生分析。开学后更多从问题中学习：老师的工作失误和思想偏差，学生的不良风气和需要改变的方方面面，当然也对应着针对性的指导建议，既有理论，也有实例。日常的教学也在讨论之列，有时是头脑风暴。把最近的所学、所感、所思都统统拿出来碰撞，不怕说错，只要敢于分享，就会有新的发现和后续的改进。通过讨论个别老师的个性问题，也能找到很好的解决方式。自己觉得相信谁，这个人又能给自己提出建议，就去找谁，甚至可以直接去找吴校长。"越级"这个概念在行知不存在，因为行知从来没有等级，只有平台。但更通常的情况是，哪个老师有难解的心结，吴校长的电话总会以最快的速度打过来，还一定解决问题。

但其实，行知的老师一个个忙得也几乎真没时间有感性的烦恼。行知有个让人不生烦恼的诀窍：不断给老师创造新的平台和机会，让其完全自觉地扑到工作上，没兴趣和精力去想什么乱七八糟的事儿！这个办法其实也是成就人的最有效路径之一。

不乱想、不内斗、不计较、不贪念，相互监督、相互砥砺、相互学习、相互照顾，一心就只为了孩子们，在不知不觉中，老师们的价值观就这样一步步趋于一致。组织的最高成本是共识。核心价值观一致了，大家即使身体累，心却是快乐的。

采访中，我问吴安鸣："行知教育的魂到底是什么？"

"是真爱！"吴安鸣说，"每个孩子都是一粒种子，我们耕耘土壤、提供平台、给予阳光和空气，目的是唤醒孩子自己生长发芽。我们用真心去点燃老师，老师们用真爱去营造适宜孩子生长的环境并不断清除其中的毒素。虽然时代在变，问题似乎越来越多，但有了真爱，方法就会比问题多。"

作为母亲，何谓正确

吴安鸣首先是一个女人，她有 4 个孩子，老大柏狄迪是亲生的，另外 3 个柏雪伊丹、昊天、昊地都是收养的孤儿。

（一）保护孩子的好奇心是母亲的重要任务

回过头来看曾经对孩子所做的一切，吴安鸣说："对于孩子，我作为母亲做得最对的事，是保护了他们的好奇心。"她说的这个"好奇"，不仅限于对知识的好奇，而是有着更高的境界，那就是：对生活本身的好奇，对人性和命运的好奇。这种好奇是柏拉图的起点，是孔子的起点，是释迦牟尼的起点，也是稻盛和夫的起点，是一切有着自由心灵的人的起点。

保有好奇心的人，一生都是"赤子"。吴安鸣的大儿子柏狄迪是个怎样的人呢？采访他那天，电话不断，冷静地安排完毕各项事务后，总能迅速切换，回到与我们交流的频道。他很坚强，就算是个孩子时，也从未在父母面前流过泪。即使遇事时有短暂抱怨，他也从不发牢骚，都能自己去化解，把问题看透、打通，然后自己处理好。

柏狄迪很独立。工作的事、家务事、大事、琐事，他都可以做到独立完成。前两年跑轻工学院的校园建设，作为外行的他也曾因几次三番拿不下政府部门的烦琐手续想找母亲出面，可吴安鸣想都没想就回答："办不了就让它办不了啊！你跟我说什么。"他只好硬着头皮继续干下去，终究还是办好了。在家里，他给家里人的厨艺排了个序：老爸做饭最好，其次是自己，再次是老妈，妻子倒数第一。因为他初中就被要求学做饭。至于带孩子这样的事，他也很自信。吃饭、陪玩、洗澡、换尿不湿等，他样样应付自如。

柏狄迪从不计较。吴安鸣先后在家收养了3个孤儿。弟弟妹妹们的到来，没让柏狄迪产生任何不满。甚至他居然很庆幸："可以有人帮助分散我妈的注意力了，这是多好的事！"

柏狄迪爱读书。和母亲一样，他是个嗜书如命的人。读书，让柏狄迪成了一个可以轻松玩"跨界"的人：无论是老人、年轻人还是各色性格的人，他都会用知识给人带来惊喜。非专业出身的他，可以在轻工学院筹备期间，独自负责起整个校园的规划、建筑设计和施工……

这一切是如何炼成的，来自吴安鸣所指的"好奇心"。好奇心赋予了柏狄迪独自探索的力量和足够广阔的时空，没了限制，也就没了牵绊，面对世界，他既能小心翼翼，又敢横冲直撞，既有独立的思想，又能尊重他人。

（二）一颗自由的心从何而来?

面对那些向她求助、极度焦灼不安的父母们，吴安鸣常说一句话："我们要和孩子一起成长，而不是要求他们成长。"

吴安鸣用自己的育儿经验告诉家长们：狄迪上小学一年级时就独自带着300元学费到学校报名。这样大胆的举动，可把老师给吓了一跳，"你爸妈呢?""没来，上班去了。"狄迪一脸自信地回答老师。后来有家长问过吴安鸣："您就那么放心，要是钱丢了怎么办?"吴安鸣有自己的逻辑："丢了就丢了呗！当给孩子交学费。这次丢了，他下次还会丢吗？就因为没大人在身边，他才会更加小心，会自己想办法。钱不重要，重要的是孩子学会独立承担责任的过程。"

这就是吴安鸣所说的"自由"。"我们今天做母亲的自己太能干了，孩子自己的事，就要让他自己去体验，不要怕犯错，不要怕受伤，因为替代的结果是：孩子永远没有能力去面对不断变化的世界，剥夺孩子的思考和体验权，这才是最可怕的。"

所以，吴安鸣也会把"自主"留给儿子。上下学都是柏狄迪自己的事，从没人接送过；从不补课，从未培优；从不检查儿子的作业，连字都没签过，为此还受过儿子学校校长的点名批评，也从没主动向老师询问过孩子的成绩；高考期间，家里和平时完全一样，没有送考陪考，考完了也没过问考得怎样；高考后填报志愿，狄迪也懒得问父母——他自己做得了主，父母也从不给他设限。任何事不论大小，狄迪喜欢的、相信自己做得好的，只要不是坏事，吴安鸣就能做到不过问。

只有两件事，孩子们小时候是没自由可言的：品德和交友。她一直要求狄迪做到诚实、善良、不拿别人东西、不给别人添麻烦："当你不能帮助别人的时候，就先把自己照顾好。"对于儿子的朋友圈，她会"用计"来帮儿子做必要的参考：通过邀请到家里来玩的机会，细心观察这些朋友们的家教和品德，然后给狄迪建议，让他自己做出最后的决定。

以传统眼光看，柏狄迪是个不用父母操心的孩子，学习很自觉，成绩也不错，还跳过级，习惯和品行也好，朋友圈也不小，他是个普遍意义上的好孩子，可他还是会挨打。小时候不懂事，喜欢别人的东西就直接拿走，被母亲打过；跟同学打架，被母亲打过；带领小伙伴们用自制的硫黄火药炸池塘里的鱼，被母亲打过。

动静最大的那次，发生在初三。因为太好奇抽烟是什么滋味，柏狄迪看家里没人就关上自己的卧室门，跑到窗口点燃一支烟——这是他人生中唯一的一次吸烟经历。其实根本就不知道怎么抽，才抽了几口就呛得不行，正好这个时候，母亲回家了。一进门，吴安鸣就敏锐地闻到了烟味，先生从不抽烟，她自然想到了正处于青春期的儿子，便直奔柏狄迪卧室，一脚把门踹开……她那样子凶得像要杀人。自从家里两位父亲都因为抽烟导致过早离世，她就开始痛恨抽烟。她让儿子跪下了，一跪就是两小时。虽不忍心这样狠，但不得不这样做，为此事，吴安鸣还独自找了个角落痛哭了一场。从此，柏狄迪再没碰过一支烟。

对收养的 3 个孩子，她也一视同仁。对就是对，错就是错，评判标准和柏狄迪完全一致。伊丹永远都记得妈妈从吃饭、走路、家务、对人说话要抬起头开始教起……昊地毕业后，去了格力工作，因表现出色，很快被委以重任，派去负责零部件的外检。这是一个"肥缺"岗位，即使回到家，也是电话不断，供应商巧妙地暗示甚至是明目张胆给"红包"。对于这些，吴安鸣不忘反复提醒，绝不允许昊地出去和供应商吃饭，绝不接受玩乐邀请，绝不接受红包："你要是实在缺钱了，爸妈就是砸锅卖铁也会帮助你，但绝不能拿不属于你的东西。"

这些，都再次印证着吴安鸣对教育的总原则：对于品德的培养。有了良好的品德，只需再提供一个平台给孩子，他自然会"跳出最精彩的舞蹈"。

除了"品德好"这条原则，关于孩子的教育问题，吴安鸣还有一个与众不同的观点——我们传统的"赏识教育"错了！这个观点可能会颠覆一些人的想法。

她举例说明："就像孩子擦桌子这件事，孩子能自己摸索先用抹布的一面擦过去，再用另一面干净地擦回来，他自己总结出了一套又干净又有效率的擦桌方法，比一般人做得好，我们就可以表扬他。可擦桌子这件事本身，是孩子该做的事，是他的职责，我们就不能去表扬。

"我们通常理解的赏识教育就是不分责任内外地去表扬孩子，看起来是一种鼓励，但其实对谁都没好处，反而不自觉地让孩子养成了功利心和目的性。在没有奖励的地方，他的责任感就消失了。传统赏识教育让孩子像马戏团的动物一样，为了一口食物去做事情，而我们就是那个驯兽师。

"生活最终总得孩子自己去面对，这个社会，有天晴，也有风雨，没人能躲得过。我们能为孩子做的，就是教会他们首先承担起对自己的责任，而不是等待一个奖赏。"

吴安鸣对4个孩子都是这样——从不轻易表扬，即使做得特别出彩，也只是淡淡地肯定。这样做的结果是，孩子们总能正确地看待自己，不断提升着工作标准。

这位母亲特立独行，让我们看到了一个真相：吴安鸣的灵魂是独立的，她也完全尊重他人的独立。

回答之前的那个问题：一颗自由的心，从何而来？——一颗自由的心，来自孩子接收到的爱与尊重。

作为母亲，何谓正确？对孩子，我们今天不要担心，要放心；不要关心，要开心。对任何人而言，感觉好，离目标才更近。生命的价值很大程度上来自自主！今天，在家庭和学校的双重压力下，我们的孩子厌学了，而母亲，是解开这个结的胜负手。

作为儿媳妇，何谓正确

在吴安鸣那里，她说她从没和婆婆产生过矛盾。她只说了一个原则："你不自私，哪来的矛盾？"

那次婆婆生病需要花两万多元钱，她没告诉老公家的兄弟姐妹就把事给办了。她说"这点事都是她应该做的"，"分得那么清，还像是一家人吗？"类似的事她做过太多。公公婆婆有什么需求，她总会事先想到。公公甚至说，吴安鸣简直是他们肚子里的"蛔虫"。小姑子、兄弟有什么困难，她会无声地援助。婆婆去世的那个晚上，她一个人紧紧地握着婆婆冰冷的手，一夜都没有松开。

无欲无求，恐惧和烦恼反而会减少。人这辈子很短，我们"得把时间花费在美好的事情上"。她愿意付出，不是因为傻，只是单纯地觉得人不该自私。在这个已是四世同堂、人数众多、性格各异的大家庭里，她坚持利他的结果是：所有人都敬佩她，特别是那些80后、早已习惯不服父母管、随意与父母顶嘴的侄子侄女们，对她却很尊重：她提出来的主张，他们从来都是全力支持。

算计的结果永远只有一个：失去利益，更失去人心。无私的结果也同样只有一个：得到人心，得到应该属于你的一切。无私的儿媳妇、不计较的儿媳妇就是带给家庭和睦的儿媳妇，就是"正确"的儿媳妇。

作为婆婆，何谓正确

婆媳关系是我们这个时代国人最关心的话题之一，反映此类题材的电视剧里繁杂细碎的锅碗瓢盆、永不停止的吵闹，虽多少有些夸张，却反映出这一关系在现实中国的紧迫、广泛和难解。身在局中的吴安鸣对此的解药是什么？儿子柏狄迪用这样的话来形容自己母亲和妻子的关系："她们和谐得就像是母女俩。"

婆媳关系要处理好，当事双方的心性当然最关键。但夹在中间的儿子暨丈夫的角色也非常重要。哈佛大学学者曾做过一项调查研究，得出一个惊人的结论：爱干家务的孩子和不爱干家务的孩子，成年之后的就业率为 15∶1，犯罪率是 1∶10。爱干家务的孩子，离婚率低，心理疾病患病率也低。柏狄迪从小养成的做家务的习惯应该也是一个很好的润滑剂。

吴安鸣也不掩饰自己是个成功婆婆的骄傲："就因为和大儿媳妇的父母相处得好，亲家的兄弟姐妹也全都搬到重庆来了。"两个人的结合，其实也是两个家庭的相处。习惯不尽相同，性格会有差异，加上各种复杂的因素，要处理好其中关系，吴安鸣和儿子一样，相信必须有一个前提：门当户对。不是经济条件，而是价值观。

"我们两家对钱都看得不重，在这方面没了计较。接下来就是关于带孩子的问题了。我事情多，带孩子的时间就少，基本都是孙女的外婆在照顾她。每次和孙女在一起，我都会跟她说，你看外婆带你带得好辛苦，奶奶都很少管你，你的事情是外婆在做，你以后要对外婆更好，记住了没？孩子很诚实，她在外婆面前也会照着我的样子把话讲给外婆听，外婆不是越带越开心了吗？"这样说，吴安鸣不是搞权宜之计，她是真心感谢亲家母的付出，也希望用自己的言行告诉孙女：人要学会感谢。

谈到母亲和妻子之间的关系，柏狄迪说了这样一件事：前段时间，妻子张晓和张妈妈因观点不一致而闹情绪，一直僵持着，被吴安鸣知道后，就严肃批评张晓不该和母亲消极对抗。理都是老理，张晓哪能不明白？只是情绪上来的时候，需要有人真心帮你，帮你跳出情绪的控制，回到正确的轨道上来。吴安鸣的话张晓听得进。她知道婆婆的严厉批评是无私的，是为解决问题而来的，所以，她能很快接受，主动跟自己的母亲说对不起。

对儿子、儿媳妇、女儿、女婿，吴安鸣能做到一样对待，既严格要求又关爱无比。一家老小是亲人、是朋友，相互欣赏，互为师生，互为干群，其乐融融。

家是相互适应、相互影响的地方，是充电、相互给予温暖的地方。

吴安鸣作为外人普遍认为的女强人，和爱人柏老师演绎的却是一出出相互补位、相濡以沫的故事，家里的吴安鸣素其位而行，绝对是丈夫的"小女人"。两人是当知青时相识的，那是最苦的年代，也是最让人炼心的年代。恢复高考后，两人虽天各一方，却将彼此的爱珍藏在心里，经历了漫长的考验后终于修成正果。在吴安鸣做教育的30多年里，通常是很晚才回到家，可到家后，总有好吃、好喝的等着她，当然，还有那个深深理解她、疼惜她的人。

当被问到"如果大家和小家只能选其一，你选哪一个？"这样残酷的问题时，几乎没有任何犹豫，也颇出乎我的意料，吴安鸣说："我一定会选择回归家庭。"此时，强韧的吴安鸣还是回归到了女人最温暖、最柔软的那一面。

"你人生的'活法'到底是什么？"我追问吴安鸣。"让每个经过我身边的人快乐和幸福。"吴安鸣说，"我个人能力很小，做不了多大的事，照顾好亲人，照顾好有缘走进行知的老师和孩子们就是我的本分。"

没什么高大上，这似乎与任正非的观点如出一辙："我们这几个把豆腐磨好，磨成好豆腐，你们那几个企业好好地去发豆芽，把豆芽做好！我们13亿人每个人做好一件事，我们拼起来就是伟大祖国呀！"

吴安鸣是如何炼成的

追根溯源，吴安鸣能有今天，不得不提及她的父母。

但在谈其父母前，还得先从其外祖母说起。吴安鸣的外婆是地主家的女儿，丰厚的嫁妆被抽大烟的丈夫败光了，丈夫也因恶习而早逝。外婆带着两个当时只有几岁大的女儿艰难生活，于是外婆决定到有钱人家当保姆，但前提是主人家需同意这两个女孩子跟自己在这个家同吃同住，还要养到成人时，竟然还是有好几家人抢着要接她们过去。仅是因为外婆知书达理、勤快麻利还有大家闺秀的风范吗？至今吴安鸣还不得其解。

我认为，应该是外婆的德行足以让这些有钱人家能放心地把家人交给她吧！外婆如此有德行，外婆一手带大的母亲和受到外婆护佑的吴安鸣又怎会不独特？

但吴安鸣的好友丽萍至今依然记得，小时候到吴安鸣家去，条件再不好，吴妈妈也总会拿出家里最好的东西出来吃；吴妈妈很温和、话不多，却也从不像一般女人那样去打听、议论、评价什么，更多地只是关心别人，问问你家里人最近的生活和身体状况，那种平易和温暖至今难忘。吴妈妈不识字，晚年皈依天主教后开始读《圣经》。吴安鸣说："她是这样认字的，拿着书的时候就一字一字问你。书不在手的时候，就拿报纸问，再难你都只需教一遍，她是真正的过目不忘。""母亲的记忆力让我震撼！"吴安鸣说，母亲对她的影响是善良和学习态度。

吴安鸣认为，对自己影响最大的，还是父亲。父亲是个能干的人，脑袋里仿佛装着个计算机。当时负责生产队的育种工作，他一个人就能把地里四季的栽种安排得井井有条：这几亩田刚刚收割完，马上就有下一轮的新种苗移栽上去，地从没闲置浪费；每种蔬菜，父亲都下功夫去研究。每天回家，只要在地里头就一定能找到父亲，仿佛他永远都在耕耘。父亲也是个话不多的人，别人闲聊的时候，他把心思都花在怎样和这些植物相处上了。

给吴安鸣留下最深印象的是父亲的诚实正直。还是个孩子的时候，她跟着小伙伴去打猪草，有一次饿了，也和小伙伴们去摘队里的黄瓜，并把没吃完的黄瓜带回家，被父亲看到后，当即严厉斥责，吴安鸣辩解："所有人都摘了……""别人是别人，你是你！"父亲凶得要打人的样子让吴安鸣记住了"不是自己的东西，坚决不能拿"。

吴安鸣工作后，每天早上都会帮着驼背的父亲把菜挑到集市，再坐公交车去10公里外的学校上班。她看到每天都会有人等在那里只买父亲的菜。一是因为这些菜种得实在太好，大家都说好吃，还有就是，父亲从不斤斤计较，卖给别人的菜总是超量，甚至有人多拿几棵，父亲也从不说什么。

远近的邻里对父亲的评价一直很高，而父亲的勤奋和智慧，对吴安鸣也是一种久远的加持。可惜，父亲76岁时就去世了，是在吴安鸣的怀里走的。父亲一生嗜烟，而且抽的是叶子烟。就因为抽烟，肺功能很弱，本可以通过手术多活几年的父亲因为不能使用麻药，手术没能得以实施，这成了女儿一生的遗憾。这也是她决不允许孩子抽烟进而打造行知无烟校园的缘起。吴安鸣说，每当她听到《父亲》和《酒干倘卖无》这两首歌的时候都会哭。

当然，吴安鸣说，教过她的老师对她影响也很大，感召着她走上以教为业的道路。她与70多岁的重庆师范大学退休的龚老师到今天还始终保持着亦师亦友的关系。

而影响她一生的还有书籍。书籍是上天送给吴安鸣最好的礼物。

因为对书籍的类型从不设限，因为阅读时间见缝插针，因为每天坚持做到且读且思考，难怪但丽萍说："吴安鸣比我们成长快得多。"阅读带来的远见让吴安鸣对未来的发展有着准确的预见力，也让她永远保持着充满活力的状态。正是与书为友，让吴安鸣能胸怀远大、志在千里，不畏艰难险阻、不贪眼前之利。伟大的思想就如此这般，经由一本本举重若轻的书籍，隔着千年、隔着万里，依然传递着，直至传递给今天的行知学子。

吴安鸣的短板

这个世上从没有完美的人，吴安鸣亦然。

首先，她毕竟是个女人，再有着远大之志，再坚持是非对错的判断，有时也难免会让慈悲优于严厉。就像韩晓、谭勇、熊祖国、程怡、但丽萍和杨中一等与吴安鸣打交道多年的行知老师所看到的那样，她"太人性化了""太仁慈了""给老师们的信任太多了些"。比如，学校里的公车谁都可以开，公事私事都能用，开多远都没人过问。杨中一以前在国企待过30多年，这对他来说难以想象。

再比如，有时候，因为家庭或个人原因，一些老师影响到了工作——像上课效果不理想——虽没明确的制度进行相应处理，但早已达成默契的行知文化却要求对这样的情况给出结果。可很多时候，吴校长总会认为这样的错误不是原则性的，她总会想到老师们是多么不易，老师们为教育事业牺牲了太多，便因此有意无意给予了包容。

其实，老师们都懂她，明白她的用心良苦，是像母亲一样去为大家着想。然而，当绝大多数人严格按照行知文化去做人做事时，却放弃对极少数人违规行为的惩处，或多或少，是会让人产生怀疑与动摇的。所以，但老师和杨老师都一致认为："制度化管理对于行知来说，其实也很必要。"慈悲优于严厉——这是就工作而言，如果再进一步，涉及个人性格，韩晓说："吴校长曾经是个高傲的人。"

两年里跟着母亲与吴校长一家在一起生活，使得韩晓看到了吴安鸣更多的生活场景："以前，只要是她看不上的人，她基本上不会跟那个人多说什么。她看不上那些修养差、阿谀奉承、不学无术的人，哪怕这个人是上级领导。她对于农民似乎有着天然的好感，尤其是勤劳朴实、脚踏实地的农民。后来随着年龄的增长，她明白的道理逐渐多了，心也柔软了，知道做人不能太强硬，多一分包容，就宽一分天地。这不是妥协吧！应该也是一种慈悲，是宽厚。"

说到吴安鸣的不足，柏狄迪是这样"批评"母亲的："她有的方面实在是太落伍。电脑一直不会，还不想学，她总是嫌麻烦；手机就固执地只用功能机。5S出来以后，是我给她买了一部，强行交到她手上，她才被逼着学如何使用微信的。她总说通过看书、实践来学习就够了，而我认为在移动互联网时代，书再快，恐怕也要落后一两年。关键是，不接触这些先进科技，怎么去跟现代年轻人沟通呢？"

原来，这个在外人面前一直勇于创新、不时会有大胆想法付诸实施的吴校长也有保守的时候，也会有看不到新鲜事物优点的时候，也会有不愿改变的时候！然而，这就是一个真实的吴安鸣。实话实说，为了找她的短板，向读者展示一个完整的吴安鸣，我们与不少行知人有过深入交流。面对着我们，大家憋着气，使劲地想了又想后，给我们的回答却是这样的。40多年的好友但丽萍说："哎呀，我是真的想不出来了呀！除了过于人性化的管理需要改变外，我真是想不出她有什么做得不好的地方。"20年前一起创业的杨中一说：

228

"吴校长是有做得不够好的地方，但若放到大局里看，这些不好的地方只是一些失误。她从没犯过原则性的错，所以，这些失误比起学校的发展，几乎可以忽略不计。"程怡说："她肯定有不完美的地方，但站在我这样的高度，还只能仰望她。仰望她，就看不到她的缺点。"

那么近的距离，那么久的相处，我们感受得到，他们是诚实的。不过，韩晓的话或许可以让更多没到过行知的人，多少理解得到吴安鸣在老师们心中如"神"一般的存在从何而来："她把自己定位成一个母亲，自然就是在做母亲对孩子做的事。当老师们像孩子对母亲一样看她时，他们就懂她了，也就能包容她做得不够好的地方了。她哪儿能有不做错事的时候？可当她做错的时候，有那份深厚的情感在那里，大家就几乎没有感觉到她做错了。"

在中国这片土地上，已传承几千年的文化基因决定了重要一点：比起西方的契约文化、价值理性，我们终究还是注重感情的民族。但这并不意味着不能成事，相反，拿捏好了，更能办成大事。

我问吴安鸣："你自认为哪个角色扮演得最不好？如果能够重来，你会怎么做？"她的答案是："是母亲。如果能够重来，我会花更多的时间，陪伴孩子们一起读书、一起学习、一起体验、一起成长。"

不过，凭着多年与吴安鸣打交道的经验，我对此多少有点半信半疑：她是一个家庭教育的放手论者，骨子里根深蒂固地认为孩子的生活终究需要孩子自己去面对。生活就是最好的教育，因为从根本上来说，教育的最终目标是实现人的自我教育。对孩子，她只希望这一天来得越早越好。

都说隔代教育是个大问题，吴安鸣解决得了吗？柏狄迪对母亲带孙子的方式颇为不满："孙子要什么她就给什么，还总提醒我对孩子不要过于严厉。"

"打过孙子吗？"我单刀直入。"没有，我怎么打得下去！反正，你以后当了爷爷就知道了！"吴安鸣坦白地说。

"你能做好隔代教育吗？"我追问。"我不行。"虽然犹豫了一下，教育专家吴安鸣举手投降。

吴安鸣的明天

行知教育走到今天，未来何去何从？有人说组织发展的关键，取决于其中的灵魂人物及其核心思想。本准备 60 岁就退休的吴安鸣，被稻盛和夫拍了一次肩膀："你办的教育不仅中国需要、日本需要、全世界都需要，你不能退休！"看到 80 多岁的稻盛和夫依然奔走于世界各地，吴安鸣说，看来教育就是她的命，她死的前一天，应该还在做教育。今天，行知的教育模式已引起了不少地方政府的兴趣：江西、海南、深圳……有眼光的地方领导已从招商引资转向招才引智。

在本书定稿之时，江西行知东阳中学迎来了开学的日子。吴安鸣说这辈子一定要办好初中，因为那 3 年正值孩子青春期，是家长常常感到最没办法，孩子的价值观最容易出现偏离的阶段。

虽有当地政府的大力支持和坚定教育改革的决心，但刚开始家长们还是将信将疑，生源流失严重，许多孩子也在观望。带队的韩晓什么也没说，带领几十位老师从彻底打扫全校清洁卫生开始，孩子们很快被感动，和老师们一起劳动。开学第一周，学校的环境、氛围、学生的精神面貌就发生了完全预想不到的变化，家长们被震撼，已转到外校的学生又纷纷转回来。人，特别是孩子，是可以被感动的，只要注入爱与行动。

现在行知育人的经验越来越娴熟，关键是最难的师资队伍也准备好了。扩张，就是全部吗？

"我的力量很小，难以改变社会对职业教育根深蒂固的成见。我一直有一个梦想，要办好优质的普通教育，因为孩子们最容易出问题的时期是在青春期，那才是我的真正强项。

"今天，人们越来越认识到，单纯的知识越来越容易获得，分数和一纸文凭不是最重要的。教育将会越来越开放，我们会与更多重视员工价值的优秀企业合作，同时逐步打通国外优质教育资源，完善行知教育生态链，让孩子们具有全球化的视野。更让我痛心的是，我见过太多的企业家面对子女接班问题时的痛苦。问题主要是子女价值观出现偏差，所以我们下一步的重点是帮助企业家和干部解决孩子的教育问题，甚至为他们量身定制培养计划。"

有人说，"现在的孩子是3年一代沟"，那么行知教育又将如何应对呢？行知老师们这样说：

杨中一说："现在的孩子信息量越来越大，但精神上越来越脆弱。"

韩晓说："现在沉迷游戏的孩子多了，眼睛里没有光、很冷漠，心关得很紧，越来越不容易被感动，不知道生命的价值和意义。"

肖开品说："孩子们吃苦和节约意识差了很多。比如原来的行知孩子会主动把洗衣用过的水储存起来用于冲厕所，会主动把喝完水的塑料瓶收集起来去卖钱，用作班费，现在的孩子不愿意这样做了。"

程怡说："现在的父母对孩子的溺爱多了，哪怕是农村的父母也有这个倾向。我们每年为期一个月的新生军训是为了锤炼孩子的意志，是相当关键的一个月，可现在，军训期间等在校门口的家长越来越多了，每天军训结束，校门一开，家长们就冲进来了，抱着自己的孩子亲。"

熊祖国说："现在的孩子普遍体质很差，男生缺乏阳刚之气，阴盛阳衰的趋势比较明显。"

谭勇说："现在的城市孩子普遍娇气、懒散，社会习气严重；农村孩子则是冷漠、无知、小气，普遍厌学。"

……

怎么办？有一天，我陪吴安鸣去长寿行知。一进校门，就听到正在军训的孩子们吼声震天。穿着军服、脚步匆匆的黎强老师正好经过，吴安鸣便询问起军训情况。黎强说，虽然训练辛苦，孩子们还能坚持。

吴安鸣反复叮嘱黎老师："一定要给孩子们讲清这个道理：社会越不苦，我们越要苦，否则，未来终究是要补课的。"

吴安鸣其人

"将来你的墓志铭会写什么？"我突然问吴安鸣。"她在国家千姿百态的教育改革、探索的浪潮中，给民族留下了一小朵浪花。"说这话时，吴安鸣望向窗外。

与吴安鸣9年间有无数次交流，其中给我印象最深的是她认为一所好学校的一个重要标志就是老师始终要以学生为师。

首先老师们用尊重老师一样的心态倾听孩子讲述他们的故事、讲述他们的生活、听他们的憧憬、关注他们的关注，尤其是课堂外的生活。先做好他们的学生，就容易成为他们的朋友，才能走进孩子的内心，就知道孩子身上的优势和弱点是如何形成的，根源在哪儿。在设计培养方式时，才有最贴切的事实依据，实施兼顾共性和个性教育最适宜的系统方案。

其次要感恩孩子，因为许多时候是孩子在促进老师成长。孩子对新生事物的好奇心强，接受速度比老师快，移动互联网时代，孩子的信息量比老师大，信息种类、获取信息的渠道比老师多，尤其是处于青春期的孩子，生理和心理突变，以主动学习的姿态与孩子交流，老师们更容易发现孩子的真正需求，及时发现教育教学手段的不当之处，及时调整，把孩子想要的、又真正有收获的课堂还给孩子。

吴安鸣还常说："爱学生不是用嘴表达，是用心、用行动表达，爱不是手段，爱更是目的。有真爱的教育一定会有好结果，没有好结果就不是爱的教育。这种师爱首先要有纯粹的'发心'，是每天教书育人，看似平凡日子中的'天职'；其次还要有爱的智慧，是每天的学习反思、吐故纳新中的深厚沉淀；再次还要有会爱的能力和方法，否则，这爱就是无效或低效的，甚至可能成为孩子成长的包袱和阻碍，成为他们厌学的理由。持续提升爱的能量是老师们一生永远都做不完的功课。"

行知的"爱法"终究是老师们用行动书写出来的。"育人是一项有遗憾的工程，老师们必须时时战战兢兢，如履薄冰。"吴安鸣说。也许这就是吴安鸣对作为一个老师的洪荒之力的最好诠释。什么是老师最好的修行，我想也不过如此吧。以孩子为师，或许每个大人都应该如此，因为：每个大人都是学习中的孩子，每个孩子都是成长中的大人。

"春蕾班"和行知妈妈的故事

"我一直忘不了那双大眼睛，和希望工程宣传画里那双眼睛一模一样，充满了渴望。"就这样，吴安鸣收养了14岁的孤儿柏雪伊丹。这是一个开始，行知260多名大龄孤儿新生命的开始。

从收养孤儿到创立"春蕾班"

柏雪伊丹、昊地、昊天和柏狄迪一样，是吴安鸣的孩子。只是，他们仨与吴妈是没有血缘关系的。柏雪伊丹和昊地是亲姐弟，伊丹4岁时生母去世，自此也再没见过四处流浪的父亲，俩孩子就一直辗转于叔伯家。直到初中，她遇见了吴安鸣。

2000年6月的一天，吴安鸣来到重庆城口县，在教室的一个角落发现了一双可怜而又充满渴望的大眼睛。于是问老师："那个孩子为什么不来报名？""她是孤儿，没交学费。"

那双眼睛让吴安鸣当晚就做了个决定：带这个女孩走，给她一个校园，给她一个家。16年后，伊丹不好意思地回忆起那次见面：

妈妈看到我的第一句话是："哎呀，怎么这么瘦呀！背也驼。女孩子驼背不好看哈！"那时的我，只有76斤，真的太瘦了。然后妈妈就问我家里的情况，最后问我愿不愿跟着她到重庆读书。我当时的反应就是：去重庆读书？哪儿有这么好的事？是不是骗我的呀！但我想，只要能离开这里，走出大山，能到重庆去就太好了，于是就回答说"愿意"。当时也没抱任何希望，想着这个阿姨只是随便说说而已。

离校时，她把50元"巨款"塞在我手里，这让我讶异。有生以来，第一次有人对我这么慷慨。然而她走后，自己内心只是把她当成"只是个好心人，她只是随口说说"的我，很快就把她和去重庆的事给忘了。

后来妈妈告诉我说，那时我给她的感觉是很冷漠，是这个年龄的孩子不该有的冷漠。我明白：没有爸妈的孩子，有那种状态也许才是正常的吧。不久，真的从重庆来了位刘老师——他是妈妈派来接我的！

太意外了！我不敢相信这是真的，直到坐火车到了重庆，到了妈妈家后，我才确信那不是在做梦，妈妈不是在骗我，是我真的可以有个家、又可以读书了！刚到重庆，我水土不服，没多久就生病了。本来身体就不好的我这次病得不轻。妈妈专门带我去看一位老中医。为了我的营养，本来每天在食堂打饭吃的妈妈，就开始不怕麻烦地自己在学校做饭，给我开小灶，再加上天天喝她给我熬的中药，来重庆的第一个月，我就长了足足18斤。她对我都这么好了，我却还是很冷漠，一副无动于衷的样子，还经常"丧着个脸"，一看就是个不快乐的人。

我知道，好多人都会觉得，孤儿应该是最懂感恩的，别人给予的一点点好都会让他们感激涕零，其实这是错觉。因为身份，很多孤儿的自卑、自私仿如与生俱来。妈妈完全知道我是怎么想的，也不说什么，该关心时关心，该要求我时也会很严厉。她看我什么家务都不会干，就一点点地教我。一有空，她就会拿出自己和爸爸的衣服，给我示范怎么洗。她说男娃儿的衣服领口和袖口容易脏，要注意多洗洗，女娃儿的内衣裤要天天换洗，要爱卫生。妈妈给了我足够的耐心，到这个家后，我的自私和自卑足足用了 5 年时间才被彻底扔掉。

这 5 年里，发生了太多的事情，给我印象最深的，是这么两件。第一件是我刚到先锋街的时候。9 月的重庆，天气热得要命。开学军训，妈妈特别"照顾"我，专门吩咐："把她分到最苦最累的战术表演方队去！"看看自己这副小身板儿，想想那尘土飞扬的操场，我全身骨头就生疼。操场上响起一声比一声紧的集合哨音，我认命地从座位上跳起来，和同学们一起，以最快的速度跑进队伍。"匍匐前进""卧倒""后方发现敌情"，10 分钟不到，已经脏得分不清谁是谁了。

第二天的训练，我依然心不在焉，频繁出错，教官毫不留情的批评让我当场哭了个大花脸。也就是那天中午，我来行知后第一次见到如此严肃的"吴老师"。她问我："方队的其他同学都能坚持，你为什么不能？"我回答说："我身体不好。"

妈妈训斥我说："你首先想到的是要照顾，从没想过自己去适应！遇到困难就想着放弃。既想让妈妈不失望，又想着能吃最少的苦来获得最大的收益，这世上有这么便宜的事吗？先就给自己设置了一个坎儿——'这事儿我坚持不了'，怎么就没换个'我一定要坚持下去'的想法呢？"

是啊！为什么人家能坚持，我就不能呢？后面的训练我都很努力，一直坚持到最后，还被选为领队了。后来，妈妈还对我说过："安逸的生活我可以给你，让你吃最少的苦。可是，这样的生活不会让你成长，苦辣酸甜你都得自己去感受，该你走的路，别人无法替代。"

另一件，是在行知学习了一段时间后。那段时间，我做什么事总会先想："我不行！"妈妈发现我没什么特别爱好，就"命令"我去学葫芦丝。我的第一个反应就是："葫芦丝？我肯定学不会！"

平时回家后本该练习练习，敏感多疑的我却开始东想西想："我吹得多难听啊！妈妈肯定会笑我！"有了这样的想法，不清楚的地方我也不敢去问老师，总觉得："这么简单的问题都要去问，多没面子啊！"

结果，葫芦丝我终究没学会。那段时间里，不只是学葫芦丝，做其他事也一样，特别在意别人对我的评价。事情来了，只会被动服从，还尽力逃避责任。

看着我这副模样，妈妈的那个急！表扬、批评、激将，能用的方法都用了，而我的回答似乎永远都只有5个字："我就这样了！"妈妈一看，没办法了，狠心下了一剂"猛药"——有一次，我又开始逃避，她便当着众人的面，严厉又直接地指出我的缺点。

刚开始我恨不得找个地缝钻进去，心里排斥、埋怨，一点儿都不理解："妈妈怎么能当着这么多人说我！我以后还怎么做人？我真有这么差劲吗？"连着好几天，我都不敢抬头看人，总觉得别人都在看我笑话。

几天后，我收到妈妈给我的一本书，翻开封面，熟悉的字映入眼帘。

赠丹儿：

送你这本书，就想你带着思考去读，带着体验的情感去读，读了后要去做，要能干起来。你已不是小孩子了，不能老让别人带着你工作，带着你思考，你要思考在别人的前面，走向自发自觉。

妈妈对你寄予的希望很大，一直都想培养一个能干得像自己一样的女儿，可你总是害怕困难、甘于懒惰、不愿动脑，所以也就一直被动，习惯听指挥，习惯不去主动思考。

妈妈一直不理解你为什么懒得思考，连小事都想不到；你若勤于思考，一定会聪明！要多看书、多思考、多做事，三者结合，你才能能干起来。你要坚持，不要放弃！要知道，一个人最可贵的精神就是勤奋、坚持和自律。

妈妈其实很关注你，也很爱你，多想你能争气啊！

捧着书，将妈妈写的话看了一遍又一遍，内疚与自责早已替代心中的埋怨。此后，每当我做事犹豫不决的时候，我就想："有什么比在大会上挨批评更丢脸的事儿呢？这不算什么。"

渐渐地，我脸上的笑容多了起来，因为我终于明白了妈妈的话："不要只站在自己的角度去想事情。那些'我认为、我觉得'是多么地狭隘！"妈妈还对我说："以前轻声细语的教育，对你一点触动都没有，给你这'雷霆一击'，才可能改变。你越怕丢人，越自我封闭，就越找不到快乐和幸福，你心里的问题就会越严重。"

后来学校老师开会、学习，妈妈依旧会拿我犯的错误当案例分析给大家，可我心里再没了当初的埋怨，只会想："这件事情原来我错在这里呀！"这时，妈妈又会笑话我说："你的脸皮越来越厚了。"有时也会听到妈妈小有抱怨："丹儿啊，妈妈教你比哥哥难十倍都不止。"但我知道，她是高兴的，高兴我终于还是走出了自我囚禁，丢掉了与生俱来的自卑，拥有了一份阳光心态。

2016年初到学校采访时，伊丹已是一个孩子的妈妈，肚子里还怀上了一个。她的先生刘建军也是学校的老师，一家人和公公婆婆住在一起，其乐融融。伊丹爱笑，笑起来又甜又美，还很温柔；说话速度不快不慢，也很自信，没有一点儿她所描述的当年自己的影子——要不是妈妈，现在的她也许真是个不快乐的人。即使有了家，带给孩子的，也是一样的不快乐。一个好女人真是幸福三代人啊！是妈妈，改变了伊丹，甚至改变了伊丹孩子的命运。

因为靠收养帮不了太多孩子，于是决定办班

很快，妈妈又把伊丹的亲弟弟昊地接回家，接下来就是昊天。三个孩子的名字都是妈妈给起的。柏雪伊丹跟着爸爸姓柏，妈妈说，这个名字就像是白雪皑皑中的一抹红，很有诗意。

而昊地和昊天姓昊，其实是从妈妈的吴姓改来的："吴"字是"天"上面有个"口"，"昊"字是"天"上面有个太阳，寓意他们的未来会更高远，希望他们比妈妈做得更好。昊地心气儿高，妈妈希望他踏踏实实做人，要像大地一样沉稳；而昊天虽学习成绩十分优秀，可还是有些过于谨慎，放不开自己，妈妈希望他能像天空一样广阔。4 个孩子之间，十多年来从未彼此计较、分过你我。

照理说，吴安鸣已经做得很好了，可她还一直挂念着更多孤苦无依的孩子。一个小小的家，实在帮不了他们。当时，相当一批 14 ～ 17 岁的大龄孤儿初中毕业后就会失去免费教育的机会，可又不到法定就业年龄，等待他们的通常只有两条路：一是当童工，二是在社会上流浪甚至去偷盗——这两条路都不好。于是吴安鸣又给自己找事儿了："那就在行知办个孤儿班吧！"

从 2001 年到 2008 年，行知共帮助了 260 多名大龄孤儿和因"5·12"地震流离失所的少数民族孩子，平均每年一个班。这些孤儿的吃、穿、用、生病治疗、学费、书费等，全由吴安鸣资助。行知孤儿班的正式名字叫"春蕾班"。像春天里的花蕾，带着美好，

承载着无尽的希望。

　　和其他班相比，"春蕾班"会多上一门心理辅导课。从柏雪伊丹开始，吴安鸣就发现孤儿的性格和普通孩子不一样：冷漠、孤僻、不爱与人交流、自卑感强、爱撒谎、随意拿别人东西、欺负弱小等。吴安鸣说："一方面他们被社会的同情纵容了，同时也被社会的冷漠忽视了。没人正确引导他们，他们没从父母那里得到爱，甚至连一些最基本的生活常识都没人教：怎么做家务？怎么做好个人卫生？他们连'谢谢''对不起'这样的话也根本没概念，不懂得顾及别人的感受，想做什么就做什么。可到了学校，远近的人都知道他们是孤儿，觉得很可怜，就同情他们。拿人家东西了，在学校和同学打架了，明明都有错，或完全是他自己不对，老师就会说，'哎呀，人家是孤儿，算了算了。'也就不批评、不惩罚了。久而久之，他们的思维就和正常家庭里的孩子完全不一样了，都是十几岁的人了，再不教，一旦到社会上就来不及了。"

　　分析完他们的成长环境后，吴安鸣意识到心理辅导势在必行。但即使开了这门课，吴安鸣却也从不敢放松，她一直坚持亲力亲为，尽可能用自己的言行去影响每一个"春蕾班"的孩子。

　　吴安鸣曾讲过一个故事给我们留下了深刻印象："有一年，我们接收了一个许多学校都不敢收的14岁女孩。她有多次违法记录，多次逃跑，多次被警察找回。再一次被找回时，关心这个女孩的人征求我的意见，问我是否愿意给她一次机会，如果我不接收，就只有送少管所了。我答应试一试。当我把她带回家时，闻到她身上严重的恶臭味，就让她好好洗个澡，洗完澡后，我就给她洗衣服。洗她内裤时，我都恶心到呕吐。她的内裤又臭又黏，我用了8次肥皂才勉强洗干净。看着我洗完她的衣物，她毫无半点儿谢意，更没有感动，竟然熟视无睹地坐在沙发上看电视、吃水果。很快，我发现她不仅有许多不良的社会男性朋友，还发现她在校内随意拿别人的钱物，到处借钱，社会人士资助给她的 1000 元生活费完全不够用。后来带她去医院，检查出更严重的问题。连续医治的几个月里，老师们天天陪着她去医院，直到痊愈。就是这么个女孩，还是变得越来越好。当然，老师们也为她付出了太多太多。让我欣慰的是，她终于在我们学校坚持读完书，身心健康地走上了工作岗位，成为一个能独立生活的好人。"

为了收集"春蕾班"的素材，我们曾和行知老师有一次座谈。有位老教师提起她的亲眼所见：有个冬天，吴安鸣看到一个孩子冷得发抖，就把她叫过来，一摸孩子的裤管，居然只穿了一条单裤。吴安鸣马上跑到厕所，脱下自己的棉毛裤交给孩子，命令她赶快穿上。

"春蕾班"里动人的故事太多，很多当事人如今分散各地，我们难以得到第一手资料去直接感受那份"不抛弃、不放弃"的坚持。幸运的是，对其中 7 位自身条件稍差的孤儿，吴安鸣担心他们走上社会后受歧视、不幸福，就把他们留在身边，其中有 3 位刻苦钻研技术，已成长为能挑大梁的老师。

第一届"春蕾班"有个女孩儿叫刘宗来，现在长寿行知后勤部工作。宗来的生父母在她出生后就把她遗弃，幸运的是，养父母对她非常好，家里条件虽不好，却什么好吃的都给她。然而遗憾的是，两位老人年龄偏大，和宗来在一起的时光毕竟短暂，13 岁时养母去世，15 岁时养父去世。

在跟着叔伯生活的日子里，刘宗来才得知养父临终时没人在身边，痛得滚下床；她被婶婶催着放弃学业外出打工；她为了读书回老家找户口才发现家里的户口本和财产都被亲人藏了起来，这一切让她愤怒到了极点。所以她不再相信他人，开始用灰色的双眼审视这个世界，心里阴影越来越大。回忆起过往，宗来甚至数度哽咽。宗来还特意写过一篇文章，回忆往昔母亲对自己的爱。

妈妈，您的爱很特别

都说时间如流水，转眼就到了毕业。那时心里好激动，因为终于可以有一份工作了，可以自己赚钱养活自己了。可盼了很多天，看着同届的兄弟姐妹都有了一份属于自己的工作，却怎么还不安排我呢？我开始有点儿按捺不住了：妈妈到底是什么意思呀？

我这点儿小心思可瞒不过有"神通"的妈妈。您把我叫到面前，对我说："只管做好自己的事，你的工作我自有安排。这么浮躁，一点都沉不住气，怎么出去工作啊！"于是我想，暂时不让我出去，一定有您的原因吧。

不久后您找到我，让我跟着后勤部的老师好好学习，这是意味着我可以留校工作？这天大的好事，我可是想都不敢想！以我的表现，根本就没有资格留在学校。您再一次找到我，耐心跟我说："你这孩子脾气差，又不懂为人处世，出去工作不知道要吃多少亏，我怎么忍心呢？还是把你留在身边放心点。"

听到这话，我感动得无以复加。我要怎样来报答您，妈妈！于是我暗暗下定决心，一定要把工作做得有声有色，绝不辜负您对我的信任和期望。

可是，因为我的脾气大又不会说话，工作后真的开始不断与同事闹矛盾，为此我很苦恼，不知道要怎样才能继续下去。内心彷徨无助时，我首先想到的就是妈妈，因为您说过，就算是天塌下来了，有您给我撑着。当我把苦恼告诉您后，您这样对我说："你在工作中为什么会出现这么多问题呢？那都是因为把自己看得太重了！做事情首先想到的是自己，心胸狭隘，老觉得别人在针对你。你要学着去看别人的优点，少计较、多做事、多看书、多学习，这样坚持下去，你才能进步啊！"我按照您的话老老实实去做，果然与同事的关系开始得到改善。

回想过去的这些年，自己成长得很慢，我很内疚，辜负了您的期望；同时，我要深深地感谢，感谢您的耐心，给了这么长的时间，等待我的成长。您为我的孩子取名"语灿"。我明白，您是希望她不要像我一样不会表达、不会说话，而是要用灿烂的语言成就灿烂的人生。您还教会了我对孩子不仅要给予身体上的照顾，更要让她拥有健康的心灵。妈妈，我会以身作则，给语灿以关爱，而不是"溺爱"——这才是比天高比海深的爱，我会好好把这样的爱传下去。

宗来和伊丹性格完全不同：伊丹温柔内敛，宗来豪爽外向，两人却都是一样的真诚热情，随和开朗。在学校食堂仅吃饭两次，宗来便和我熟络起来，忙不过来的时候还一点儿不客气，让我照顾下她的宝贝灿灿，根本看不出她曾是个讨厌所有人、对世界充满抱怨和敌意的人。实际上，这让我觉得她对人、对事抱有一份信任和亲近，她已对世界放下了不应有的防备。

这样翻天覆地的变化，在"春蕾班"里的孩子身上，比比皆是，不足为奇。就像瘦弱又有些不自信的邓绪兵。懂他的吴妈妈特意安排他到位于山中的学校苗圃去管理梨树，每年收获的梨子也是给老师们的一大福利。

听邓绪兵讲照顾梨树和梨子的故事，让我想起客户对木村秋则种出苹果的惊叹，"这种苹果居然不会烂，可能凝聚了种植者的灵魂……"山里的几年，喜欢安静的邓绪兵得到了心灵的释放，他开始深思熟虑规划起很多人生的问题，包括婚姻大事。他甚至做出了几头牛都拉不回的决定：他要找个行知毕业的女孩子，在行知安家，只有行知的一切才最适合他。很快，全校老师总动员，为他的终身大事操起心来。经过许多波折，绪兵如愿以偿，他在行知结婚、安家。

"春蕾班"的好多孩子，谈恋爱、结婚，和伊丹三姐弟一样，都会由妈妈把关。妈妈看人很准，也很果断，但从不专断——她会把自己对人的判断全盘告诉孩子们，让他们自己参考抉择。她从不坚持要"拆散"谁，她要给他们自己经历和承担的时间，她深知："成长是自己的事，没人能代替你去经历，去感受。"

看到这样的大龄孤儿还不少，学校自身能力也是有限，为让他们能继续接受教育，作为市政协委员的吴安鸣写了一份提案，建议用政府资助的方式，让所有已完成义务教育的孤儿免费上职高，这一提案最终被采纳。现在，孤儿们又有了继续升学的机会。

而那些有缘与行知同行的"春蕾班"孩子，无疑是幸运的。在这里，他们得到了全面的教育，身心健康发展。一个人只要有了积极阳光的生活态度，便没有什么困难能压倒他，就算是最普通的劳动者，也会是快乐而幸福的。

"5·12"后的藏羌地震班：越难越能磨炼灵魂

2008年汶川地震后，为让灾区的藏羌孩子能继续接受良好教育，吴安鸣又开设了"地震班"。其间，32个孩子除了一个藏族女孩因为结婚、另一个羌族男生因特殊原因而放弃学业外，其余30个孩子都是一起毕业的。这样的一份成绩，让与民族地区人们打过交道、明白个中甘苦者，都深知来之不易。

"地震班"里的孩子太特别——他们挑食、不洗澡、不做作业、抽烟、酗酒、随身带刀，对他们眼神、语气稍有不慎，惹怒了一个人，一群人便拔刀而上。太多的事有时让吴安鸣的忍耐都到了极限。

吴安鸣记得有一次，她跟一个藏族男生聊天，问他周围的人他最崇拜谁，男生不假思索地说："我们村里的谁谁谁。""为什么崇拜他？""因为他好有钱啊！""他怎么那么有钱？""贩毒的。""不知道贩毒是犯罪吗？""犯罪有啥，只要能挣钱。"

看来，事情还得一步一步来。这个班由具有丰富经验、多才多艺的薛副校长任班主任，当时还在校长岗位上的吴安鸣做副班主任予以全力配合。

首先，尊重和接纳他们。吴安鸣以此做专题给全校师生讲素质课，讲这批孩子失去家园、失去亲人的痛苦，讲他们的民族习惯，讲多元文化的价值，讲如何与他们相处，讲他们的优势和特长……讲到高潮处，吴安鸣直接请这批孩子上台表演。藏羌孩子的多才多艺让大家大开眼界，他们自己也找到了存在感。

后来，几乎每个孩子都参加了学校多样化的社团，让他们在发挥自身优势的同时，也进一步了解到汉族孩子的行为习惯。学校鼓励他们平日在校园里就穿上民族服装，吴安鸣还特意引导汉族孩子们，在校园看到他们的时候，要带着一种欣赏和羡慕的眼光。

其次，营造家的氛围。吴安鸣动员每位老师认领一个孩子，平时多关心帮助，节假日带到家里一起做好吃的，一起玩耍，教他们一项汉族孩子特有的兴趣或技能。比如薛校长，就教他们葫芦丝，孩子们学得特别来劲。

再次，孩子影响孩子。"春蕾班"的高年级学生，与这些少数民族孩子年龄相近，经历相仿，他们应该是很好的沟通桥梁。作为亲历者，当时"春蕾班"班长、现在轻工学院负责后勤工作的周春花是这样回忆的："洗澡的问题，我们也做了很久的工作。先跟他们讲不洗澡会滋生细菌，还有直观的图片展示，他们就懂得了不洗澡的害处。然后我们这边安排同学督促他们，教他们怎样打香皂、用沐浴露。慢慢地，'地震班'的孩子终于有了定期洗澡的习惯。因为是同龄人，我们之间交流起来就更容易放得开，也不会有什么保留。少数民族孩子本来就很坦率，我们了解的情况也很深入，能自己解决的，就自己完成，不能解决的，我们就汇报给老师，一起来找最好的解决办法。"

毕业时，这群孩子全都选择回到家乡，有的考进当地政府部门，有的到歌舞团去表演，还有的自己创业，用地震后的优惠政策开了自己的店，发展都很平稳。回顾那段岁月，吴安鸣直言不讳地如此形容："我那可是整整熬了两年。责任太大了，可我也为他们能从行知毕业感到高兴。"

那两年，即使在外出差，吴安鸣打电话回校一定要过问的一件事情是：这群孩子又出什么事没有？事实上，明知责任重大、任务艰巨，吴安鸣还是愿意办起这个棘手的班，两年的时间里，只有付出，没有收益。作为一校之长，她所担负起的使命和所经历的殚精竭虑，唯有亲历，方知冷暖。

既然命运安排我们成为了团队的领导者，便是使命加身，岂可轻易说个"不"字！不说"不"，就意味着敢于承受孤独和误解，意味着即使自己的神经已绷到极限也还要不断鼓励和自己并肩奋斗的人——作为领导者，我们就是所有人的灯塔，就是所有人的支柱。

"使命感"，真是个神圣的词。你若真的有了它，将无坚不摧。我还注意到，说起这些经历时，吴安鸣虽有感慨，可还是一如既往地轻描淡写。与她交谈时，她会描绘一些事件的经过，然而我发现，一说起自己的感受，她总是一笔带过，从不说自己有多么不易。可我们还是能想象出她的压力是多么巨大——民族问题一旦解决不好，很可能引发政治问题，这样的压力，怎么可能是如今的一句"整整熬了两年"便能概括的呢？无数个不眠之夜，无数次有惊无险，她和团队得有多大的承受力！

她的这颗平常心让人钦佩。使命感、平常心是为深沉厚重之人所必需的品质，古今中外，概莫能外。

"春蕾班"毕业了，"地震班"也归乡了，爱却从未消失

今天的行知还有一群特别的孩子。虽然"春蕾班"和"地震班"都已毕业，学校对这群特殊孩子的关怀，却成了这种爱的延续。

这群孩子有的患白化病，有的身材矮小，有的未成年失足，或是有各种残疾。在外面的世界看来，他们是怪人，是弱势群体。

然而，在行知，他们没什么不一样，就是最普通、最快乐，知道自己该做什么的孩子而已。小隆是个白化病男孩，2015年9月才进入行知，可2016年年初，他就组织起了街舞社，还是社长。现在他越来越活跃了，学校每半个月一次的"周末转转转"晚会上，他都会和一帮队友们跳街舞。说实话，我不觉得他跳得有多好，有很多动作不到位且力度不够，表现力也有所欠缺，可他依然打动着我，那是因为他身上所散发出的那股气息，让我看到无法阻挡的自信。

我记得2015年11月第一次见到小隆。和他交流时，他很拘

谨，说话会脸红，回应问题也不太主动，很多时候是问一句答一句，没有太多主动表达的意愿，而这些表明，那时候小隆是不太自信的，他还背负着太多来行知之前的影子。短短5个月时间过去，再见他时，他居然敢主动报名登上学校舞台唱一首陈奕迅的《梦想天空分外蓝》，也就是从那以后，便开始经常看到他跳舞了。小隆的眼睛因白化病的原因，天生高度近视，到现在我都很难看清他的眼神；可即便如此，他平时的言行已初具沉稳，不似以前那样放不开了。

和小隆类似的，还有超级爱笑、笑容特灿烂，虽然有雀斑，可雀斑让她更加呆萌的矮小症女孩儿蓉蓉；生来缺少右眼、右脸下陷，却喜欢武术且功夫了得的小熊；还有江江、小梅……他们虽不及小隆出众，却用不同的表达方式传递出一样的自信和上进。

在行知，只要他们愿意，从来没什么不可以。行知，如同一个开放的社区，平等、尊重，允许多样性，接纳多样性，因此才能如此生机勃勃，日新月异，成就不朽传奇。

"问渠那得清如许，为有源头活水来"。"其间，你觉得最难的是什么？"我问吴安鸣。"唤醒他们冰冷的心。"走过这段路的吴安鸣告诉我的还是那个原点，"这些孤儿和特殊孩子的心都像是上了锁的大门，任你再粗的铁棒也撬不开，唯有发自内心的师爱温暖到他们的心，才是开锁的钥匙。这过程虽艰辛漫长，但每每看到那双双小眼睛里的泪水就足以使我成为世上最富有的人，我觉得，过去那些为他们操心奔走的日子都是值得的。"

行知，因领悟了爱的真谛而能从心灵深处去唤醒孩子们蕴藏的能量，而这样的唤醒过程，又岂是这篇万字小文所能尽述？我们只能从这些故事中去想象其中的矛盾、反复，其中的相互观察、研究、对抗、释然和跟随，那些更深的体悟，只能是亲历者们的冷暖自知。

　　而我们需要做的，也许应是：借这一粒沙，了解这世界爱的模样。

良知政绩

2016 年 1 月 30 日，我原本去参加好利来新员工在行知长寿校区的入职教育结业典礼，偶然旁听到吴安鸣校长给老师们开会。会议就讲了一个主题：吴校长倡议老师们一对一帮扶重庆市未成年管教所的"三无"青少年罪犯（注："三无"，指无上账、无通信、无接见的孩子）。

吴校长讲了此事的来龙去脉。原来她刚参加了团市委组织的"预防未成年人犯罪"座谈会，会上听到重庆市未成年管教所负责人的这样一段话："未管所现有 700 名少年，其中 630 名是有家长看望的，社会爱心人士一对一帮扶了 23 名孩子，现在还有 47 人无人看望。这些少年如果现在感受不到来自社会更多的关爱，将来很可能又会走上犯罪道路。"未管所负责人还列举了许多相关案例。

不久后——也就是这次教师会议的前几天，吴校长受邀到未管所给几百名孩子做了 3 个小时的报告。教师会议当天，吴校长对老师们说：

"从眼神里，看不出他们天生就是该犯罪的。最初本来想选几个人由我个人来帮助他们，但看到这些孩子，每一个都让人心疼，无法舍弃，所以我最终决定由我们的老师们将他们全部认领。15 岁的孩子都还来得及，他们需要一个好的引导，出来后能读书的可以来学校读书，不能读书的在学校过渡过渡就帮忙安排工作。关键是在这期间，如果我们能够经常去看望孩子，让他们心灵上有个依靠，感受到社会还有爱。大家在做教育方面都很有经验，多引导引导，推荐好的书籍，成为孩子的心灵导师。他们从小就是犯人身份，如果没有感受到爱，走出社会又如何去爱人呢？我们多帮助一个孩子，未来监狱里就少一个犯人，社会也就少一个破坏者。这对我们来说即是积德行善，也是在修炼自己。我是一个对所谓政绩不感兴趣的人，我想我们的老师也一样，但我们做这件事，是一种良知政绩，会在我们的灵魂档案里记上一笔。"

吴校长的一番话直击我心。2016年2月19日，春节刚过，我有幸跟随吴校长及行知老师们一同走进重庆市未成年管教所。有生以来第一次来到监狱，带给我的是深深的震撼。高高的围墙、冰冷的大铁门、高压电网把这里与外面的世界彻底隔离。未管所旁郁郁葱葱的树木，鸟语伴着花香，和他们隔得那么近，却又离得那么远。

这天是探访日，也是未管所欢庆元宵节的日子。偌大的礼堂，张灯结彩、五光十色，若不是那剃光的头、统一的囚衣，我完全看不出这是在监狱里。探访日，难得的亲人团聚。因为有庆祝元宵节的表演，孩子们就和亲人一起在礼堂相聚。尽管难免有些苦涩，有人来看望的孩子总还是幸运的。至少，还有人关心着他们，愿意为他们付出。

可那些没人看望的孩子确实可怜。我注意到一个很青涩、干净的小男孩，放在"外面"，你根本想不到他是未管所的孩子。跟他说话时，他一直埋着头，手指不停地搓动着。短暂的交流后，我知道他今年16岁，父母在外务工，爷爷又管不了他。因为无聊和伙伴的唆使，就跟着别人一起去抢劫。这是多么幼稚荒唐的缘由啊！换来的却是两年半的铁窗岁月。短暂的交流中，无意间，孩子说了一句话："如果我在读书的时候就能遇到吴校长和你们，那该多好啊！"一句简单的话却深深刺痛了我。

元宵节的文艺演出精彩纷呈。既有让人捧腹的小品，又有酷炫的舞蹈、精彩的魔术、动情的演唱。从主持到表演，全由这些曾经犯过错的孩子亲自上阵。如此多才多艺、充满朝气的一群孩子，若不是亲眼目睹而今的模样，我是绝对无法相信他们有过那样的曾经。

"我想哭，却流不出眼泪；我想喊，却发不出声音；我愿意，抛弃我的所有；如果能，时光倒流……"一曲《时光倒流》唱尽多少悔恨之意，欲哭却无泪。

"我要像梦一样自由，像天空一样坚强，在这曲折蜿蜒的路上，体验生命的意义，在这艰辛放逐的路上，点亮生命的光芒。"——3个小男孩对自由的呐喊又是多么地强烈。

既然时光无法倒流，要做的就是告别昨日，那就重新出发，带着光明与爱驶向未来吧。表演结束后，吴校长受邀上台发言：

"我们一定要明白：不是孩子想变坏，他们的今天，是因为缺少关爱、教育和正确的引导造成的，其中家长负有主要责任。家长给的爱要么太少，要么太多，所以才让他们走到今天。这里是孩子们的监狱，更是家长的学校。孩子在改造的时候，家长也要主动改造，孩子学习的时候，家长也要学习，家长也要成长。否则，孩子出去以后家长还是没有教育能力，就无法引导和创造好的家庭教育氛围，孩子很可能又会重蹈覆辙。我帮扶的一个孩子告诉我，6年了，没一个人来看望他。我听后心里特别心疼这些孩子。在我眼里，他们也是一个个生命，他们应该得到关爱、受到尊重，也能成为一个好人。今天我带着几十位老师过来。在此向未管所提出申请，今后所有'三无'的孩子们都交给我们来看望。我们愿意成为孩子们的家人，和他们一起成长。因为他们走到今天，除了家长有责任，学校也要承担重要责任。为了所谓的成绩排名，我们就只喜欢成绩好的孩子，边缘化成绩不好的孩子，忽视他们。教育必须去承担与国民素质同步提高相适应的责任，我们到这里来跟孩子们一起学习、一起成长，因此，我希望我们的老师能做一些不一样的教育，用真爱真情，用真教育来对待孩子们，因为我相信在这里的孩子们只有得到了爱，他们出去后也才有能力爱别人。"

吴校长言辞恳切，每一句话都质朴简单，却打动心灵。今天，吴校长和老师们带着爱与责任而来，带着对生命的敬畏而来，带着良知而来。而未来，行知老师们将引领孩子们在阅览室与沁人心脾的书香结缘，帮助他们在行知学习一技之长，在文艺精品的赏析中滋润心灵，还会借一次次心与心的链接来帮助他们树立正确的人生观、价值观，挥别昨日，重新拥有新的活法。

唯愿高墙里的孩子们不再感到孤独，只要相信这世界还有爱，还有这群行知亲人，他们就有光明的未来。

下面是部分长寿行知老师此行后的心灵触动。

（一）王燕老师

在学校，我也接触过一些由司法部门送到学校来学习的孩子，学校也一直坚持帮助他们获得继续学习的机会。我有幸和家人们一起走进未管所，当高大冰冷的铁门打开那一刻，我看到了一双双清澈又迷茫的眼睛。昨天，在和结对的孩子交流后，有几个问题一直在脑海里挥之不去：

1. 家庭教育是影响孩子发展的重要因素，我们如何在教育过程中更好地与家庭联系起来？

2. 怎样有效引领这样的孩子学会用正确的思维方式去面对未来的社会？

3. 我们当下的教育如何赋予孩子持续成长、持续发展的能力？

4. 孩子们现在的社会信息量太大，由于缺乏正确的判断基准导致他们误入歧途。我们该如何提升自我才能更好地应对孩子们所遇到的问题？

（二）胡朝兵老师

和各种各样的学生接触过，却从未与未管所的孩子离得这么近。听说他们都曾杀人放火，所以好奇心驱使，就想仔细看看到底长成啥样。可是，坐在我身旁的一个男孩儿却显得有些胆怯：我主动跟他说话，他却不敢直视我。可就是这双怯懦的眼睛，分辨不出朋友的好坏——在朋友的多次抢劫中，他就是用这双眼睛为朋友把风，结果把自己给"看"了进来。

他刚进来不久，正在感受着法律的威严。在交流中，我问他现在的愿望是什么，他用稚嫩的语气告诉我，他想他妈妈了，可他妈妈却从未来看过他。回学校后，我辗转了解到这孩子的身世：他妈妈是轻微的精神病人，十几岁便有了天天被打骂的第一次婚姻，后来又被卖给宁夏一个单身老头然后生下了他，可在他4岁时这位老父亲便撒手人寰。妈妈只好带着他逃回外婆家。妈妈整天东跑西跑，神情恍惚，孩子就是在这样缺乏有效教育和正确引导的环境下混迹社会，最终走进未管所的大门。

记得当时有人给我们送糖醋排骨过来，在他的劝说下我拿了一块，一滴油滴在了我的裤子上，他马上掏出纸给我擦掉。毕竟是孩子！依然如此善良。谁来为孩子的成长埋单呢？其实人都有善良的一面，这个孩子的家庭没能力在其成长过程中给予他真善美的食粮，所以才让社会上的假恶丑乘虚而入。

孩子就是一面镜子。感恩学校给我这次接受教育的机会，我会好好珍惜。

（三）章力巾老师

看着孩子们的元宵汇演，说心里话，真是一场不错的演出。动感的街舞、精神抖擞的武术、搞笑的小品……使我目不暇接。我不敢相信，台上的每个孩子手上都沾过鲜血！他们是多么地投入，多么地有活力！但是，他们如今却在这里。

过程中，我一直在思考：他们与外面的孩子，真有什么不同吗？一念既可成佛，一念亦能成魔。正是在一件件"微不足道"的小事上，他们的一个个起心动念就慢慢地毁掉了自己。也许是不经意的一次机会，让他们暂时地"走了捷径"，也许是一种欲望，被压抑已久，却不正当地释放。如果没有人去及时制止、引导，那么每一次的侥幸就为下次更大的错误埋下了隐患，而这些不定时炸弹会随时随地引爆。

家长和老师是孩子成长路上接触最多的人，我们要在与孩子共同成长的时间里及时找出思想隐患，第一时间铲除并种下良善的种子。

（四）刘建军老师

"人生最大的痛苦莫过于失去自由！"

［看］：未管所这些正值大好青春的孩子，通过表演展示，能看出他们很有才华，应该有美好的人生，但不懂得珍惜，为了一己之

私、一时的痛快与风光，置他人的生命与利益而不顾，结果误入歧途，给社会造成了巨大的损失。

[听]：在没有一对一交流前，我觉得他们好可怜，但听了我帮教的那个孩子讲述的犯罪经历时，我觉得他好可恨。不过听他讲到这几年来他的改造过程和对未来的打算时，觉得还有救。于是给他最后服刑这两年提了几点要求，同时帮他分析了他的人生目标和未来的规划，让他明确方向。

[悟]：少年犯的犯罪原因是无视法律、意气用事、草率、没有责任感、没有文化。由此才酿造了他们今日的悲剧，遗留下无尽的悔恨。作为老师，我的责任不光是传授知识，最基本的是要教会学生学法、懂法、守法，然后努力去做一个对社会有价值的好人。

[望]：希望他们迷途知返，争取早日回到正常的人生轨迹，"告别迷茫的昨天，迎接希望的明天"！

（五）黄涛老师

这是一次灵魂洗礼之旅。从进入监区的那一刻我首先想到的词是"deadline"。醒目的黄线顿时让我悟到那是人生绝对不要跨越的警戒线。

孩子们给我们表演的节目我很用心地体会，节目很精彩，但我也在努力地寻找和我们学校孩子在舞台上的不同。都是差不多的青春年华，但拥有的青春却完全不一样，高墙与自由、游离的眼神与闪光的双眼、机械的动作与阳光雨露的笑容、内心的恐惧与阳光灿烂……我忽然感受到了他们有着本质的差别！

我帮助的是一个来自酉阳农村家庭初中就辍学的 17 岁孩子，因抢劫被判 5 年半，还有 3 年才刑满出狱。他养父 60 多岁了，家境不好，家教就更谈不上。正如吴校长所说，未成年犯罪，父母是要承担重大责任的，作为老师的我们也应深刻反思。也许这些孩子就是被我们边缘的一批孩子。一个农村孩子进入浮华的城市时，不能控制内心的贪婪和欲望，不能靠知识与能力去适应而选择了"捷径"。这个孩子居然多达 6 次抢劫，最后一次是持刀抢劫。

"我只是想用刀吓唬她一下"，这是多么地无知！希望通过自己的微薄之力，能让这个孩子从内心深处远离罪恶，早日回归社会，再也不要跨进这条"死线"。

素质课：做人第一

当时只有 16 岁、今天已成为老师的张程程对当年亲历的素质课有十分清晰的记忆。

2002 年 8 月，我来到行知学校，刚下车就惊呆了。校园的环境很干净，学长、学姐们都主动迎上来帮我们新生提包，带我们领生活用品、安排住宿……

记得那天很热，800 多名新生挤在大礼堂里，礼堂里只有讲台下方区域的屋顶上挂有 6 个吊扇。"这是学校最大的一间教室，上素质课才用的。"一位学姐告诉我。

正当新生们议论着这所学校怎样怎样时，来了一位老师，她向我们介绍说："同学们，下面有请吴校长给大家上课。"吴校长走上讲台，但我们却并没有给予掌声。

吴校长在介绍完创办学校的初衷后，对我们说："孩子们，你们刚进校时，学长、学姐们帮你们提包、带你们领生活用品，跟他们说了'谢谢'的同学请举手？"举手的人寥寥无几。就在以为她要骂我们时，吴校长却说："我没想到会是这个结果，800 多人只有为数不多的孩子说了这两个字，但这不怪你们。"转身，她就拿起粉笔在黑板上写下"学会感谢"4 个大字。

就这样，进校第一课吴校长围绕着"感谢父母、感谢老师、感谢帮助过你的人……"给我们每个人上了有生以来最生动、最难忘的一节素质课，这看似很普通的一节课，她却告诉了我们这群"菜鸟"一个简单但又难践行的道理：做人要学会感恩！

下课时，我看到吴校长的衣服全被汗水打湿了。

通过这次素质课，我开始坚信：行知是一所好学校，一所为学生着想的好学校，我一定要在这里努力学习！

素质课是行知学校的特色之一。1997年素质课与行知学校一同诞生，至今，已有19年的历史。可以说，了解、熟悉行知的人都知道：没有素质课，就没有行知如今的成就。

行知的成就究竟是什么？是一批批来这里求学的孩子们的生命蜕变；是由这些蜕变所带来的一个个家庭的重生；是企业和社会对教育的重新认识；也是那些与行知有缘、走进行知校园的人关乎初心的审视甚至生命的觉醒。

多一所行知，就少几座监狱，多无数个幸福的家庭——这就是行知的魅力所在。那么，铸就行知魂的素质课，又是怎样的一种存在呢？

缘起

青春期性教育是吴安鸣特别重视的环节，她认为："这一关常常成为孩子人生的分水岭，是孩子成长中最应引起家长和老师重视的部分。"

吴安鸣对处于青春期的孩子有着深刻洞察以及科学的引导方法。吴安鸣说："以前我在育才中学教高中时，班上有位成绩很优秀、发展也很全面、长得也很漂亮的女生，有一次同她谈到早恋现象，想着她一定是全身心投入学习的学生，她却把内心的话第一次向我坦承：'老师，其实我很早就暗恋某个人，到现在还是。但也许我的自制力真的比较强，知道必须学会克制，要对自己的将来负责。'她的话触动着我，也让我开始理解你们的心情。"

吴安鸣常在素质课上和孩子们说掏心的话："你们的身体开始有变化了：长喉结、长腿毛、来例假了，你们的内心常常会有寻找一个异性伙伴去倾诉、有在一起的冲动。你们好面子了，注意打扮了，在意异性的眼神了……"每每讲到这些话题，孩子们都竖起了耳朵。

"你们如果太小谈恋爱，就是在用大好的青春时光做游戏，现在感觉好像还不错，但成年后，这种感觉就会消失得无影无踪。据我观察，人第一次谈恋爱，尤其是在年龄太小的时候谈恋爱，智商和情商几乎都为零，而且不会考虑任何因素，就是单纯地喜欢，但也仅此而已，就像小孩子过家家。如果这样去对待爱情，迟早会犯错，所以这时就特别需要周围人给出建议。

"你可以把内心的话告诉老师，老师会替你保守秘密，更会给你提供参考：这个人是不是真的适合你？你们两个可能吗？其实很多时候，你一旦把心里话讲出来，有人倾听了，然后帮你分析分析，你就会感觉舒畅，就不会再纠结这件事，你就走出来了。对你们来说，喜欢某个人没有错，但人和动物最大的区别就是人有自制力，在还没有能力承担这个责任的情况下，最后带给双方的大多是伤害。尤其是女孩子，要修炼自己的淑女气质。当下，要把该做的最重要的事情做好。"

吴安鸣认为：在孩子们有那么多疑问和困难等着解决的青春期，正因为没人给他们内心渴望的知识和正确引导，所以不知道应该怎样做才是对的，绝大多数少男少女们又缺乏天生的应对能力，于是就像一棵棵野草一样，肆意乱长，所谓的"坏孩子"就这样出现了。因此素质课从孩子们感兴趣的话题切入，目的是引导他们树立正确的价值观。学校教育绝对不是为了应付考试的"工具教育"，它应该是"人性教育"。因为价值观错了，一切都将是错的，再多的知识都白学了，甚至知识越多，破坏性越大。

采访时，吴安鸣对我说：作为校长，我把自己办学的初心和对教育的热忱具体化为一堂堂生动活泼的素质课，并以学生乐意接受的方式呈现出来，老师们会从孩子们的改变和成长中来获得成就感并增强信心。在办学的前 10 年，一周一次的素质课都是我亲自上。上课前，我会收集各年级、各班学生普遍出现的学习、心理、行为以及特别突出的个性化问题。在分析思考后，形成鲜活的一手素材。当初学校近 2000 名孩子，有 80% 的人我能叫出他们的名字，知道他们的家庭情况，所以素质课上举的例子常常能够形成'精确打击'，许多孩子当场会泪流满面。每次的课后作业本上，几乎所有孩子都会把自己的酸甜苦辣全部倒出来。我把这些反馈给班主任和授课教师，又成为老师们因材施教、对症下药的最好教材。这样在全校就形成了立体的全方位的思想渗透。"

素质课讲什么

行知素质课有这样的基本原则：给孩子喜欢的课堂，及时解决思想上的问题，跟踪他们的改进变化。

所谓"及时"，就是说素质课具有非常强的灵活性，重大问题一出现，当周的素质课一定会有如何改变的理念引导和方法分享。按惯例，素质课一周一次，但有时一周也会安排两次。吴安鸣总结，

14～17岁孩子的"思想问题"可分为以下几个大类：

1. 青春期性教育
2. 吃苦教育
3. 利他教育
4. 挫折教育
5. 生活教育
6. 公民教育

素质课怎么讲

一直以来，素质课都是行知学生们既害怕又最喜欢的课。害怕，是因为自己那周如果做了错事很可能被现场点名，甚至瞬间闻名全校，许多人都会来监督你；喜欢，是因为每次都能得到最直接、最接地气的关于做人做事的启发。

吴校长还在学校任职时，常常会有同学追着问她什么时候上素质课。离校十多年的同学们已经忘了其他课的内容，甚至连当年老师对自己的细心照顾都不一定记得，却还记得吴校长在素质课上讲的道理和内容。因为素质课上悟到的"素质"，在他们走上社会遇到困难、需要做出艰难抉择时常常不由自主地想起，从而使他们少走了很多弯路。

为什么素质课有如此魔力？

吴安鸣在课堂上会从以下几个方面给学生讲。

（一）做一个大写的人

英语里每一个句子开头的字母都是大写，这意味着它要对后面的一切字母、单词和内容负责，它的责任很重大；在英语里，任何一个特殊名词都要大写，而这些名词之所以特殊，就在于它们的独

262

一无二。我们是做一个可有可无的人，还是做不可或缺、具有标示性意义的人，就要看我们能否做大写的人。

（二）诚实

有一次我坐公交车，拿了2块钱给售票员，她本来应找我1块，不小心却找成了9块。我看着手里的钱，认真回想了一下，确认自己给她的是2块钱，就使劲叫她。这时她已挤到车头，车上全是人，我叫了很久她才听到。我说你找错钱了，她一边凶巴巴地回答说不可能，一边挤着过来要看个清楚，怒气很大。

等她一脸不高兴地挤过来，我告诉她是多找了我8块钱。拿到钱的这个售票员不仅没说声谢谢，还在为刚才的曲解而尴尬，面无表情地转身就走，可旁边的人看不下去了，认为她态度恶劣，根本不需要退钱给她。但我明白，我的诚实一定不只值这8块钱。所以不管外界环境怎样，诚实一定没错，因为诚实可以让自己心安理得地睡得很香，这比什么都强。

我们学校现在在食堂实行自己给票，自己找零，学校首先把信任交给你们。你们要记住：不要为了几块钱就把自己的人品给出卖了。即使你现在一无所有，但你的人品绝对不是用几块钱就能买到的。人一旦有了强盗心理，你才真的失去了一切。你们未来的路还很长，很多事远比一点点钱更有价值。

（三）一切从零开始

你们来到行知，首先要学会忘记过去。小学、初中怎样都不重要，过去的成功与失败对于现在的你们已没有任何意义。在这里，每个人都可以成功，只要坚持做正确的事，就一定有收获。只有最愚蠢的人才会天天叫嚣"我爸、我妈是谁谁谁""我多么不差钱""信不信我找人收拾你"。在行知，每个人都会尊重你，但前提一定是：你也要尊重每个人。

（四）尊重他人的劳动成果

学校没有围墙，我们周围的邻居很担心，因为他们有的种了葡萄，有的栽了梨树。我知道，你们中的一些人因为之前的毛病一时改不掉会去打这些水果的主意。

以后我便花大量篇幅详细讲述一粒葡萄的成长史，从播种讲到采摘。通过这课孩子们自能体会到劳动的美好与艰辛，自然在内心就有了约束。结果，在水果的成熟季，反而是大爷大娘们追着塞水果给孩子们吃。

（五）女孩子的美

女孩子容易心眼小、嫉妒心强、不团结、喜欢说空话、喜欢和自己性格相似的人凑在一起。往往和另外一个圈子的人在一起的时候，就会发生分歧甚至冲突，也有为喜欢的某个男生，为某个好姐妹打抱不平而发生冲突的。我看到这样的女同学尽管长得很漂亮，心里却又爱不起来。年轻，肯定是一个女孩最美的时光，但时光终会消逝。可有一样东西是永不消逝的，那就是女孩子的内在美。

（六）对事更对人

靠制度来管理一定不是最高境界。在行知，没有上墙的制度，更多是已经内化于心的"不成文的制度"。行知最重要的"不成文的制度"有一条总的原则，用稻盛和夫的话来表达，就是"作为人，何谓正确？"

对于违反作为人所应有的行为，她会毫不留情地"晒出来"：谁做的、哪个班的、事情前因后果、细节怎样，全都毫无保留地在全校的素质课上声色俱厉、不留余地讲出来。被批评的人无一例外都会被这种建立在正气之上的严厉所震慑，同时会感到羞愧、懊悔。

但这场教育还远没结束。这样把学生的过错给指出来，不一定所有人都能明白自己的良苦用心，必须用适当的方式"收回来"，让他们能够全然接收到正面的力量。

所以，最后我会说："我喜欢这个人，觉得他很有希望，才会举他的例子，因为他值得我们去帮助。我批评你，是因为心里挂念着你。今天我这样讲你的事，明天我还会默默观察你，期待你有更好的表现。即使难免还有人会记恨我，但大多数人一定会警醒，会让我看到你们值得信任，大多数人在明年这个时候会告诉我，吴校长，我真的可以变得更好。"

课后，还有班主任与老师们的持续跟进。这种"菩萨心肠 + 霹雳手段"就是稻盛先生所讲的"小善乃大恶，大善似无情"的具体体现。

价值观对了，人就对了

为准确把握孩子们的状态，老师也会参加到每次的素质课中来。行知老师对素质课也是相当熟悉的，因而他们的话可以对吴校长的某种"特殊能力"进行最到位的概括："吴校长的素质课是预防性、前瞻性、宏观性、个性化的高度统一。例子总是事无巨细，就地取材，信手拈来，绝对接地气，对人性、人心的捕捉相当精准。她的素质课，从来弹不虚发。"

关于吴校长素质课的"威力"，谭勇深有体会：

有一年，行知还在井口办学的时候，条件有限，但因为大家口口相传，想来读书的孩子很多。没有足够的宿舍怎么办？很多想报名的学生宁愿合铺一起睡，也坚持要选择行知。

"能得到家长和百姓如此高的信任是行知教育的荣幸，我们绝不能辜负所有选择我们的孩子。"吴校长说。

问题必须要解决，立马上素质课！全校孩子都汇聚到运动场，尽管烈日当头，闷热难忍，但都被吴校长的一席话深深折服："行知是一家人，选择了行知就选择了坚强和成功，我们也不会放弃选择行知的每一个孩子。愚蠢的人想的都是怎么自私自利，智慧的人想的都是怎么利他。行知人越是艰难，越要迎难而上，今天的艰苦可以换得明天的幸福。"

随即吴校长把问题抛给全体师生：怎么解决当前的难题？大家争相发言。有人说，马上修建新宿舍，但不能解决当前的问题啊。也有人说：到校外去租房，但校外的安全没办法得到保障。有人说："那我们就把床铺让给新生吧！我们睡教室！"全场为之惊叹，强烈赞同。

素质课一结束，同学们都争先恐后去卷自己的被子，到最后，哪些人不能睡教室还需要老师去做说服工作。就这样，当年最闷热的那个秋季，很多高年级的学生都打地铺睡在教室里，坚持了整整大半学期，直到新宿舍建好。

没人抱怨，没人不理解，记忆深刻的唯有孩子们对蚊子叮咬过后感官瘙痒的夸张、滑稽表述，是每个夜晚从教室里传来的欢声笑语以及新生对学长学姐感恩的表达。

当年行知在先锋街办学期间还是个小学生的张俊杰，多年后在成为行知老师时，将那时的所见所闻写成了《我眼中的行知——一名小学生的独白》：

1997年由于子弟校生源不足，我校的初中楼需要外租，也就在这一年，我们迎来了一群特殊的人——行知人。

1998年的那个"六一"儿童节，老师布置了一份特殊作业：要求每个孩子在下午上学的路上拾一袋垃圾带到班上"交差"。本以为捡一袋垃圾是多么简单的事，可当天走在那条熟悉的必经之路上，却怎么也找不到垃圾，甚至连片落叶也没有。我们这才想起，自从行知到我们这里来的那一天，这里便有了翻天覆地的变化。想在他们的地盘找到"残兵败将"，几乎是"不可能完成的任务"。

为了交上作业，我还是努力搜寻。经过不懈坚持，我终于捡到了一袋落叶。可谁能想到，这样的战利品根本过不了行知"防区"。还没走几步，一个身影就闪过我身边，"抢"过我的袋子，丢下一句话："小弟弟，这垃圾我帮你扔。"站在原地的我一时不知所措，默然无语。那天，班上没几个同学完成老师布置的"作业"。一直在观察行知人到来后给我们这里带来变化的老师很有智慧，借着我们的这次深刻"触动"，我们学校掀起了向行知人学习，自己打扫卫生的热潮。

另一件让我印象特别深刻的事是：先锋街地理位置偏僻，出入主城区只有一条公交线路，而且还是一小时一班，这给外出的人们带来了极大不便。在我的记忆中，只要是到车站，永远是熙熙攘攘的人群。每当班车一到，大家蜂拥而至，争吵、吼叫、谩骂声不绝于耳，目的只有一个：争抢到一个来之不易的座位。这也便练就了先锋街上的人们一项独特的技能——抢位子。我那时候个子小，根本挤不过大人。每当车子一到，父亲就把我举起来塞进窗户，他再从前门挤上来，父子俩总算可以抢到一个座位。

那时，行知的学生周日放假一天，要外出，坐车也是不二选择。

但行知学生并不像大家一样争先恐后抢座位：他们排起了长队，井然有序，悄无声息，在杂乱喧闹的人群中，似乎显得很不和谐。班车一到，人群熙攘争抢，行知人却还是有序上车，与周边环境相比显得是那么不和谐。

以前的我和旁人一样觉得他们是一群傻子，但在行知人坚持不懈的努力下，先锋街的居民们觉得不好意思了，慢慢地也开始了排队上车。有个别不排队的，这时会有人主动站出来，批评他怎么连孩子都不如。先锋街车站居然成为了重庆的一道独特风景线。

刚入读行知不久的胡帧美也对素质课的作用印象极为深刻。

有天下午，我坐在足球场边，享受着夕阳的霞光。忽然听到"喱喱喱"的声音，一辆货车停在了学校的小卖部下面。只见几名同学主动过去与司机交谈了几句，尽管不知在说什么，可凡是路过的同学都下意识地围了过去。很快，在没有一位老师带领的情况下，形成了一个分工明确的接力搬运队伍，几个稍显强壮的男生打开车门爬上车，其他人就自觉排成了一条长龙。

在我还在思考的空当，足球场上的人也已全部跑了过去，主动加入了这支队伍。受这种氛围感染，我也迷迷糊糊地加入了进去。原来，这是学校宿舍修缮需要用到的砖。

就像一个巨大的磁场，随着时间的推移，这里的人越来越多，由一个队变成了两个队，两个队变成了三个队……有男生，也有女生，没一个同学偷懒，每个人都大汗淋漓，干劲十足。不到20分钟，这20吨砖就以一种流水线协作的方式，完成了卸货工作。几个同学关好车门后，司机油门一踩便离开了学校，校园又恢复了宁静。

　　我心中有一种按捺不住的暗喜，因为觉得自己已真正融入了这所学校，我也是其中的一员，可以像学校主人一样去生活和学习了。我想起了前不久在素质课上听到的一句话："什么才是合格的行知人？就是能为学校发展留下痕迹，最终也必将为自己的人生留下印迹的人。"

　　黎强老师则用了"惊诧万分"来形容当时还是学生的他所亲身经历的一幕。

　　最让我震撼的是吃饭时学生自己找补饭票。当时学校的饭票有6种面额：壹角、贰角、伍角、壹元、贰元、伍元。食堂的窗口有一个分了6个小格的盒子，分别装着不同面额的饭票。如果吃饭时用去贰元伍角，学生就自己按面额分别放入盒子内；如果没有零钱的时候，就把伍元的饭票放入相应的格子，自己再到相应的格子找取贰元伍角。没有老师监督，全靠同学们自己自觉找补。

　　有时饭票上沾了水，两张饭票粘在一起，不仔细看是注意不了的。我们班有个同学在吃饭找补饭票时就出了这样的问题，在找补的过程中把两张沾了水的饭票拿走了。这件事除了他自己没有其他人知道，可他心里一直很纠结，不知该怎么办。由于自己平时表现不算好，怕老师不相信他是无意找补错的。后来他给我讲了这件事，我和他沟通了很久，做了很多交流，他才鼓起勇气让我陪着他找到班主任老师主动承认错误。后来通过调查，确定是无意犯错，他这才原谅了自己。最后，吴校长还在素质课上专门对他作了表扬，这样的处理真是让我惊诧万分！

郭小康老师记忆最深的是，每临毕业季，吴校长一定会为大家上一堂素质课，主题多围绕如何带上思考进入工作岗位、如何选择伴侣等，这种关心甚至是延伸到毕业后。曾有段时间，传销很是猖獗，吴校长就和老师们分批到企业与学生沟通交流，告诫大家一定不要贪小便宜，天下没有白吃的午餐。

关于素质课潜移默化的影响，吴安鸣讲的这样一个故事颇有说服力。

某年毕业典礼后，一位家长来到我办公室握住我的手，激动地说他的孩子现在在单位实习，表现特别好，今天专门前来感谢，并拿出一个包裹一定要我收下，我打开一看是几万元人民币，当场就拒绝了。他突然向我跪下，扶起他后，见他泪流满面，我十分惊诧。因为我知道他的孩子是一个很阳光、学业优秀的学生。

可他告诉了一个让我惊奇的事："我把儿子送到学校的时候，他刚从少管所保释出来，此前已七进监狱，光保释金和赔偿费已超过 17 万元。儿子是当地"摩托帮"的"帮主"，常伙同几十个成员收取"保护费"。打架砍人、偷盗、贩毒、敲诈官员、调戏女孩等坏事都做过，我很难相信这么优秀的孩子在初中曾有这样的经历。

为验证是否属实，我专门去实习单位与他的孩子做了一次交流。孩子说："那是因为我入校后的第一天晚上，听了您的第一堂课，在 36 度的高温下，您站在操场上讲了 3 小时，让我第一次认识了'良知'。那堂课让我冰冷的心开始融化，那晚我失眠了，我下决心试一试与过去不同的活法，做一个有尊严的人。学校那种相互尊重、人人努力、处处文明的氛围，让我对过去的胡作非为感到愧疚。我在学校根本就没干坏事的机会，时间长了，自己真的变得自信和成熟了。"

喻红文老师说，行知是没有围墙的，周边老百姓只要拎着东西路过校园，同学们看到了，就一定会有人拿过来一直帮着送到家里。很多人被我们的孩子感动，一定要留他们在家里吃饭。

还记得爱因斯坦对教育的定义吗？当把学校教给你的所有的一切都忘掉之后，剩下来的才是教育。那么，哪些东西会忘记？那些死记硬背的知识点，那些海量重复的试题、五花八门的秘籍宝典，学生一出校门，就会立即抛到九霄云外，可不会遗忘的是善良、好奇心、健康的心态、悲悯的情怀、远大的志向、胜不骄败不馁的风度、眼光、良知……只有拥有了这些，才是一个有灵魂的人。因为教育，首先是人的教育——这才是教育的原点。

上素质课时，校园静悄悄

从 75 名学生到近 2000 名学生，从先锋街到长寿、到奉节，行知素质课不论多大的规模，不论在哪里，几乎都是一道风景。除了下雨，早期的素质课都在操场上举行，天气再热也不会有人扇扇子，再冷也不会有人中途退场。上千人的操场，还常常没有音响，自始至终，全场鸦雀无声，屏息凝神。

吴校长站上讲台，连续几小时不喝一口水。她的理论是，学生都没喝一口水，她凭什么要喝。没有喝水的吴校长情绪却持续饱满，没有丝毫倦怠。四周来来往往的校外人士，年轻的、年老的、看似匆忙的，抑或是没事拉家常的，都会不自觉地被吸引过来，安静地驻足聆听。甚至还有好几次，坐在前排的师生们看到树上的小鸟也轻轻飞下，落在吴校长讲话的主席台上，久久不肯离去。

素质课的传承

为更好地培养接班人，吴安鸣已从校长职位退下，她不断告诉自己：要让行知有长远发展，必须大胆放手。那么，后吴安鸣时代的行知，素质课能够得到很好延续吗？作为行知第一届毕业生，现任奉节行知校长的韩晓说，素质课对他的影响，贯穿一生。虽然8～10岁一直住在吴安鸣家，后来母亲外出打工，由外婆带大的韩晓，到了初、高中还是特别调皮捣蛋，尽管当时已在别的学校读了半年职高，母亲但丽萍见势不妙，还是下决心把他送进了行知。

韩晓至今还对吴校长的第一堂素质课记忆犹新。记得那时的校园简陋又破烂，所有人都抱怨连天。第一堂课就在露天的球场上，吴校长一走上讲台就劈头盖脸地批评，当时就把所有人给镇住了："你们都是失败者，读了十几年书，成绩不好，吃苦你不会，做人你不懂，做事你不愿，到了一个地方就只知道抱怨，衣来伸手，饭来张口，这和动物有什么区别？十五六岁的人了，在家让父母忧心，在学校让老师操心，走上社会还让国家痛心，你们还有什么资格在这里抱怨、唠叨？学校修得再好，不教会你做人的德行，毕业时你什么也带不走。环境再优雅，不教会你成人的习性，毕业时优雅的也只是老师。仔细想想过去的这十几年，你到底留下了什么？"

韩晓说，那堂课大家都听得很认真，正是从那天开始，他才发现16年来自己过得是多么荒唐，从此，他改头换面，焕然一新。从素质课上站起，也从素质课出发。许多奉节行知第一届毕业生现在都已通过高考升到行知办的大学继续深造。与他们的交流过程中，很多人都还记得，奉节行知开门办学第一天，因为食堂没建好，大家都只能吃夹生饭，韩校长在那天的第一堂素质课上真诚道歉，泪洒当场。

"吴校长和韩校长的素质课有什么相同点和不同点？"我问对他们两人都很了解的行知人。

熊祖国说："他们的素质课都导向如何做一个好人，教育素材都来自学生日常学习生活之中，信息量都很大。"

牟鸿松没有直接回答这个问题，而是先给我讲了一个他特别难忘的小故事：2004年他还是一个学生，有天集合时，突然看到班上有位同学头发特别怪异，留着半边头，这触犯了行知"三宗罪"之一的"形象犯罪"。一问，原来这位同学外出理发，由于人多，轮到他时，刚剪到一半，一看学校下午的集合时间到了，于是马上叫理发师停下，他要先赶回学校集合，然后再向当时已成为班主任的韩晓请假后再回去接着剪。规则意识、集体意识已深入孩子内心，这就是素质课对孩子潜移默化的影响。"孩子在一代代发生着变化，如果非要说不同，那就是吴校长的素质课语言特别犀利，刀刀见血，现在的孩子一开始不见得马上受得了。韩校长作为一位男老师，语言风格很不一样，也要温和些。"牟鸿松说。

程怡说："吴校长的素质课理论素养要深一些，韩校长的课更现代一些，两者要是能结合一下就更完美了。"

韩晓讲到自己的成长和带班心得很大程度都受益于吴校长的素质课。吴校长当年只要一讲课，他是一定放下手头所有的事都要去听的，哪怕是已听过的内容。因为观察到独生子女个人主义很重，缺乏反思能力，吴校长在面上讲的问题，那些没有被点到名的孩子就常常认为这是在讲别人，与自己无关，所以回到班上，他还会根据吴校长素质课所讲的内容进行进一步的深度挖掘，比如关于"自私"，那一周班里所有的教育引导重点都会围绕吴校长所讲的"自私"主题，相互"照镜子"，几乎是人人过关。

吴校长常这样对老师说："我们工作的深度要入心，宽度要无界，这样才能成为好老师。当一个孩子连最基本的态度和价值观都有问题时，说明我们还没入孩子的心，我们的教育就还停留在浅层次。这时灌输再多的知识都没用，或者顶多使孩子成为死记硬背的考试机器。"

　　行知素质课具有及时、直击人心和权威性三大特点。哪位老师如果能在全校讲素质课了，就可以当校长了：这是吴安鸣培养和选择接班人的独家秘籍。素质课其实不只是课，它是心灵与心灵交流的场域——这是韩晓对行知素质课的认识。这就是行知一贯的坚守。

第五章　企业暨学校

一生从未打过败仗，堪称"立德、立功、立言"真三不朽的王阳明，在其晚年时，他的一个学生问他，现在社会上说你是这个大家那个大家，如果让你自己选，你怎么选？

王阳明想了想，回答说：教育家，一个足矣。

企业家暨教育家——老大们的新角色

"造物先造人""人力资本的增值目标大于财务资本的增值目标""十年树木百年树人""建国军民教育为先"……

以上口号都指向了组织中最活跃的因素——人。

培训 VS 教育

企业的生命从何而来？《圣经》中说："上帝用地上的尘土造出人，往他的鼻孔里吹一口气，有了灵，人就活了，能说话，能行走。"美国著名精神治疗师大卫·霍金斯发现：人不同的意识层次都有其相对应的能量指数，人的身体会随着精神状况而有强弱的起伏。

那么，由人组成的企业，其根本目的是什么？到底靠什么运作、传承？商业的本质是推进文明，企业的本质是实现参与者的幸福。大卫·霍金斯经过 30 年上百万的临床案例观察发现："很多人生病是因为没有爱，只有痛苦和沮丧。"

企业生病的原因又何在？

孔子在 2000 多年前就揭示了"放于利而行，多怨"这一社会真相：只要人们为利益行事，就永远无法实现和谐。"三个和尚没水吃"的窘境根本在于大家相互算计、得失心太重。西方博弈论中关于如何破解"囚徒困境"吸引了无数大咖甚至诺贝尔奖获得者来设计各种模拟计算模型。模拟结果与事实都证明，在物质世界的"零和游戏"中，利己者，必损人。而只有更高的价值观能量层级、大义名分才能激发人性中的真善美。大家分享阳光，共担风雨，企业才会有真正的伟大和永恒。

马克思·韦伯认为："在任何一项事业背后，必然存在着一种无形的精神力量。"所以，在某种程度，企业就像宗教组织，物质固然是基础，但更本质而言是靠价值观这一精神力量把来自五湖四海的人凝聚在一起。作为原本无生命的工商注册体，企业家必须为这个机体注入灵魂，这个灵魂就是企业的核心价值观（广义的核心价值观还包括企业的使命与愿景）。

那么，价值观如何在企业有效渗透？许多企业很重视培训，掌握或熟悉某项新技术、新技能、制度、流程、表格、模板等，期待培训可以解决问题。

但企业的使命、愿景、核心价值观属于思想范畴，纯知识式的培训则几乎不起作用，需要靠激发、唤醒、感召、示范与榜样，是一种润物细无声的浸润与沉淀。而这是教育的功能。

企业家必须要有教育家思维

"企业家必须要有教育家思维"是当过老师、干过校长，更是经营者的吴安鸣坚定不移的观点。

吴安鸣说："员工的人生观决定了工作观，今天企业的员工多是独生子女，而大部分人的家庭教育出现缺失，学校教育更多被分数所牵绊，导致孩子团队精神、责任意识薄弱，吃苦相对较少，意志品质、克服困难的韧劲不足。不少员工对人生价值、人为什么活着、人生的目的和意义等人生重大课题不清晰，人生观这一最重要的课就需要企业来补上。"

作为商业社会重要组成部分的企业，与员工是什么关系，伙伴之间如何相处，企业以何种方式对待顾客、合作伙伴、相关方以及社会，员工应该具备什么样的职业观，企业的经营观是什么，这些都需要通过教育来渗透。盛和塾的企业家几乎都知道，在稻盛经营哲学和阿米巴经营的背后隐藏着空巴酒话会——"大家一边喝酒，一边敞开胸怀，说出心里话"。空巴现场激起的巨大能量能熔炼出团结一心、火一般的坚强团队，体现出经营者对员工的大爱。空巴兑现的是稻盛"伙伴式经营""以心为本"的经营观，激发的是付出不亚于任何人努力的燃烧的斗魂。

同时企业面对激烈的市场竞争，必须用结果来说话。如何有效灌注经营者的意志，激发出人的潜能和团队士气。甚或企业大了，惰怠是人的天性，这时往往易患"大企业病"，这就需要经营者振臂高呼来激活沉淀层。比如10月28日，华为从研发集结了2000名高级专家及干部空投海外，任正非做的"春江水暖鸭先知""不破楼兰誓不还"的战前动员会也是一种教育方式。

在移动互联网时代，唯一不变的就是变化。在《创新者的窘境》一书里克莱顿·克里斯坦森提出了一个著名的悖论：良好的管理正是导致那些以管理卓越著称的企业未能保持其领先地位的最主要原因。创新者的窘境的本质是思维方式、认知落后于时代。企业家是企业的舵手与航标灯，必须及时为团队指明前行的方向。比如马云每个季度为阿里M5级以上的组织部成员讲课，无不体现出价值观的持续渗透与思维模式的转型升级。

经营者的思想结晶——企业核心价值观是企业教育最重要的"教材"，而经营者就是企业这所学校的校长和最重要的老师。

价值观为何没价值

如果把核心价值观比作企业法人的"意识"，就能更深刻理解稻盛先生在盛和塾三十多年为何只反复提及一句话："提高心性，拓展经营。"

如果今天见到一位企业主，你说他的企业没有核心价值观，他多半会跟你跳起来。遗憾的是，恐怕90%以上企业的价值观还挂在墙上，没有产生价值。关于价值观的价值，百度的"魏则西事件"也许是一个鲜活的反面例子。在事件发酵的40多天里，百度的市值减少了约740亿元。

我曾在某世界500强企业授课，在课间休息时去了趟卫生间，结果竟意外发现卫生间的隔间门板上有许多话不堪入目，甚至有点名道姓直接骂"张三、王五"的。回到课堂，我试着问"张三、王五"在吗？两人举起了手。其中一位是班长，另一位是车间主任。我问，你们知道有人在厕所里骂你们吗？两人马上低下了头。于是在基地总经理的主导下，大家来了场批评与自我批评，结论是，这两位平时对工人的管理风格偏"凶"。这其实是员工"因公司而来，因主管而走"的另一种表现形式。显然，公司"尊重人、成就人、幸福人"的价值理念还没落地。

正如京瓷第六任社长川村诚所言，企业与企业之间的差距从根本上说是全体员工意识与动机的差距。企业提出"高大上"的价值观是容易的，可员工带到工作岗位上的价值观才是决定价值多少的关键。因为产品的质量、成本、安全、效率与服务品质等都掌握在他们手上。今天价值观还没产生价值的企业还真不少。

伟事达著名私董会教练张伟俊为此总结了四大原因：

1. 公司管理层对核心价值观没有经历过一个"真情投入、充分民主"的研讨过程。

2．没有将抽象的、形式上是"粗放的"这一属于精神层面的价值观物化到公司员工的日常工作习惯中去，没有将其行为化、操作化、具体化。

3．没有将价值观的考评纳入企业的考核体系或考核机制中去，并赋予其相当的"权重"。

4．老板的言行与其倡导的价值观没有保持一致，"上梁不正"必然"下梁歪斜"。

据我多年的企业实践经历与观察，价值观没产生价值的企业，其价值观多表现为以下几种形式：

口号式价值观：价值观不是老板本心的表示，而是对他人时尚口号的"借用"。老板的经营思路、战略部署、管理模式与价值观完全不一致。而假的东西无论如何包装、细化，员工自然不会信。

老板个人英雄主义式价值观：多体现为"一流""第一"等，员工表示无感，无法形成感召。结果企业里几乎是老板一人在"踩油门"，不少员工在"踩刹车"。

有心无力型价值观：价值观是老板的真心选择，但经营者缺乏凝聚人才的人格魅力，也缺乏把好心变成机制的能力。老板的智慧和能力不足以担当起与自己确定的经营哲学、价值观、战略部署相匹配的经营管理重任。

有人估算，当年"人大六君子"穷三年时间，帮助华为提炼出《华为基本法》，使华为的无形资产起码增值十亿，并对华为后来的快速发展发挥了巨大作用。于是有企业不惜重金，几乎是请原班人马编制《华侨城宪章》《白沙法典》《迈普之道》等。学习稻盛哲学以后，盛和塾中不少企业家也急着编自己企业的《哲学手册》，效果却不明显，价值并不大。其中的关键在于是不是真正注入了经营者的灵魂。再美的语言如果只是专家的、稻盛的而不是变成自己的，就只能是口号、包装。

价值观的价值

稻盛和夫、任正非和马云无疑是真正相信价值观有价值、在企业中不遗余力地进行思想教育并取得了成效的大咖级企业家。

据说有人问马云如此重视价值观，是不是在打造"阿里教"？马云回答说："世上有很多宗教，许多宗教的人数确实没阿里的人数多。"这样的回答看似没直接回答，但创业 17 年来，人们看到了"六脉神剑"在如此难以掌控的复杂生态系统中对阿里巴巴所发挥的作用。

任正非说："我在华为最大的权力是思想权、文化权。"以客户为中心，以奋斗者为本，长期坚持艰苦奋斗和自我批判是华为 29 年的立命之本。早在 1998 年，任正非就深刻认识到：一家企业能长治久安的关键，是它的核心价值观被接班人确认，接班人又具有自我批判能力。

稻盛和夫说，经营企业的目的是为了追求全体员工物质和精神两方面幸福的同时，为人类社会的进步和发展做出贡献。"为度过美好人生所必须具有的思维方式""人为什么而活"是稻盛和夫的反复思考与追问。敬天爱人，经营者与员工都回归到"作为人，何谓正确？"的原点是"稻盛教"的基石。通过企业平台，追求人生观、职业观和经营观的三位一体，实现全员哲学共有。

当然，从三位大咖不同的"相信"中，也看到了价值观能量层级的差异，进而创造出不同的"价值"。从阿里创业第一天就确立的使命"让天下没有难做的生意",无论如何解读,这毕竟还停留在"生意"层面。据说,阿里正准备"升级"其使命,因为阿里新进入的"双 H"暨健康与快乐领域恐怕不能完全用"生意"来统御。其六大核心价值观即"客户第一、团队合作、拥抱变化、诚信、激情、敬业"其实与一般公司的提法并无太大区别,只不过阿里的"软文化"用了更多"硬措施"来保证。阿里巴巴是中国第一家在绩效考评中把价值观的践行与 KPI 放在"半斤八两"位置的公司。

但任何商业模式背后都隐藏着"毒性"。当谷歌意识到未来人们的行动指南将很大程度取决于网上搜索到的信息时,"不作恶"便成为谷歌的价值观的底线。阿里的商业生态系统已复杂到没有任何可参照的过往,必然要求马云不断去"拥抱变化",这种磨炼对任何人都是一种考验。

马云曾说:"我有生以来最大的错误就是创建阿里巴巴。如果有来生,不会再做这样的生意。希望有机会去到世界上任意一个国家,在那里平静度日,我不想谈论商业,不想工作。我现在每一天都如履薄冰,这十几年在我看来,我的内心就像过了四五十年一样,每一天都非常难……"

这些话也许是一贯思维有些与众不同的马云的"噱头"甚或"叫苦",但这个世界没有无缘无故,语言是心灵的投射,心有多大舞台才有多大。《大学》中说"一人定国",西方讲老板封顶定理,作为为企业注入灵魂的"精神领袖"有此"意识",今天阿里遇到的所有麻烦也许不能说与此毫无关联。

"或许你会想,既然不安增加,那么停下来,到此为止不就行了吗?但是,当觉得'到此为止就行了'的那一瞬间,企业就会开始衰落。"稻盛和夫说,"企业本是无生物,而向企业注入生命的唯有社长一人。企业是否充满生机，取决于你以多大的责任感将自己的意志注入到企业中。作为经营者，我必须说，我必须充当公司的代言人。既然当上了经营者，虽然可怜，但已不允许再回到自己个人了。"稻盛和夫认为，经营者大多是有特殊才能的人，但经营者的才能不应由个人独占，而应用来为社会谋利。就是说自己的才能用来为"公"是第一义，用来为"私"是第二义。由心而发的更高层面的大义名分与精神牵引才能赋予人更大的力量。

"我已经挡不住兄弟们前进的步伐了""全世界没有第二家公司能做到十七万人一条心、一股劲、一个平台"……极具危机意识又极其低调的任正非常有让人难以捉摸的惊人之语，"华为的文化都是抄来的，都是常识""不让雷锋吃亏，不让焦裕禄累出肝病""艰苦奋斗不是华为特色，不是中国特色，是人类特色"……朴素的、简单的、可衡量的、被信仰的价值观，是华为持续发展的内在驱动力。

任正非比稻盛和夫年轻 12 岁，还在不断与时俱进，思想越来越趋于成熟，以"开放、妥协、灰度"的华为哲学统御着也许是世界级公司中数量最为庞大的知识分子群体。但就"立德、立功、立言"三不朽的高度而言，两者的距离还是有的。

而马云则与稻盛和夫相差 32 岁，是公认的商业天才，也是中国最有思想的企业家之一。其在接任中国企业家俱乐部主席时的演讲中强调，中国企业家群体接下来的最大挑战是要赢得全球的尊重。按照常识，人们多半不会仅因为贡献物质财富、而必须以正向价值观推动社会进步才是赢得尊重的前提。价值观只有经受住现实的考验才真正有力量。马云曾说："饿死不做游戏。""孩子们都玩游戏的话，国家将来怎么办？"虽说淘宝平台就是一面镜子，照见的是真实世界，但如何更大力度地打假是马云面临的绝对挑战；"双 11"

如何倡导"理性消费"、避免贪欲驱动的经济，不仅是"生意"，更引领文明；不仅是企业家，还是思想家与教育家；不仅忧虑一家企业、一个国家，还关怀人类的发展与前途。马云还有许多磨砺的时间。

企业核心价值观之源

企业的核心价值观是从哪里来的？哲学是文化的医生，价值观来自企业的经营哲学。企业哲学又是从哪里来的？答案是企业家的人生哲学。

有人说，未来企业间的竞争是企业家灵性的竞争。因为，万物生于有，有生于无。企业家的人生座右铭是否就是其灵性投射的一个重要维度呢？

稻盛和夫的座右铭是"敬天爱人"。因与上司不和，抱着"让稻盛技术面世"之心开始创业。"技术问世"虽听起来不错，其实只是显耀个人的本事，这种狭隘的个人主义，本质上仍然是一种私欲，大义名分不够，所以很快就遇到了麻烦。某天，11个已经掌握技术的员工形成攻守同盟，盖上血印与稻盛展开加薪谈判。虽历经三天三夜的苦口婆心，员工终被感化，但此事让稻盛和夫有了强烈的"触动"。某天当他看到西乡隆盛的"敬天爱人"四个字时，仿佛猛然就"开悟"了，他深刻理解了员工的愿望，意识到企业经营既不是圆技术者之梦，更不是肥经营者一己之私，而是对员工及其家属的现在和未来负责。从此，他便将"在追求全体员工物质和精神两方面幸福的同时，为人类社会的进步发展做出贡献"作为京瓷的核心理念。

马云的座右铭是"永不放弃"。据说这产生于1997年，当时马云还在做中国黄页，而杭州电信也做了一个黄页，一下子就把水搅浑了，最后迫使马云不得不与电信合作，而身在美国的他一时又找不到新方向。一个星期天，举目无亲，情绪低落的马云走进了教堂。而牧师当时讲的，恰好是二战时丘吉尔对遭受重创的英国公众讲的话："Never never never give up."（永不放弃）牧师演讲过程中充满激情的眼睛一次又一次盯着马云。马云后来说："当时我觉得冥冥之中就好像是上帝派牧师来鼓励我，我觉得牧师就是在讲给我一个人听的。"之后马云就再也没有过放弃的念头，哪怕在 2002 年互联网"最寒冷的冬天"，马云对阿里巴巴员工说的是"跪着过冬"，也要坚持下去。给别人签名时马云写得最多的就是"永不放弃"！

我请教过很多华为人，他们都异口同声说任老板没专门提过座右铭这事。据对华为多年的持续跟踪，我认为"活下去"也许是任正非的座右铭。在《我的父亲母亲》中，任正非写道："我们家兄妹七个，加上父母共九人。全靠父母微薄的工资来生活，毫无其他来源。当时每餐实行严格分饭制，控制所有人欲望的配给制，保证人人都能活下来。如果不是这样，总会有一个、两个弟妹活不到今天。我真正能理解活下去这句话的含义。高三快高考时，我有时在家复习功课，实在饿得受不了了，用米糠和菜和一下，烙着吃，被父亲碰上几次，他心疼极了。其实那时我家穷得连一个可上锁的柜子都没有，粮食是用瓦缸装着，我也不敢去随便抓一把。但是我从来没有偷偷从里面抓粮食吃，如果当时我偷吃了弟弟妹妹可能有人会饿死。"创办华为后，任正非反复强调：华为的最低战略是"活下去"，华为的最高战略也是"活下去"。在华为 29 年的历史中，我们看到客户意识、危机意识早已深入华为人骨髓。

人生座右铭显然也是有能量级的。马云说："我有一次跟员工沟通非常失败的经历，很多员工问我生活和工作怎么平衡？我一本正经地跟大家讲生活和工作是可以平衡的，越讲心里越不对劲，晚上回到家我跟大家道歉，我说了假话，因为我也没平衡好。把工作和生活分得很开，我相信这是职业经理人。我连坐在马桶上、冲着淋浴的时候都在想工作，晚上做梦的时候想的也是这些事，但是我觉得是快乐。你可以为自己，也为别人带来快乐是挺好的。想清楚了，这就是你的命，我想清楚了。"

稻盛和夫坚信：真正的经营者必须有大爱志向。许多人问稻盛和夫："你每天工作到这么晚，连节假日也不休息。没时间照顾家庭，你夫人和孩子不是很可怜吗？"稻盛回答说："我却不认为自己牺牲了家庭。因为我不是仅以小爱来守护家庭，或只维护我个人，而是以大爱让众多员工幸福。我把这看作自己的使命。"

为了活下去，笃信天道酬勤、艰苦奋斗的任正非说，任何人都可以是科学家，天天埋头搞科学，不回家，就是科学家。他自嘲自己即使在家也是个"宅男"，没有其他生活爱好，喜欢读书、看电视、看纪录片。

稻盛和夫说："社会总是期待经营者具备更为高尚的人生目的。经营者必须自觉地意识到拼命工作是上天赋予自己的使命。付出以笔舌难以道尽的辛劳，勤奋努力、拼命奋斗，守护公司、守护员工、守护社会，感觉到自己在做这些好事的时候，我们经营者同时也能感觉到喜悦和快乐，我认为，感觉到这种喜悦和快乐就是我们经营者最大的幸福。"

做事先做人，同样，立企先立人。作为人，何谓正确？企业家对了，企业就对了。而企业家的人生座右铭又是从哪里来的呢？

在35岁前都一直不顺利的马云，高考数学曾考过1分，拉过三轮车；连续四次创业失败；1995 年，赴美谈判中遭到持枪绑架，生命受到威胁……

任正非兄妹七人，在饥寒交迫中长大，深知只有分享才能大家一起活；从军队转业被分配到一家国有企业，因不熟悉"市场经济"规则而被骗200万，妻离子散；在43岁时被迫创业，因电子信息产业竞争惨烈，压力巨大，其间得了严重的抑郁症，进行了两次癌症手术，另外，他还是个不大配合治疗的糖尿病患者……如今能与任正非人生苦难类比的企业家并不多，在世界商业史上，其对于人性和谐融合的完美解决，不得不归功于任正非的经历和情怀。

稻盛出身贫苦，五六岁时隐蔽念佛种下感谢之心；小时候正逢战争；小学毕业两次都没考上理想的初中；13岁患肺结核险些丧命；考大阪大学又落第；大学毕业找工作四处碰壁，险些误入歧途；好不容易进了一家公司，又是连续亏本，连工资发放都有问题。

天将降大任于斯人，必先苦其心志。苦难是三位经营者共同的老师。研究三位经营者迄今为止的人生经历，形成了牵引企业前行的精神资源的不同。可否说，马云是以太极与武侠精神为基，以使命愿景激发年轻人梦想的高手；任正非则借助军队这一直接和死亡对抗的组织所需要的超越一般企业的更高精神力，成为以价值观统御人性的舵手；稻盛和夫则以佛陀般的菩萨心肠与霹雳手段的高位平衡，扮演着"以爱为根基尊重民意的独裁者"，带领员工致良知，成为经营人心的大师。甚至其思想已超越了企业的边界，迈向了人类的精神高峰。

企业家是具有特殊才能的人，也许天生就是被老天用来磨砺的，而越磨炼就越坚定自己的人生信念，进而投射到企业时才会产生真正的价值。

　　有不少经营者讲"工作与生活、事业与人生的分离，是企业家的最大苦痛"。老板所说的并不是他所做的，企业家本人的人生观、工作观与经营观没有实现三位一体。"其身不正，虽令不从。"身教的缺失是今天企业教育有效性大打折扣的症结所在。

　　而背后更深层次的逻辑在于：道生一，一生二，二生三，三生万物。企业家的人生使命，作为人到底为什么而活的那个"道"，为什么办企业那个"发心"才是企业核心价值观产生价值的关键"先生"。

　　这是企业教育有效性的关键性"前提"。

使命的召唤——老大的觉醒

2015 年 10 月 18 日，我历经 5 小时攀上三峡入口夔门之巅的桃子山。当时身体没什么特别反应，第二天又被行知每天早上六点半准时响起的起床号叫醒，此时才感觉大腿肌肉异常酸痛。我挣扎着要不要起床。最后一咬牙，几乎是"腾"的一下从床上弹起。洗漱完毕，迅速来到操场，我快速穿插进孩子们跑步的队伍。最初的几步异常艰难，但听着一千多孩子铿锵有力的整齐步伐，看着队伍前方随步幅飘起的马尾辫，我满血复活地找回了能量。

那又是什么让这群曾被标签化、几乎被社会所抛弃的孩子重新找回强大的生命力？为什么这里的师生能创造出如此震撼心灵的道场？为什么来自全国各地的数千名企业家和干部，甚至老外都来这里"取经"？

紧随孩子的脚步，加快的不仅是我的血液流速，也荡起了我的思绪。

以终为始

我是谁？我从哪里来？我要到哪里去？——这是西方哲学的终极命题。

秉持"活着就要改变世界"的乔布斯从 17 岁开始就在叩问自己：假如今天就是我生命中的最后一天，我将怎样去利用这一天？然而，当死亡真正来临之时，他依然感到了恐惧和对生命的留恋："黑暗中，我看着那些金属检测仪器发出的幽绿的光和吱吱的声响，似乎感到死神温热的呼吸正向我靠拢……"

人为什么而活？这是稻盛和夫的追问。坚守敬天爱人，一生坚持事上磨炼，把工作当作修炼灵魂的道场，已届84岁高龄的稻盛和夫说："现在我一丝一毫的困惑也没有，贵的便宜的食物都可以，我不指望活到一百岁，我的生命随时可以终止，我很满足。"通过磨炼灵魂，不断战胜"自我"的稻盛和夫已超越了对生死的恐惧和对生命的遗憾。

同为时代标志性人物，为何乔布斯与稻盛和夫在面对死亡时有如此不同的境界？"物有本末，事有终始，知所先后，则近道矣"。让我们从生命的终结出发，探寻生命最初的答案。

人性善 VS 人性恶

这是人类争论了两千多年，迄今依然没有标准答案的重大课题。基本上是东方主善，西方主恶。孟子说："恻隐之心，羞恶之心，辞让之心，是非之心，人皆有之。"

"两希文化"是今天西方文明的源头。潘多拉盒子是一则古希腊经典神话，是"上帝"与"魔鬼"为了"天堂之约"而共同创造的"宝物"，是用来存放"情感精灵"的地方。众所周知，出于好奇的潘多拉打开魔盒后飞出了"贪婪、杀戮、恐惧、痛苦、疾病、欲望"，从此人间多灾多难。但是潘多拉的第七个儿子叫"希望"，虽然受到"恶"的折磨，但人们没有退缩，因为他们还有希望！

西方关于"善恶"还流传着这样一个古老的传说：当年上帝发大水淹没不义之人时，曾预先告知义人诺亚，让他造好一艘大船，全家避难于船上，并将所有动物按一公一母配齐，各带一对。当时，"善"闻讯后急急忙忙跑来找诺亚，要求登舟避难，诺亚说："我只能让公母各成一对的上船。""善"只好跑回树林，寻找可以和自己成为一对的对象，结果找到"恶"，便成双成对地登上方舟。从此以后，有善的地方就有恶的存在。基于人都有罪的观点，基督徒拒绝给予个人过多的权力。当然，即便连相信人性本善的卢梭也认为："出自造物主之手的东西，都是好的，而一到了人的手里，就全变坏了。"

"斯坦福监狱实验"讲的是以斯坦福大学一群大学生做人类行为的研究实验，让一些大学生随机做狱警，另一些随机做囚徒。几天之后，狱警为了维持秩序和自己的权威，就开始迫害"囚徒"。《路西法效应：好人是如何变成恶魔的》表明任何人在狱警这个位置都可能做出同样的事情。

也就在去年，一段监控视频再次引发了人们对人性善恶的大讨论：法国巴黎一名小偷发现有个醉汉在座位上熟睡，于是他小心翼翼地坐到醉汉旁边，掏出他的手机。随后，醉汉醒了过来，跌跌撞撞在月台行走，结果失足坠落到轨道上。当时一列地铁列车即将开进站台，而目睹醉汉跌落的一个路人转身离开。令人意外的是，刚刚行窃的小偷沿着平台冲了过去，伸出手试图救起坠落的醉汉。幸好当时列车速度较慢，在撞上人之前及时停住，没有造成人员伤亡。

这段视频在网上的点击量超过 500 万次，足见即使是在今天，人类依旧关心着自身心灵的去向。

搜索就像一面镜子，照见的是整个真实世界。有人正在浏览你的 Google 搜索历史记录！ Google 趋势被全世界的研究人员、企业、社交媒体人员所运用，这一趋势是全世界人民共同的大脑，就如同一双盘旋在用户头顶的眼睛，时时刻刻观察着用户的浏览记录。这是一双无法被摆脱的眼睛，只要我们打开浏览器搜索，Google 都在静静地注视着。Google 趋势发现人类都在问着类似的问题，而且问了一遍又一遍。

没错！ Google 趋势显示了人性最美好和最糟糕的一面。

"无善无恶心之体，有善有恶意之动，知善知恶是良知，为善去恶是格物"是阳明"心学"的四句教言。稻盛先生说："我从中国传统文化中学到最核心的一条就是'致良知'，就是达致良知，按良知办事。遵循良知判断事物，将良知付诸实行，就是至今我所有事业成功的最大原因。"稻盛和夫一生笃信"提高心性，拓展经营"。当面对"什么是提高心性"的追问时，他说："人有良心和私心，有利他心和利己心，两者同居。抑制私心、利己心，发扬良心、利他心，就是提高心性。"

稻盛和夫当年以 78 岁高龄、仅带三人空降破产重建的日航，在短短的 1155 天当中就创造了：利润历史第一、利润世界第一、利润率世界第一、准点率世界第一、重新上市速度日本第一、注入资本回收率日本第一的六个"第一"，日航从破产一跃成为卓越企业。

当员工还是那些员工，稻盛和夫又是如何做到之前的日航领导人无法企及的事？是稻盛搏上老命，将名利置之度外，用为日航员工谋幸福的那颗大义名分的心唤醒了 3 万 2 千名员工沉睡的心：人人皆以稻盛先生为榜样，以感动客户、为伙伴幸福尽力，磨炼自我灵魂的心态投入工作。芸芸众生悉皆向佛，3 万 2 千名员工以人性的光辉焕发的力量创造的奇迹，有如神助。

人性是复杂的！但"将兵之道，身先士卒""未有上好仁，而下不好义者也"。由人组成的组织表现出的善多还是歪风邪气占上风，根本上取决于从老大的初心出发，设计的制度、机制与权力结构，进而形成的组织氛围决定了组织中的人是向善还是趋恶。

《圣经》中说，魔鬼原本是一个天使，但他没有在真理中站稳。兜住恶的底线，提升善的上限，通过正能量场来弘扬人性中好的、积极的那一面，来遏制自私、懒惰或是坏的那一面。

善恶拔河之际，哪一方会赢？证严上人说，人多的一方会赢。"蓬生麻中，不扶自直；白沙在涅，与之俱黑。"

任正非的切身体悟是：世间充满正能量，人心向善，小人毕竟不是多数。组织的关键在于构建正能量场，让正能量高扬，让负能量耗散，让向善者得志，让作恶者遁形。华为就是靠组织正能量的持续牵引，在不断解决一个又一个棘手的问题中成为世界第一的。

在新常态下，企业间的优劣差距表现得越来越明显，背后的根本原因是包括经营者在内的全体员工的意识和动机的差别，企业中的善恶无时无刻不在拔河。而企业教育的有效性在其中发挥着决定性作用，否则，我们无法解释海底捞是怎样把一群"学历低、素质不高、年纪轻、流动性大、不服管"的员工牵引到"识大体、懂礼貌、善合作、爱企业、抢活干"的勤奋者。

"多一所行知，少几座监狱，多无数个幸福家庭"的传奇说法，我想，也能从中找到答案。

使命的召唤

在全国私董会教练圈里，一群身经百战的私董会教练曾热烈地讨论过：公司是不是慈善机构？应不应承担起"改变每个人人生"这样的责任？

员工的人生观决定其工作观，无论怎样的争论，今天的老大们不得不面对的基本现实是：当家庭教育、学校教育都有不少缺失的毕业生走进组织的时候，若组织的有效教育再缺位，结果将不难预料。尤其对站在市场经济前沿的企业家而言，在社会层面暂时无法解决员工信仰和价值观的情况下，企业家必须"政教合一"，当仁不让地承担起为整个企业提供人生哲学和精神支柱的无上责任。

改革开放三十多年来，中国虽已成长为世界第二大经济体，但中国人留给世界的面孔还多少有些模糊，又主要体现在精神特质不明显。在全球化和移动互联网语境下，用产品和服务说话的企业无疑应该承担起更多的责任。因为产品和服务、企业的品牌背后就是人的精神世界。

稻盛和夫独步天下的阿米巴经营最大的启示是：企业家最重要的任务是"培养经营者的分身"。而分身之所以能够成为分身，最重要的前提是要有经营者的思维。一个成功的、长久的企业，必须实现哲学共有。稻盛和夫的继任者伊藤谦介也时常不忘警示所有京瓷人："当京瓷哲学变得淡薄的日子，也就是京瓷的命运走到尽头的时候。"

任正非说："一个企业能长治久安的关键，是它的核心价值观被接班人确认，接班人又具有自我批判的能力。"作为企业领袖，任正非的思想能渗透到17万员工，关键在于任正非敢讲：29年来他是华为进步最快的人，因为他每两天就读一本书，从深圳飞北京的航班需要两个半小时，其中两个小时都在看书……任正非做出的样子使那些在华为想成为将军的人相信，历经千辛万苦是在华为成才的必经之路。

任正非说："华为的文化没有特殊性，是普适的，都是从别人那里学来的、抄来的，都是常识。"而这个世界的吊诡之处在于：

常识不需要验证，常识不需要质疑，常识无法颠覆，但同时，常识也因为太过于平常以至于人们常常忘记，所以需要老大持续强调并率先垂范。

为什么"海底捞"你越学越学不会？张勇说："我死后希望把骨灰放在海底捞各个店外面，让员工和顾客都从我身上踩过。"发端于制造业又逐渐被制造业所抛弃的"计件制"，海底捞用起来后居然是生机勃勃。刚开始虽也受到了部分老员工的抵制，但张勇为员工实现"我想有个家"的起心动念最终激发出了海底捞人更大的工作热情。阿米巴的精髓——"人人都是经营者"在海底捞得到极大体现。

为践行"爱就在你身边"的诺言，"蛋糕之王"好利来在罗红的带领下，3000 多名骨干赴行知深度研修，目的是找回好利来人的初心，让心恢复动力。罗红说："我的一生，为美而存在，为美而感动。"其耗资五亿元、历时六年用工匠精神打造出的"罗红摄影艺术馆"，只为把地球最美的瞬间变成永恒，为子孙后代留下一笔宝贵的精神财富。因为他认为"博物馆、美术馆、艺术馆都是世界上最好的大学"。

……

我用下面的故事来让大家感受一下所谓的使命与情怀。

禅宗里有一则公案，说的是有一位挑水禅师，教大家禅法一段时间后忽然失踪了，众弟子不知禅师的下落，就四处寻访。有一名弟子寻到荒郊野外，在一个废桥下发现一些小洞穴，里面有很多乞丐，那个挑水禅师就在乞丐群里。这个弟子又惊又喜地请求："师父啊！请您慈悲回去，再开示我们禅法。"

挑水禅师意兴阑珊道："唉！光用口讲，讲几千几百次也没有用，你们做不到！"

弟子急忙恳求："师父您再教我做什么，我一定做到。"

挑水禅师眼一瞪说："好！你在这跟我同住三天，我就传授你禅法。"

弟子一听：三天有什么了不起？为了学禅，就是三年也没关系，于是依约住下来了。

第一天，洞里除了肮脏的满地垃圾，还是垃圾，连漱口水都没有，更别说洗澡了。连小便都不知道怎么办。这一天虽然难挨，却也忍耐下来了。第二天，乞丐群里，一个老乞丐死了，挑水禅师唤徒弟："帮我把老乞丐搬出去埋葬。"这个老乞丐卧病太久，浑身发臭，令人退避三舍，好不容易埋葬完，挑水禅师回来便倒下睡觉了，徒弟无法忘记腌臜臭味，怎样也睡不着，一夜翻覆不成眠。

第三天早上起来，挑水禅师说："我们今天不用乞食啦！老乞丐讨回来的饭菜还没有吃完，就把它当作今天的饮食吧！"

这个徒弟一听，不要说是吃，一想到那种脓疮秽垢的饭菜就想呕吐，腌臜恶臭的气味一直盘旋不去，当下鼓起勇气向挑水禅师说："我再也没有办法住下去啦！"

挑水禅师眉一横，眼一瞪："所以，你们学不到我的禅法。"

挑水禅师是如此用心良苦。佛说一切法，为度一切心，若无一切心，何用一切法。这让我想起华为那闻名全球的烂脚丫广告上罗曼·罗兰的一句话："人们总是崇尚伟大，但当他们真的看到伟大的面目时，却望而却步了。"

也许，这才是我们看到那些优秀组织，每每羡慕却学不会的根本原因。"人民有信仰，民族有希望，国家才有力量。"而对企业而言，一定是"员工有信仰，品牌才有力量"。但这个世界的逻辑是：在员工有信仰之前，老大必须得有使命。

所谓使命，就是使上老命！本质上就是对老大"发心"的拷问。因为今天，如果经营者没有大义名分的使命感召，只有眼前的苟且，缺乏超越金钱之外的情怀，就不会有生命灵魂的唤醒。尤其在移动互联网时代，就知识层面而言，员工可能懂得比我们还多。今天企业最紧迫的不是方法、技能的培训，而首先是激发人性、唤醒人心的深刻教育。

这些年同吴安鸣交流，最触动我的一句话是：我最后一定是死在学校的，我死的前一天还在做教育。说这些话时，她那坚定无比的眼神永远定格在我的脑海里。

这是一个最差的时代——以我 20 多年对企业的观察，今天中国制造业的一线员工中，几乎 90% 的人眼睛里看不到生命的光辉，否则就不会有那么多的人跳楼；服务业稍好，出了个海底捞、好利来、胖东来，但还是几乎 80% 的一线服务员眼睛里同样没有光彩。而这才是消费者逃离我们的最根本的原因。

这更是一个最好的时代——这是一个呼唤有使命感的老大的时代。基辛格说："领导就是要带领追随他的人们，从他们现在的地方走向他们还没去过的地方。"真正的老大，是在茫茫的未知中，用内心之火、精神之光，点燃每个人的激情，组织才有走向明天的希望。

企业家是因，员工是果
老师是因，学生是果

父母是因，孩子是果

这是秘密

也是答案

当然，其实我们每个人都是老大，至少都是我们自己的老大。可以前的"我"都在费力地让自己以外的东西变得恰如其分，而不是让自己先变得恰如其分。而觉醒者，必为其天职而生，为天命而活。最后在世间的种种美好中，终会找到属于自己的那份创造。

也许是时候了！停止抱怨，开始行动，能做多少是多少！

修自己，这是秘密，更是答案。

精神领袖——老大们的终极归宿

企业家究竟靠什么控制公司？是股份吗？任正非的股份不过1.4%。虽然马云是阿里永久合伙人，但他的股票额也不高。

那他们靠什么在领导组织？

某次，稻盛先生在台上讲课的时候，喝水不小心呛着了，咳嗽了几声，台下就开始有人掉眼泪。有人说，当稻盛先生离世的那一天到来时，那些被他影响过的人一定会泪流如海。这是否才是老大们人生的终极意义呢？而这似乎和他有几架私人飞机、有多少物质财富无关。

我特意查了一下"精神领袖"的含义：指的是能给团队精神鼓舞、能领导我们向某个方向发展的人；他的言论或意图可让人为之欢呼雀跃，甚至为其赴汤蹈火。

在价值观如此多元的今天，这还管用吗？

个体的崛起

在西方哲学史上，从苏格拉底到笛卡儿、康德等这些大家，对"我是谁、我从哪里来、我到哪里去"追问了 2000 年。特别是笛卡儿的"我思故我在"，为人类开启了一个全新的纪元，人类由此进入现代文明。

据白立新博士观察，世界人口两千年来的增长曲线，从 5 亿到

10亿慢慢爬坡，中间有一个拐点，在这个拐点之后，人口迅速增长，而这个拐点被称之为"笛卡儿拐点"。笛卡儿对人类最大的贡献是让我们走出了神的殿堂，恢复了人类的尊严。笛卡儿哲学认为：征服自然才是人类最大的幸福。这在释放了人类创造性的同时，也释放了人性巨大的欲望。

这，不妨说是人类所面临的第一件大事：人类的自信与迷失。

而历史走到今天，下一件大事已经发生着。2007年1月9日，乔布斯发布iPhone，开启了移动社交的智能时代。按照谷歌的观点，世界已经进入为"时刻"提供服务的时代：人、机、时间、地点、支付五位一体，随时随地"想知、想去、想做、想买"已成为年轻一代的生活方式。而一个声音瞬间就可以被全世界听到。这意味着每个人都具备了千里眼、顺风耳的神通。

所以今天，你看到员工拿着手机与客户、同事、供应商联系，但同时，他也许还在淘宝或微信上开了店，而你完全不知；或者几位同事正密谋创业，只是看起来他们还每天按时来公司打卡——这并不是你的员工不好了，而是互联网时代造就出的平等性和互动性，实现的颠覆性与创新性，推动我们进入了一个全民都是主角的时代，传统的雇佣关系成了弱连接。互联网、大数据虽然没有改变商业的本质，但无疑迫使企业越来越回归人性。

今天，美国人平均每天花3小时、共120次看手机，其中37%与商业有关。Facebook认为，公司的未来是以"人"为中心，围绕一个"移动的人"来组织并满足他的需求。因此，人类下一件大事的典型特征便是：个体的崛起。

让听得到炮声的人能呼唤到炮火！任正非反复强调传统的金字塔组织是适应过去机械化战争的，华为接下来面临的将是一场"班长的战争"，就是对这一特征的回应。

个体的崛起，意味着你的员工可能不再是你的员工了。今天他不得不在你的公司打工时，人在，心未必在。他只是暂时没有其他选择，但他很快会有，所以你不能指望他一辈子老老实实为你效力，除非——他觉得为你卖命完全值得。这样的时代之下，仅仅用一份工资已没办法买到员工的热情，如何激活个体成了新的时代课题。

所以这是前所未有的。人性得到解放，个体被赋能，创造力和欲望同时喷涌而出。但是如何在激发创造性的同时恰当挑起欲望，却并未随着科技的日益发达而获得答案，恰恰相反，今天许多人是日行千里却不知方向，上天入地却满心迷茫。

在获取知识最方便的时候，往往也是丢掉真知最便捷的时候。今天如何有效地萃取天地之精华，养育自己的精神成为新的时代课题。最近突然热起来的"葛优躺""北京瘫"在某种程度上正是当今没有方向的部分年轻人精神空虚的表现。人类似乎从未像今天这样，如此强烈地渴望着被引领——因为个体在崛起的同时却伴随着精神的沉沦。

领袖是如何炼成的

拿破仑说："从长而论，利剑总是败在思想手下。"拿破仑是公认的军事天才，但别忘了，没有军队支撑的拿破仑照样还是困守孤岛束手无策。古往今来，成大事者，都有驾驭群体的领袖魅力。

思想是成为领袖的必要条件。但无论先天条件如何，上天要成就一位领袖，必经苦难的磨砺。德鲁克说："只有通过绝望，通过苦难，通过痛苦和无尽的磨炼，才能达至信仰。信仰是经历严肃的思考和学习，严格的训练，完全的清醒和节制、谦卑，将自我服从于一个更高的绝对意愿的结果……每个人都可能获得信仰，因为每个人都知道绝望。"比如，稻盛和夫27岁以前的人生几乎从来没顺利过。童年躲避战争，肺结核差点要了小命，重点初中屡试不中，逃票被抓，大学毕业找不到工作，第一份工作是在一个濒临破产、拖延工资的破败企业……

2000年前后，任正非面临的内外部压力极大，那时，五六个重大危机几乎同时爆发：思科起诉，港湾事件，小灵通，3G制式选型……内外矛盾交困，有半年时间他都做噩梦，梦醒时常常哭。身体累垮了，得了多项疾病。今年72岁的他脸上沟壑纵横、两鬓微白，双眼饱含忧患的背后是冰与火一般的艰辛岁月雕刻。

马云说："你可以拷贝我的模式，但不能拷贝我的苦难和激情。如果将来要写书，就写《阿里的1001个错误》。"马云在不断犯错中修出了"永不放弃"的精神力。

吴安鸣的教育梦是从蛇鼠成群、一片狼藉的废墟中起航的。她的第一间办公室，三面"墙"是用编织的竹块糊上泥巴围起来，另一面墙直接利用了天然的山崖。后来随着泥块的脱落，冬天的风从竹缝中呼啸穿过……稻盛和夫曾对吴安鸣说："我们做企业的还能看到钱，而做教育还不能看着钱。"

事非经过不知难，我们不知道在最艰难的时刻，他们究竟是怎么挺过来的？也许，正是老大无论遇到任何风雨都坚定的眼神才是人们愿意追随的根本原因吧。

按照热力学定律，在自发状态下，组织总是向着无序方向发展（熵增），能量总是在不断衰减（焓减）。所以，作为精神领袖，对组织而言永远是不可或缺的存在。老大必须为组织前行提供持续的精神牵引，燃起斗魂，灌注能量，员工才可能"原力觉醒"。

稻盛和夫笃信做企业需要强烈的斗争心，光念阿弥陀佛的人不适合当经营者，经营者必须要有"以百米跑的速度跑马拉松的坚强意志"。任正非总结历朝历代的兴衰规律是："艰苦奋斗必然带来繁荣，繁荣之后不再艰苦奋斗，最后必然丧失繁荣。"

然而企业之路注定是漫长而曲折的，对于绝大多数人来说，斗魂能被点燃，但也易熄灭，所以需要持久的养护。

受《西游记》中孙悟空的启发，在终日的忙碌中，稻盛和夫悟到经营者最重要的任务是培养具有经营者意识的分身，阿米巴经营模式由此诞生。阿米巴长是京瓷特有的称谓。今天的京瓷集团是由230多家企业组成的航母舰队，4000多个阿米巴长通过经营实战磨砺成长。哲学共有，借事修心是稻盛和夫公开的经营秘诀。

阿米巴发表会上，制造和销售的矛盾常常不可避免，当销售追问制造什么时间能交付新品时，如果制造负责人承诺说："下个月5号。"那么稻盛和夫就会立即打断他的话，几乎是厉声呵斥道："为什么不说'想尽一切办法在下个月5号之前制造出来'？'5号'和'5号之前'是两种完全不同的思维方式！"京瓷哲学78条中有一条非常关键，那就是"在赛台的中央交锋"，这意味着不是等到快被挤到边线上再发力——那时已经来不及了。

语言背后是思维方式，以事炼心，事上磨炼，稻盛和夫做事总是抓住人心这个本质。

任正非说："我在华为最大的权力是思想权。美国人监控我，我说我是一个思想领袖，不是说悄悄话就能成功的。我不把我的思想告诉所有人，我怎么能成功？"

我曾和不少华为人探讨任正非之后的华为接班人问题。其中颇有意思的一个观点是：从能力层面讲，华为有不少副总裁是完全可以接班的，可难就难在这位接班人的气场如何"镇得住"其他一百多位副总裁。将军不是提拔出来的，而是打出来的。

事实上，在华为，也几乎没有"培养"接班人的概念，只是借事炼人。从2004年开始，华为七位常务副总裁轮流担任COO；从2012年开始升级到轮值CEO，其中3位副董事长成为每人轮值半年的CEO。炸开"金字塔"塔尖，打破传统企业锤炼顶级人才的封闭模型，组合价值观趋同的众多精英，拓宽塔尖的视野，未来的"金字塔"就会更大。任正非之后，或许华为的真正接班人、新一代的精神领袖就会从中产生。当然，更重要的还有任正非对未来接班人团队的反复念叨：这个世界没有一次耕耘、反复收割的好事——种子会退化，土壤会板结，还会有天灾，还会有病虫害。木炭红得发紫，总会成灰。喜马拉雅山顶最寒冷，活不长久……

这是否就是通过事上磨炼、实践教育来实现企业最重要的精神传承？

2015年度，华为实现1000亿人民币以上的净增长，这是迄今华为历史上最好的高光时刻，但在一次干部大会上，任正非突然拿女儿孟晚舟分管的财经系统开刀，要求开展深刻的自我批评，拿出改善报告，高管还要写读后感。2016年上半年，在如此大基数下，华为与同期相比又实现高达40%的增长。但借助三星Note7爆炸这一"大势"和华为"心声社区"上员工对供应链老大的吐槽，任正非又拿供应链"开刀"。善于在阳光明媚之时修房子的任正非再次为华为注入了紧张感。

"谁都挖不走我的团队，如果谁能挖走我身边的五六个人，我也就跟着他一起走了。"马云的信心从何而来？我想，应该是来自17年来对"什么都可以商量，唯有价值观不可以商量"的坚守和持续渗透。

吴安鸣已从校长职位退下，她说，只有站在旁边，才能把问题看得更清楚，实践才能真正培养人。但她永远没有忘记，只要一有机会，就会给老师和学生灌注思想。

对于所有在火锅主航道上的各级管理者，海底捞一定也是自己培养，每个人，无一例外，都必须从端盘子、擦桌子这样的最基层工作开始。

我想，无论中外，高管空降的成活率都不高，最大的原因可能就在于思想、价值观层面的教育、渗透绝非易事。

英雄留名，领袖留魂

"世界愈快，心愈慢！"孩子睁大眼寻找偶像，员工渴望着被正确引领，大众希望社会不那么浮躁和机会主义——这实在是一个渴望和呼唤真正领袖的时代。

然而英雄可以一时，领袖却需一世。人走过的每一步，终会留下内心的痕迹，接受时间的检验。

袁世凯推动了辛亥革命，对中国是有贡献的，但后来因为帝制的原因，造成国人上下对他一片愤慨。袁世凯在悔恨中离开人世时留下一封非常深刻的遗书。他说，恨只恨我，读书时少，历事时多。今万万有事，皆由我起……《易经》中说人生有三种危险需要小心，叫"德薄而位尊，智小而谋大，力小而任重"。今天绝大多数靠"风口"吹起来的"老大们"都面临着这样的拷问。所谓的精神领袖，其实他们都不是神，都是人得以在世上磨、在事上修而成长起来的。

稻盛和夫说："有人认为我的日子过得很苦，其实除了焦虑，我觉得自己的生活还是很有意义的。我的确很喜欢自己的工作。虽然如此，我还是感觉到被责任压得喘不过气来。"

任正非说："我个人谈不上伟大，我是个普通人，我自己什么都不懂，也什么都不会。我什么都不懂，就懂一桶糨糊，将这种糨糊倒在华为人身上，将十几万人黏在一起，朝着一个大的方向拼死命地努力。"

今天：

华为员工的办公桌下依然放着床垫；

阿里的小二在办公室、地下车库里支起了帐篷；

三万多名来自农村的孩子在海底捞用双手改变着命运；

好利来的拼搏者们在传递着爱与甜蜜；

行知的老师在风雪中坚持着家访；

……

也许凡夫如你我不能在国家与民族层面去"立德、立功、立言"，甚至也没机会去经营企业或统领一支团队，但"精神领袖"其实离我们并不遥远——至少，在家庭里就有那样的位置虚位以待：

回望我们成为父母的时刻，看着自己的孩子安详地吮吸着生命的乳汁，眨着天真无邪的大眼睛，给他们讲着似懂非懂的祖祖辈辈的故事。"积金以遗子孙，子孙未必能尽守；积书以遗子孙，子孙未必能尽读；不如积阴德于冥冥之中，以为子孙无穷之计。"当我们的孙子也长大成人，哺育着他们后代的时候，我会不会成为故事中的主角？

我该为自己的家族留下一个怎样的传说？精神领袖，或许也是你我最好的归宿。

只不过难就难在，看似一张纸，实隔万重山。正如梭罗所说，别人说的，不一定就是你所看到的，你需要自己寻找出一条以你而命名的路。因为只有这样，才能证明我们曾经来过这世界。

天不负我辈，我辈安负天！教育的最终目标是实现人的自我教育。这——或许就是对我们自己最好的"爱法"。

52 位经营者共识 爱才是教育的灵魂

奉节行知学校是开在大山深处的灿烂之花。

——曹岫云

行知让好利来人找回了初心，清晰了核心价值观，恢复了自信，明白了作为人，何谓正确？

——好利来集团总裁　罗红

吴老师是有大爱的伟大教育家。行知是一所开发孩子潜能、激扬孩子天性的学校。

——技研新阳集团总经理　郭文英

吴校长的直言不讳最让我印象深刻，但她的那种直言不讳又是让人愿意接受的。今天的企业甚至社会都需要这份真。

——金夫人集团总裁　周生俊

从行知孩子们那里感受到了真诚、礼貌、关爱，这是一种强大的力量，震撼心灵。真心向行知的孩子们致敬！向培养他们的老师和吴校长致敬！

——链家地产高级副总裁　徐万刚

行知学校是一处难得的世外桃源，走进这里，每个人的灵魂都会展现出真、善、美！

——佛山市精密陶瓷有限公司董事长 薛锡荣

与其说行知是一所学校，倒不如说是一座铸造人们美好心灵的大熔炉。

——克明面业股份有限公司董事长 陈克明

行知的老师和孩子，让我感受人与人之间的真善美。多一所行知学校，社会少一所监狱！孩子们真修实干，让我感动！

——东方名剪美容美发连锁有限公司董事长
北京美容美发协会会长 卢连德

吴校长首先是一位我非常敬佩的企业家，其次才是一位教育家。她内心充满深深的爱，着力塑造孩子人格品德和立志正确人生，这在当今环境下是非常难能可贵的，是值得社会学习的典范！

——浙江中兴精密工业有限公司董事长 张忠良

互联网使许多传统组织失效，而行知教育的班级亚文化、社团自组织等都具有鲜明的、激活个体的互联网思维特征，怪不得这里的孩子天性绽放。

——新潮传媒集团董事长 张继学

心中充满爱，人生即美好。行知是一个让孩子沐浴爱、生发爱、释放爱的成长乐园。

——中科力泰高分子材料股份有限公司董事长 杨皓东

发自内心深处的爱，成就了中国独一无二的行知学校。

——江西财智名家秘书长 余欣永

行知学校是一个爱的海洋，在那里孩子们收获心的力量，知书达理的人一定会成为国家的栋梁。

——北京国瑞升科技有限公司总经理 葛丙恒

真心期盼行知成为中国教育的典范，也非常愿意为此尽微薄之力。

——重庆耐德工业股份有限公司董事长 林朝阳

行知教育重在育。行知老师对孩子的爱内化为孩子的真善美，孩子们学会了独立思考，有了创造性。这是我看到的最好的平民精英教育。

——深圳宏商材料科技股份有限公司董事长 周云

一念迷，千载长如夜；一念觉，万古始如晨！而行知老师就是爱的化身、是爱的使者，唤醒了一个又一个沉睡的生命。

——重庆爱玩嘉年华文化传播有限公司董事长 王龙

平生初访白帝城，一心却为看知行；巴山蜀水此相遇，奉节校舍披群峰；安鸣春风化雨润，山花野草都有情；大爱融融功无量，万千学子获新生。

——珠海子学企业管理咨询有限公司执行董事 姜子学

一所学校最能体现教育成果的地方不是设备有多先进，而是学校的厕所和寝室情况。去看看行知学校的厕所和宿舍，就会明白一切。

——江西鑫裕置业投资集团有限公司董事长　张雪刚

在冰冷的应试教育风气下，以智者的境界、慈母的爱，唤醒师生的灵魂。

——成都网阔信息技术股份有限公司董事长　兰翔

行知校园里有一棵树，这棵树上有一个很容易发现、伸手就可够得着的鸟窝，我看到已经孵出了小鸟，我就知道这里孩子的心很不一样。

——一泓工作室创始人　张一泓

在行知师生的身上看到了圣贤文化的力量：每个人都散发着爱的光辉，一颗颗晶莹剔透的良知心，露在脸上，行在身上。

——北京天籁圣德文化传播公司创始人　郑伟

用无私的爱与尊重让孩子找到家的温暖，教会孩子做人的基本素养。在没有偏见与歧视的环境里让孩子的心灵播下美好希望！

——四川框视界文化传播有限公司总经理　文伯涛

看到行知孩子如此彬彬有礼，深怀梦想，我深深地被感动。想想自己的孩子，优越的条件，我真是需要更努力做好孩子的榜样。

——广东惠利普智能科技股份有限公司总裁　蓝小荔

唤醒人心是教育的使命。在行知微笑，欢乐一直相随，真幸福！

——杭州里德电子有限公司总经理 徐龙忠

爱是产生、孕育和充满生命的能力。在我看来，在行知，爱体现在笑容和生生不息的努力中，充满每个求索者并通向未来，回归生命之原点。

——民族英雄岳飞第 31 代子孙 岳迅飞

几次去奉节行知学校，一次次被感动、被震撼！吴校长和她的团队是用心在做教育，用爱在浇灌孩子的心田。在爱与善中，孩子们的心灯被点燃。

——北京丰荣航空科技股份有限公司董事长 韩铭

行知学校以心施爱，以行促知，知行合一，把握根本，教人求真。

——深圳宇泰试验设备有限公司总经理 曾华林

行知学校是一座让一群曾经被认为的"坏孩子"，转变成未来改变世界一份子的大熔炉。

——东莞博酷电子科技有限公司董事长 吴建议

行知老师让我懂得：无论办教育还是办企业，拥有无私的爱，懂得如何去爱，全身心践行爱，你才能赢得信任，发挥影响，塑造完美！

——南昌矿山机械有限公司董事长 李顺山

行知教育，从心链接，用心关爱，为素质教育的普及树立了榜样，让更多孩子拥有一片展示自己的天。

——成都蓝海壹品广告有限公司总经理 黄燕

这里老师似父母，胜过父母。父母对待子女的爱都会有多有少，而老师对待学生，不论美丑，聪明与愚钝，全部平等对待，全心全意，用生命去爱！

——东莞合硕实业有限公司总经理 丁艳

爱不止是知，更是行；只有真爱才能做到真知真行。在行知，我看到了什么是知行合一。

——成都丰味居食品有限公司董事长 张大成

发自内心的纯粹的大爱，能生发巨大的能量场，去感化和改变千千万万的心灵。

——东莞雅思电子有限公司创始人 谭士芬

在行知，我感受到每个人体现出来的是人性中最真、最纯的特质。

——中山新力量家居有限公司董事长 陈元相

行知教育抓住了教育本质，把最根本的爱、善、美、诚注入孩子们心中，一切变得简单纯粹。

——四川常乐投资管理有限公司总经理 刘国林

行知的孩子们给我上了深刻的一课，使我知道了信念和精神才是伴随人生最宝贵的财富，少年强则中国强，你们是中国的未来和希望。

——江西全宏汽车贸易有限公司董事长　龚振峰

无法用语言形容行知给我的感动和我对这里的爱。如果非要用一句话来总结这里的话："这是一个可以在厕所里吃饭的地方！"

——修齐致和（北京）科技有限公司董事长　王超

行知学校是一所以爱为灵魂的学校。行知的孩子是一群有追求、有激情、快乐的孩子。

——江西星港家居总经理　徐巍

行知传递和激发的是每个人心底的爱，去指引自己、照亮他人、影响社会。

——重庆快乐食间餐饮管理有限责任公司总经理　杨光

每个孩子的行为都深深影响了我，使自己深刻反思怎么去利他、积善。

——中建城开建设集团有限公司董事长　姜旭

我从行知悟到：没有教不好的"坏孩子"，只有内心缺乏真爱的老师。

——通联支付江西公司总经理　赵建榕

316

每次到行知我都被深深震撼，这是一个能够涤荡心灵的地方！这里整洁有序、朴实而静美。孩子们纯真、知礼、阳光，一切都是那么和谐！

——重庆创想瑞信实业有限公司董事长　梁杰

行知教育在传播一种"心正行远"的会行走的文化。行知教育在用爱之光照亮每个孩子的盲区。

——东莞多维教育集团董事校长　周兴福

行知合一，形学并施，注入灵魂，唤醒生命。

——杭州晶志康电子科技有限公司总经理　蔡亮

每个孩子都有自己的理想，并且发自内心地、自动自发地学习及劳动。最重要的是他们在学校里找到了"爱"，找到了"家"的感觉，找到了幸福。

——保定皇朝家居董事长　袁慧丽

我和我的高管团队都被孩子们的"真"所深深震撼！学校虽然简单，但能感受到孩子们在这里的幸福，我们的幸福都去哪儿了？

——江南红餐饮有限公司董事长　廖丽红

千学万学学做真人、千教万教教人求真，心灵真实的回归，迸发出原生态的温暖的爱的光芒，爱在心间。

——南昌善品餐饮管理有限公司董事长　程萍

亲其师才能信其道，老师们的真诚是打开孩子心灵的钥匙。

——广东岭南职业技术学院董事长　贺惠山

孩子们那发自内心的灿烂笑容，是在得到爱、信任与尊重的情况下的自然绽放。

——河北曲阳雕刻学校校长　赵书鸿

走进行知校园，这里充满了活力、快乐！最美的风景是孩子们的晨读时刻，让人沉醉！

——广州尊勝州文化发展有限公司创始人　孙子明

没有爱就没有教育，爱是教育发生的基础，爱是教育的源缘动力。行知是吴校长用大爱构筑的教育田园，心温暖心，生命陪伴生命，灵魂唤醒灵魂。学生享受幸福的教育，老师享受教育的幸福。

——中育集团董事长　王伟

吴校长的故事让我们震撼，令我们汗颜。做企业，需要选人、用人、留人，我们同时更需要育人。企业家们可以从吴校长的育人实践中学到很多。

——伟事达私董会教练　张伟俊

后记

本应是『我们』

本来，本书的作者很早就确定是"我们"。倒不是因为"低调"，而确实是集体智慧的结晶（见致谢）。更重要的是架构、创作本书的过程中始终战战兢兢，因为这牵涉到了今天无所不在的"教育"这一宏大主题。这确是一件关乎你我他的大事。所以"我们"每个人都应该来关心并有所行动。

在放开二胎政策后，有不少热议，但有一个声音分外刺耳："中国不缺人口，缺的是教养。"这里边有"我"吗？当每个人都往骆驼身上扔一根稻草，最后骆驼被压垮了，"我"却用手指向最后那个扔稻草的人，甚至旁边的城管。

被李克强总理批评过的五级美甲师资格证，我们认为这近乎是一个笑谈。但没取得家庭教育所必需的"父母资格证"，"我"就上岗了。孩子作为每个家庭中的真正资产，被"重视"得都有些变形了；"我"一张唠叨的嘴，把孩子的天性说泯灭了；也许过去"我"吃的苦太多，把孩子当雪花来养；"我"一双勤快的手，把孩子的活也干完了；甚至孩子间那不见得是玩笑的口头禅：有一种冷叫作"你妈觉得你冷"。

某课题组曾调查研究得出结论：孩子成长中家庭教育占51%，学校教育占35%，社会教育占14%。这组数据"我"也许不信有那么精确，但一定足以引发深思。

"世界最小的超级大国"以色列其家庭教育极具特色。在以色列，每个人都有责任问自己："我做的事情何时才能赶得上我的父亲和母亲，赶得上亚伯拉罕和萨拉，以撒和利百加，雅各、利亚和拉结？"做父母的没有不期望自己孩子孝顺的，但孝是有层次的，小孝是供养，中孝是陪伴，大孝是超越。中国父母是伟大的，他们可能没去想供养问题，甚至也没多指望未来的陪伴，但几乎天下父母心中一定有一个最重要的情节，那就是孩子对我们的超越。曾在家长课堂上，我掏心掏肺地分享给包括我孩子在内的所有孩子们，今天父母们最担心的其实是孩子失去了战胜苦难、失去了超越的精神。因为归根到底，我们想留下一个怎样的世界给子孙，在很大程度上取决于我们给世界留下了具有什么样精神境界的子孙。

有企业界大佬认为：今天我们的创新赶不上欧美，归根到底是教育的问题。中国的教是没问题的，育是有问题的。教，中国的学生全世界考试最好，但育是培养文化、情商。在私董会里与二十多位企业家和几百位干部的深度交流中，围绕今天员工的"职业敬畏、契约精神、职业道德、职业素养、职业技能"的深度调查，结果确实也不容乐观。一次和一位一脸焦虑的经营者探讨"企业家今天最重要的角色是什么？"几乎下意识地就冒出了"教育家"。

今天，为什么到国外买奶粉、马桶盖会成为潮流？表面看是我们的产品和服务跟不上迅速崛起的中产阶级的消费能力，然而产品和服务背后的本质是供给者心灵的投射。都说眼睛是心灵的窗户，其实更本质的意义在于说从人的眼神一定可以洞见人的内在心灵模样，所以说"眼神就是核心竞争力"。为什么现在那么多人只把朝九晚五当一份差，找不到工作的目的和意义，职场上的那双双眼睛里绽放不出生命的光彩，缺少灵魂的产品和服务必然会失去信赖。

在家庭教育有缺失，学校教育更多被分数牵引，作为社会教育重要组成部分的企业教育比重就不得不加大。甚至，今天赋予员工健康人格才是企业给予员工的最大福利。因为教育的最终目标是实现人的自我教育，从而促进自我发展。否则大家都深陷囚徒困境，我们就永远也找不到幸福。

凝聚人心，注入灵魂，唤醒生命，做好企业内部慈善是今天企业经营者的重大社会责任。种瓜得瓜，多从因思维出发去思考与行动，即便在新常态下，企业变好也只不过是顺便的事。

船的力量在帆上，人的力量在心上。今天要解决家庭、学校、企业各种各样的难题，前提都需要"我"找回初心，恢复心的澎湃动力，而这一定离不开有效的教育。

然而关于家庭教育、学校教育、企业教育如何是好，似乎每个"我"都知道，却人人难做到。甚至抱怨、指责成了常态。

"我"有问题，"我们"一起探寻答案。

跟踪行知教育九年，与被稻盛和夫评价为"慈母观音"的吴安鸣无数次地交流。她对家庭、学校、企业与自我教育的透彻理解，对"教育的爱"与"爱的教育"的平衡艺术，"菩萨心肠"与"霹雳手段"的并行不悖让我印象深刻。通过两年与奉节行知师生的同吃同住，有了几个 G 的素材积累。那些生长在近乎 1/3 的离婚家庭，70% 以上是留守儿童，甚至被边缘化的孩子，为什么高考升学率能达到 98%？为什么会笑得如此灿烂，重新焕发出了生命本有的光华？

真爱到底有多伟大？行知回归教育原点的"爱法"给了我们一束微光，让我们做了一回漫溯。答案在哪里？天知地知，我们的心知。

关注"行知教育讨论社区"，提出关于本书、学校教育或企业教育的相关问题。如果你的问题有代表性，我们会深度求证。重印时将在本书中体现。

行知教育讨论社区
扫码关注

图书在版编目（CIP）数据

爱法：爱是一切教育的灵魂/汤献华 编著. — 北京：东方出版社，2016.11

ISBN 978-7-5060-9346-0

Ⅰ.①爱… Ⅱ.①汤… Ⅲ.①教育学—文集 Ⅳ.①G40-53

中国版本图书馆CIP数据核字（2016）第289289号

爱法：爱是一切教育的灵魂

（AIFA：AI SHI YIQIE JIAOYU DE LINGHUN）

编　　著：	汤献华
责任编辑：	贺　方
出　　版：	东方出版社
发　　行：	人民东方出版传媒有限公司
地　　址：	北京市东城区东四十条113号
邮政编码：	100007
印　　刷：	北京楠萍印刷有限公司
版　　次：	2017年1月第1版
印　　次：	2018年12月第7次印刷
开　　本：	880毫米×1230毫米 1/32
印　　张：	10.875
字　　数：	252千字
书　　号：	ISBN 978-7-5060-9346-0
定　　价：	35.00元

发行电话：（010）85924663　85924644　85924641